서울역사구술자료집 ⓲

지하철 우리 자본과 기술로

서울시 지하철 건설과 공무원

일러두기

1 이 책은 2022년 '제1기 지하철 건설과 공무원', 2023년 제2기 지하철 건설과 공무원' 이라는 주제로 채록된 8건의 구술녹취문 중 핵심 내용을 발췌하여 편집하였다.

2 이 책은 각 구술자들로부터 자료이용 및 도서발간에 대한 동의를 받은 후에 발간하였다.

3 이 책은 독자들이 쉽게 읽고 이해할 수 있도록 구술 내용을 크게 훼손하지 않는 범위 내에서 편집자가 편집·정리하였다. 면담자의 질문은 본문 중 글씨체를 달리하여 표시하였다.

4 구술 내용 중 구술자의 본능적인 놀람이나 느낌, 부름, 응답 따위를 나타내는 감탄사와 반복되는 단어들은 생략하였다.

5 구술 내용 중 사실을 재확인하거나 독자의 이해를 돕기 위해 설명이 필요한 부분은 각주를 달아 표시하였다.

6 본문 중 구술적 성격을 표시하기 위한 편집기호들은 다음과 같다.

“ ” 구술 내 인용문

( ) 사투리나 잘못된 외래어 등을 표준어로 고친 것, 문맥상 지시어나 설명

…… 구술이 중단되거나 구술자가 틈을 두고 이야기할 때

! 구술자가 감탄할 때

(중략) 구술이 이어지지 않고 앞뒤에서 생략되었을 때

7 숫자는 천 단위로 쉼표를 넣었다.

예) 100만 5,678명, 3,500명 등

서울역사구술자료집 ⑱

지하철 우리 자본과 기술로

서울시 지하철 건설과 공무원

서울역사편찬원

발간사

서울역사편찬원에서는 2009년부터 구술채록사업을 실시하고 있습니다. 구술채록의 목적은 서울시민과 공무원들의 다양한 체험과 기억을 채록·정리하여 문헌사료의 제약과 공백을 보완하는 한편, 훗날 서울역사연구를 위한 자료를 다양하고 풍부하게 생산하는 데에 있습니다. 그리고 그중 흥미롭고 유익한 자료를 발췌·편집하여《서울역사구술자료집》이라는 책자로 시민 여러분께 돌려드리고 있습니다.

구술자료집은 시민들이 쉽고 친근하게 접할 수 있는 책입니다. 다소 딱딱하거나 지루한 주제라도 현장에서 직접 활동했던 사람들의 목소리로 들을 때는 좀 더 생생한 역사의 숨결을 느낄 수 있습니다. 그렇지만 개인의 삶은 주관성을 띠게 마련이며, 그것을 재현해 낼 때 일부 왜곡을 피할 수 없습니다. 문헌자료도 마찬가지입니다. 그렇기에 역사가들은 엄격한 사료 비판을 거칩니다. 구술도 역사 자료로 활용할 때에는 더 엄격하게 검증과 사료 비판을 거쳐야 할 것입니다.

독자는 구술자가 특정 사안을 어떠한 방식으로 기억하고 이야기하는가에 주목하시면 좋을 듯합니다. 구술자가 어떤 부분을 의도적으로 강조하는지 혹은 은폐하는지, 그 행간에 가려진 목소리를 들으신다면 구술자와의 쌍방향 소통을 체험하실 것입니다. 또한 공식화된 기억 너머, 구술자 고유의 체험과 목소리를 들으실 수 있으실 겁니다.

이번에 출간하는《서울역사구술자료집》은 서울의 지하철 건설을 담당했던 공무원들의 이야기입니다. 1974년 8월 15일 지하철 1호선이 개통된 이래 벌써 50년이 흘렀습니다. 이제는 단순한 교통수단이 아닌, 반세기를 시민들과 함께한 장본인이라고 하겠습니다. 서울 지하철은 오늘날 시민의 일생 생활을 책임지고 있으며 지난 50년 동안 우리와 발걸음을 같이하고 있습니다. 그리고 그러한 발걸음 속에는 현대 서울의 역사와 문화가 같이하고 있습니다.

또한 서울의 지하철은 건축·토목을 비롯해 전기·통신 등 각종 IT기술이 발전하는 모습을 반영하고 있습니다. 21세기인 지금은 세계적인 기술력을 자랑하고 있으며, 여러 선신국을 뛰어님는 지하철이 되었습니다. 지난 반세기 동안 진행된 지하철 건설의 역사 속에는 저개발국가에서 개발도상국으로, 그리고 이제는 선진국으로 진입한 우리의 현대사가 반영되어 있다고 하겠습니다. 본 구술자료집은 그러한 서울 지하철 건설 업무를 담당했던 8명의 구술을 담았습니다. 이 책을 통해 당시 서울 지하철 건설계획 수립과 현장에서 활약했던 공무원들의 모습을 생생히 엿볼 수 있을 것입니다.

마지막으로 구술에 참여해 주신 여러분과 구술채록사업을 진행해 주신 면담책임자와 구술채록 과정에서 많은 도움을 주신 관계자 여러분, 자료집의 편집과 발간을 진행한 서울역사편찬원 연구원들의 노고에 깊이 감사드립니다.

2024년 7월

서울역사편찬원장 이 상 배

차 례

이야기를 시작하며

1960년대 이후 대한민국은 본격적인 산업화를 시작하였다. 그 중심에는 서울이 있었다. 서울은 급속한 경제성장을 거치면서 거대도시로 성장하였다. 88서울올림픽이 열렸던 1988년 서울의 인구는 1천만을 돌파했다. 교통, 주택, 상하수도 등의 인프라는 항상 부족하였다. 이러한 문제를 해결하기 위해 서울은 공사가 일상이었다. 곳곳에는 각종 고가도로와 교량이 건설되었고, 상하수도 공사가 벌어졌다. 시민들의 기억 속 서울의 길거리에는 항상 '공사중' 팻말이 놓여 있었다.

한편 폭증하는 인구는 심각한 교통 문제를 발생시켰다. 대중교통은 항상 부족했다. 지상의 버스만으로는 한계가 있었다. 새로운 교통체계가 필요했다. 지하철 건설이 필요했다. 사실 지하철을 건설하겠다는 계획은 일제강점기와 광복 후 이승만 정부 시기에도 입안되었다. 하지만 계획의 구체성이나 재원 조달 계획이 미비했기 때문에 이뤄질 수 없었다.

이후 서울시가 독자적인 지하철 건설계획을 발표한 것은 김현옥 시장 때인 1965년 《시정10개년계획안》을 수립하면서부터였다. 물론 초기에는 정부 차원의 관심이 크지는 않았다. 또한 이 시기 각종 개발 사업이 추진되면서 지하철 건설은 후순위로 밀렸다. 하지만 서울의 교통 사정이 날로 악화되면서 지하철 건설의 필요성이 긴요해졌다. 이후 1970년 2월 〈서울시 지하전철 계획안〉이 수립되었고, 3월 〈서울시 지하철건설본부 설치 조례〉가 공포되었다. 그해 4월 취임한 양택식 시장 역시 철도청장을 역임한 경력을 가지고 있었다. 지하철 건설이 시정 제1의 목표라고 해도 과언이 아니었다.

그렇게 1971년 4월 1호선 종로선 지하철 건설이 시작되었고, 3년 4개월 뒤인 1974년 8월 15일 개통하였다. 이어 1978년 3월에는 순환선 2호선이 착공되었고, 2년 뒤인 1980년 2월에는 3·4호선 건설이 시작되었다. 그리고 1989년 2기 지하철 건설이 시작되면서 5·6·7·8호선이 만들어졌다.

1974년 1호선 개통 이래 50년 동안 시민들의 발이 된 지하철은 이제는 시민 생활과 떼려야 뗄 수 없는 존재이다. 나아가 단순하게 교통수단이 아닌, 지난 반세기의 서울 현대사가 함께하고 있으며 오늘날 시민의 일생 생활을 책임지고 있다. 즉 지하철은 지난 반세기 동안의 역동적인 서울의 역사를 담고 있다고 해도 과언이 아니다. 이 책에는 그러한 지하철 건설에 몸담은 8명의 이야기를 담았다.

제1장은 우명규 전 서울시장의 이야기이다. 그는 1936년생으로 서울시 도시계획과장을 비롯해 서울시 지하철본부장과 서울시 부시장, 그리고 경상북도 도지사와 서울시장을 지냈다. 1979년 그가 지하철본부장이 되었을 당시 2호선 건설을 시작하고 있었다. 이 시기 서울시의 중점 과제는 인구집중과 교통혼잡을 막는 것이었다. 이를 위해 도시계획 역시 기존의 도심을 중심으로 하는 단핵 구조에서 영등포와 영동·잠실을 추가한 격자형의 3핵 구조로 변경되었다. 2호선 건설 역시 그

것을 뒷받침하기 위해 순환선으로 바뀌었다.

당시 지하철 공사장에 내걸린 슬로건은 '우리 자본, 우리 기술, 우리 지하철'이었다. 처음 1호선을 건설할 때에는 건축·토목을 제외한 궤도, 차량, 전기, 통신 등은 일본의 도움을 받을 수밖에 없었다. 하지만 2호선 때부터는 국내 기술이 축적되었고, 해당 분야 업체들의 수준도 향상되었다.

아울러 구술자는 2호선 건설 당시 공사비 조달을 위해 정부재정자금을 요청했던 일화도 말하고 있다. 이 시기 정부재정자금의 이자는 4%였다. 구술자는 당시 은행 금리가 18~20%였고, 물가는 25~30%씩 오르던 시절이었다고 술회하고 있다. 때문에 이자가 싼 정부 자금을 지원받기 위해 시장과 함께 경제기획원과 총리실을 설득했고, 각고의 노력으로 재원을 조달할 수 있었다고 당시를 말하고 있다.

한편 구술자는 1989년 다시 2기 지하철건설본부장으로 임명되었다. 당시 그는 서울시에서 주요 직책을 거치면서 능력 있는 직원들을 낙점해 놨다고 하면서, 지하철건설본부를 꾸리면서 바로 이들을 차출했다고 한다. 때문에 2기 지하철 건설에 있어 아무런 문제가 없었다고 한다. 또한 서울시 기술직 직원들 역시 지하철건설본부에서 일하는 것이 승진과 인센티브 측면에서 유리하다고 인식했고, 덕분에 본부 조직이 일사불란하게 움직일 수 있었다고 당시를 회고하였다.

제2장은 김병린 전 서울시 도시계획국장의 이야기이다. 그는 1936년생으로 서울시 도로계장과 지하철본부 공사과장 등을 역임하였다.

1970년 구술자는 지하철본부 공사과장으로 임명되면서 지하철과 인연을 맺었다. 당시 그는 지인을 비롯해 일본인 기술자들을 통해 일본에서 참조할 만한 기술 서적과 잡지들을 들여왔고, 우리 토목 기술로도 충분히 만들 수 있다고 결론을 내렸다고 한다. 또한 기술의 원리는 같기 때문에 우리나라 엔지니어들 역시 공부만 하면 지하철이 아니라 다른 것도 모두 할 수 있는 수준이었다고 강조하였다.

물론 자재나 장비는 매우 부족했다. 박았던 말뚝을 뽑아서 다른 공사장으로 옮겨서 다시 쓰거나 복공판을 재사용하는 경우가 부지기수였다. 지금과 달리 안전시설도 충분하지 못했다. 공사를 구경하던 사람들이나 취객들이 떨어들기도 했다. 아이들이 장난으로 땅 밑으로 돌을 던지는 바람에 공사 인부들이 맞아서 다치기도 했다. 아울러 교통 통제로 시민들은 물론, 주변 상인들도 많이 힘들었다. 때문에 당시 구술자도 직원들에게 "교통 순경과 주변 상인들을 만나면 미안한 마음을 갖고서 큰절을 하고 업고 다녀야 한다."라고 말했을 정도였다.

한편 구술자는 공사 당시 추후 지하철 건설이 더 이뤄질 것을 예상해 밑으로 더 파서 내려가야 한다고 생각했다. 하지만 재정적으로 열악한 상태였기 때문에 윗선에서는 얕게 파고 최대한 빨리 진행하도록 했다. 구술자도 서울시 재정이 좋지 않았다는 점을 인식했지만, 이에 대해서는 아쉬움을 표하고 있다.

제3장은 이수복 전 서울지하철공사 기술이사의 이야기이다. 그는 1939년생으로 1964년부터 서울시에서 근무를 시작하였다. 이후 1970

년부터 서울지하철본부에 몸담게 되었고, 서울지하철공사 공사부장과 기술이사를 역임하였다. 구술자는 1호선 공사를 시작했을 당시 설계 용역 감독을 맡았다. 그는 지하철 공사를 '흙과 물을 다스리는 싸움'이라고 정의했다. 그만큼 땅을 파고 흙이 무너지지 않게 하는 것이 중요했다. 난공사 구간도 많았다. 모든 것이 처음이었기 때문에 조심하지 않을 수 없었다.

당시 구술자가 맡았던 구간은 종로선 중에서 동아일보사 건물을 지나는 곡선 구간이었다. 지금 본다면 어렵지 않은 구간이지만 당시에는 기술도 부족하고 처음 해보는 '난공사'였다. 곡선반경을 확보해도 사옥 기둥과 겨우 1.5m 정도만 떨어뜨릴 수 있었다. 어떻게 해서든 성공해야 하는 공사였다. 물론 각고의 노력으로 공사는 무사히 마쳤다. 하지만 이번에는 지하철 운행 시 발생하는 진동이 문제였다. 당시 동아일보사 건물 내에는 라디오 방송국이 있었다. 때문에 구술자는 지하철 시운전 시 방송국 측에 레코드 바늘이 튀는지 확인해 달라고 요청했고, 문제없다는 결과를 받고는 안도를 내쉬었다고 당시를 회상하였다.

한편 구술자는 1982년 서대문구 현저동 사고 이후 사회적으로 안전에 대한 인식이 변화했다고 지적하였다. 그전까지는 국내 공사에 있어 안전보다 돈과 시간을 아끼는 것에 주안점을 두었다면, 사고 이후부터 점차 안전을 고려하는 방향으로 바뀌기 시작했다고 구술자는 보고 있다. 또한 설계-시공-감독, 이상 3개의 요소가 혼연일체가 되어 서로 조화를 이뤄야 제대로 된 건설이 가능하다고 보았다.

제4장은 박계병 전 지하철건설본부 설계감리실장의 이야기이다. 그는 1947년생으로 지하철본부 건설계장과 설계계장을 비롯해 서울시 도시개발과 과장, 지하철건설본부 설계감리실장 등을 지냈다. 구술자는 1978년 지하철본부로 발령을 받았고, 2호선 교대역 공구 건설을 비롯해 왕십리 구간 및 강북 구간 설계를 맡았다. 구술자는 공사 당시 어려웠던 점으로 강남과 강북의 토질 차이를 지적했다. 당시 토목 전공자들도 실제 공사에 있어 지반 부문의 지식이 약했고, 지하철 건설과 같은 대규모 토목 사업을 경험하면서 관련 지식을 축적했다고 한다.

구술자는 당시 설계 중 어려웠던 구간으로 이대역을 뽑았다. 고개 마루터기가 있어 땅속 깊이 내려가야 했다. 터널을 만들기 위한 수치 계산이 어려웠으며, 토질에 따른 변수가 많았다. 경험도 중요했다. 이후 3·4호선부터는 터널공사에 NATM New Austrian Tunnelling Method 공법이 사용되기 시작했고, 2기 지하철 건설에 필요한 기술과 경험을 축적할 수 있었다고 그는 이야기하고 있다.

한편 2기 지하철 건설이 추진되면서 구술자도 준비단에 합류했다. 구술자가 맡은 업무는 6·7·8호선의 설계 계획이었다. 당시 구술자가 새롭게 도입하려고 했던 것은 지하철역과 버스정류장을 연계시키는 시스템이었다. 대표적인 것이 오늘날에도 많이 이용하고 있는 잠실역의 광역버스환승센터이다. 물론 기존 버스업체나 역 주변의 이해관계가 얽혀있었기 때문에 연계시스템이 모든 역에 전면적으로 도입되지는 못했다. 이점에 대해서 구술자는 아쉬움을 표하고 있다.

제5장은 백영현 전 지하철건설본부 설계감리실장의 이야기이다. 그는 1947년생으로 지하철본부 안전점검반장, 종합건설본부 공사3과장, 지하철건설본부 설계감리실장을 지냈다. 1977년 구술자가 지하철본부에 오면서 처음 맡은 일은 현장 조사와 공사 발주를 위한 단가산출서를 만드는 것이었다. 이를 통해 '초심자'였던 구술자는 공사 진행 과정 전반에 대한 감을 갖게 되었고, 기존 공사 관행 중 불필요한 부분에 대한 개선을 단행했다. 아마도 "후배 교육도 시키고, 동시에 '선입견 없는 신입'이 기존의 관행을 고칠 수 있을 것이라는 선배들의 혜안 덕분"일 것이라고 구술자는 당시를 말하고 있다.

한편 구술자는 지하철 건설 당시의 여러 일화도 말하고 있다. 예를 들어 종합운동장역이 커진 이유는 주변 경기장에서 쏟아져 나오는 수만 명의 관중이 지하철역으로 몰릴 경우를 대비하라는 구자춘 시장의 지시 때문이었다고 한다. 또한 강남역 지하상가의 경우 대우건설이 참가했는데, 이것은 이후 3·4호선 지하철 건설 사업에 참여하려는 김우중 회장의 의도였다고 한다.

아울러 구술자는 3호선 현저동 사고 이후 건설환경과 안전인식이 달라졌다고 보고 있다. 1호선 때는 복공판이나 강재가 부족해 한쪽 공사가 끝나면 바로 뽑아서 다음 구간에 다시 사용했다. 자연히 안전에 문제가 생길 수밖에 없는 구조였다. 천공 장비도 구식이라서 소음이 심했고, 주택이나 상가 주변에서 발파 작업을 하기도 했다. 구술자는 이러한 것들은 이후 3호선 현저동 사고 이후 많은 것들이 바뀌게 되었다고 당시를 회고하고 있다.

제6장은 김대성 전 서울시 정보통신담당관의 이야기이다. 그는 1952년생으로 1976년 서울시 지하철건설본부 통신소에서 근무를 시작하였고, 지하철건설본부 통신과장 및 서울시 전산정보관리소 정보통신과장 등을 지냈다. 구술자가 처음 서울시 지하철에서 일했을 당시 신호·통신이나 전기 부문의 경우 대부분 일본의 기술과 장비가 들어왔다고 한다. 심지어 배터리 케이스까지 일본산이었다고 한다. 때문에 구술자를 비롯해 많은 이들은 해당 설비들의 국산화가 필요하다는 것을 인식하였고, 2호선부터는 본격적으로 이들 분야의 국산화를 추진했다고 한다.

한편 1989년 2기 지하철 건설을 시작하면서 본부 내에는 새로 신호·통신부가 생겼다. 지하철 건설과 운영에 있어 신호·통신의 중요성이 커진 것이다. 이전까지는 전기부 소속의 계係 조직이었다. 구술자도 덕분에 5급 사무관 시험을 치르고 승진할 수 있었다. 물론 토목 분야에 비해 인력이 부족했다. 설계를 위한 인력도 다른 분야로 흩어졌기 때문에 다시 불러 모아야 했다. 또한 해당 분야의 설비는 건축이나 토목 작업이 완료된 이후에야 공사를 마칠 수 있는 구조였다. 일정상 후순위였기 때문에 작업은 항상 시일에 쫓겨야 했다.

구술자는 2기 지하철의 특징으로 무인화를 뽑고 있다. 1호선의 경우에는 모든 분야를 인력으로 해결했다면 이제는 역무자동화시스템을 통해 모든 분야를 자동화시킬 수 있는 단계라고 말하고 있다. 또한 통신 분야에서도 새롭게 개발된 누설동축케이블을 통해 최첨단 복합무선통신망을 가능하게 했다고 한다. 실제로 오늘날 일본은 물론,

다른 선진국들도 한국의 IT기술을 배워가는 수준이 되었다. 시민들이 지하철 내에서 아무런 문제 없이 스마트폰을 사용할 수 있게 된 것도 이러한 지하철 내 무선통신망이 구축된 덕분이라고 그는 말하고 있다.

제7장은 배민호 전 서울시 도시기반시설본부 설비부장의 이야기이다. 그는 1953년생으로 서울시 지하철건설본부 차량설비부 차량과장을 비롯해 지하철건설본부 전기부장과 설비부장 등을 지냈다. 구술자는 1989년 지하철건설본부가 만들어지면서 이곳으로 오게 되었다. 당시 차량 부문에서 가장 큰 이슈는 일본이 제공한 OECF차관을 어떻게 사용할지에 대한 것이었다. 과거 1960~1970년대라면 외국 차관이 긴요하게 쓰였겠지만, 이때는 국내 금융이나 산업이 성장한 이후였다. 오히려 일본이 자국 업체들의 기술과 설비들을 한국의 지하철과 고속철도에 판매하려는 의도가 있었다. 실제로 이 시기 국내에 전동차 차량을 납품하던 회사는 현대, 대우, 한진, 이상 3개 업체였고 첨단 장비들의 경우 국산화를 시작하던 단계였다.

물론 서울시가 마냥 일본의 의도대로 끌려가지는 않았다. 우선 국내 업체들의 경쟁을 유도해 입찰 가격을 낮추었고, 국내 업체들도 장비와 기술 도입에 있어 높은 가격을 제시한 일본 업체들 대신 미국이나 유럽 업체들과 합동하는 방식을 선택했다. 그리고 국내 업체들은 이들 미국과 유럽 업체들의 기술과 설비를 통해 국산화의 기반을 마련할 수 있었다. 물론 이는 국제공개입찰을 통한 것이었다. 그리고 일본 측은 자신들이 기술적으로 앞선다고 보았기 때문에 오히려 국제공개입찰을 먼저 요구했다. 구술자는 이러했던 당시에 대해 '첩보작전' 같았다고 회상하고 있다.

한편 구술자는 오늘날 지하철의 자동화시스템에 대해 이제는 비상시가 아니라면 자율주행으로 해도 문제가 없는 단계라고 말하고 있다. 기관사가 타는 것 역시 비상시를 대비하거나, 승객의 심리적인 안정감을 위한 측면이 크다고 한다. 열차가 승강장에 멈추는 것도 오히려 무인일 때가 더 정확하다고 한다. 물론 이러한 것들은 1기와 2기 지하철을 건설하면서 축적된 기술력의 결과라고 구술자는 말하고 있다.

제8장은 김효수 전 서울시 주택본부장의 이야기이다. 그는 1957년생으로 서울시 목동지구개발사업소 계장, 지하철건설본부 건설계장을 비롯해 서울시 도시계획국 도시관리과장과 주택국장 등을 지냈다. 구술자도 1989년 2기 지하철 건설이 시작되면서 지하철건설본부로 오게 되었다.

2기 지하철 건설 당시 구술자가 주안점을 둔 것은 정거장의 골격을 키우는 것이었다. 기존 1기 때는 아무리 넓어도 20m 정도였다. 하지만 2기부터는 32m로 넓어졌다. 사람이 이용할 수 있는 공간도 커졌고, 움직이는 동선도 편해졌다. 빼곡한 인파들 사이에서 어깨를 부딪히거나 장애물을 만나지 않도록 하는 것에 중점을 두었다. 물론 이전과 달리 공간 구성에 있어 시민들의 동선과 편의성을 고려할 수 있게 된 것은 설계 및 건축 기술의 발전 덕분이었다. 또한 IT기술이 발전하면서 자동화 및 무인화가 가능해졌고, 사무실이나 설비 등을 한곳에 모을 수 있게 되면서부터라고 구술자는 분석하고 있다.

아울러 구술자는 출구나 통로 설계도 시민들이 이용하기 편한 역세권이나 다른 교통체계와의 연계성을 고려하는 방향으로 추진하였다. 기존의 1기 지하철 건설이 하드웨어 중심의 엔지니어 관점에서 이뤄졌다면, 2기부터는 사용자의 편의를 생각하는 방향으로 바뀌었다고 그는 말하고 있다. 물론 이러한 것들을 추진하기 위해서는 본부장을 비롯해 본부 내 토목 등 다른 분야를 담당하고 있던 동료 직원들의 찬성이 필요했다. 설계 변경은 물론, 예산의 증액도 필요했다. 때문에 구술자는 본부장을 비롯해 본인의 의견을 받아준 동료들에게 감사하다고 하면서 당시를 회상하고 있다.

본 구술자료집은 채록한 구술 자료를 독자들이 읽기 쉽게 편집한 2차 가공물임을 밝혀두고자 한다. 이 책의 내용 중 일부를 연구에 활용하거나, 더 세밀한 정보가 필요한 경우에는 반드시 소정의 절차를 밟아 서울역사편찬원이 소장하고 있는 원본 자료를 참조하기 바란다. 또한 본 구술자료집은 개인의 사적인 체험과 기억을 술회한 것이므로 일부 내용은 다른 독자들의 기억과 다르기도 하고 일부 과장되었을 수도 있다. 그러므로 독자들은 이러한 점들을 유의하여 읽어주기 바란다.

아울러 서울역사편찬원에서는 구술자 개인의 의사를 존중하기 위해 무리한 인터뷰를 자제함과 동시에 비공개로 요청된 부분은 편집과정에서 모두 삭제하였다. 또한 이 자료집은 녹취록을 바탕으로 원고를 정리하였고, 구술자의 동의를 받아 발간하였음을 밝혀둔다.

2024년 7월

서울역사편찬원 전임연구원 류상진

우명규

1936년 경상북도 의성 출생
1960년 동아대학교 토목공학과 졸업
1962년 경상북도 칠곡군 건설과장
1969년 대구시 도시계획과장
1971년 서울시 도시계획과장
1973년 영남대학교 토목공학과 석사
1976년 서울대학교 환경조경학과 석사
1977년 중앙대학교 토목공학과 박사
1978년 서울시 지하철본부 건설차장
1979년 서울시 지하철본부장
1988년 서울시 종합건설본부장
1989년 서울시 지하철건설본부장
1993년 서울시 부시장
1993년 경상북도 도지사
1994년 서울시장

면 담 자　이연식(일본 소피아대 외국인연구원)
면담주제　제1기 지하철 건설과 공무원
면담일시　2022년 12월 15일(1차)·2022년 12월 23일(2차)
면담장소　서울시 시우회 회장실(1차)·(2차)

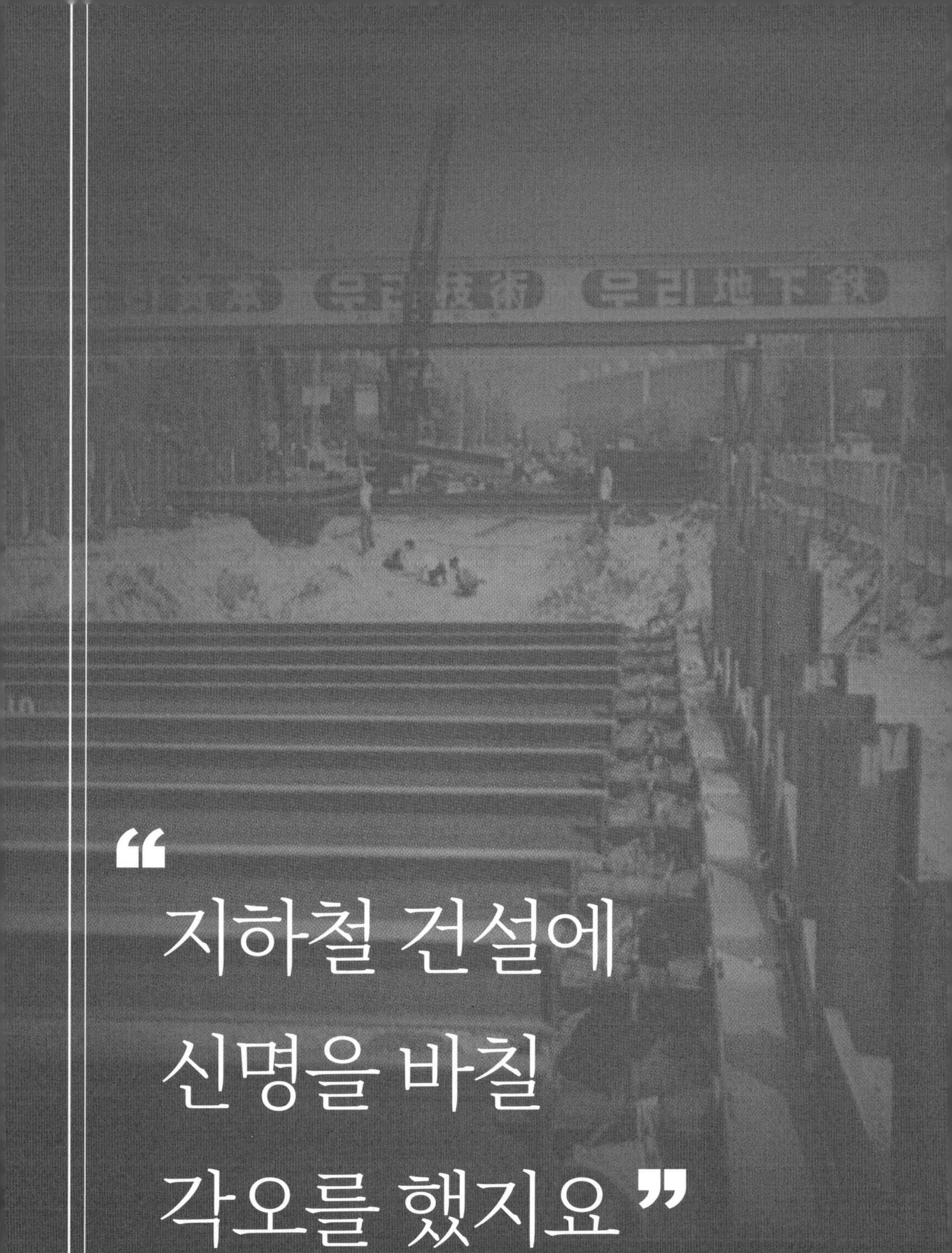

“지하철 건설에
신명을 바칠
각오를 했지요”

강남과 강북을 잇는 순환선 건설

이번 시간 면담은 '서울의 지하철 건설과 공무원들'이라는 주제로 실시하는 서울역사편찬원의 구술채록입니다. 오늘은 우명규 선생님을 모셨습니다. 선생님께서는 1962년 경북에서 공직를 시작하셨고, 1971년 서울시 도시계획과장을 거쳐 1975년 지하철본부 건설과장, 1979년 지하철본부장, 1993년 서울시 부시장, 1994년 서울시장을 지내셨습니다. 우선 서울시 지하철 건설 당시에 대해서 말씀 부탁드리겠습니다.

우명규입니다. 제가 서울시로 온 게 1970년입니다. 박정희 대통령 말기에는 지하철본부장을 했지요. 김영삼 정부 초기에 부시장으로 승진할 때까지 5대 정권(박정희, 최규하, 전두환, 노태우, 김영삼)에 걸쳐 서울시 지하철본부장을 했지요. 1979년 10월 1일부터 1984년 9월 30일까지 만5년 동안 제1기 지하철본부장을 했습니다. 제2기 지하철에서는 1989년 11월 8일부터 1993년 3월 4일에 부시장으로 승진할 때까지 3년 4개월 동안 본부장을 했습니다. 그러니까 8년 4개월 동안 본부장을 지냈지요.

양택식 시장[1]이 1970년 4월 16일에 서울시로 부임했어요. 사람들은 양택식 시장이 지하철을 건설했다고 생각하죠. 그런데 사실 박 대통령의 지시가 있어서였습니다. "서울의 교통난을 항구적으로 해결

1 양택식(1924~2012)은 제15대 서울특별시 시장을 역임하였다. 서울특별시장 재임기간은 1970년 4월 16일부터 1974년 9월 1일까지이다.

할 수 있는 지하철 같은 대책"을 세우라고 했거든요. 그래서 1970년 6월 9일에 서울시가 지하철건설본부를 발족시킨 거예요. 양 시장이 4월에 부임했으니까 2개월 만에 본부를 발족시킨 거죠. 대통령 지시가 없었다면 어떻게 그게 가능하겠어요? 그리고 그해 7월에 서울에서 열린 제4차 한일각료회의에서 지하철 건설에 필요한 기술과 재원을 협조해달라고 우리 정부가 일본 측에 요청했지요.

그때 일본에서 전문가로 구성된 조사단을 파견하기로 합의를 봤던 거예요. 그래서 1970년 9월 17일에 분야별 전문가, 기술자로 구성된 조사단이 서울에 파견되었죠. 그때 선기·차량·신호·통신 등의 특수분야는 일본 측에서 참여하고, 토목과 건축은 한국 측이 맡기로 한 거예요. 토목과 건축은 한국에서 충분히 할 수 있다고 한 거죠. 아무튼 그렇게 해서 1호선은 서울역에서 청량리까지 10.2km를 1971년 4월 12일에 착공해서 1974년 8월 15일에 준공했던 거죠.

그리고 2호선은 구자춘 시장[2] 때 건설을 했죠. 1974년 당시 서울시 인구가 650만 명이었어요. 전국 인구 대비 약 19%가 서울에 사는 거죠. 강북 대 강남 인구는 72:28 비율이었어요. 면적은 비슷한데 말이에요. 그래서 구 시장이 1975년 3월에 〈3핵 도시 건설안〉을 발표하죠. 구도심, 영등포, 영동·잠실을 부도심으로 하는 3핵 도시 구상이에요. 이것을 연결하는 지하철 순환선이 2호선인 거죠. 그게 구자춘 시장의

2 구자춘(1932~1996)은 제16대 서울특별시장을 역임하였다. 서울특별시장 재임기간은 1974년 9월 2일부터 1978년 12월 21일까지이다.

아이디어였던 거예요. 강북과 강남 인구를 5:5까지 맞추라는 대통령의 지시가 있으니까 구 시장이 그렇게 움직인 거죠.

단핵도시에서 다핵도시로 구상이 수정되면서 2호선이 순환선으로 결정이 됐군요.

그렇죠. 1호선 건설 당시 일본 사람들의 지하철건설계획 자문안을 보면 단핵도시를 염두에 둔 것이었어요. 그게 구자춘 시장때 3핵도시안으로 수정되면서 2호선이 원을 그리는 순환선이 되고, 그 원을 3호선과 4호선이 X자로 관통하는 방식으로 발전해 나간 거지요.

2호선이 순환선으로 건설된 것이 구자춘 시장의 아이디어라는 이야기 이외에 일본 도쿄의 순환선인 야마노테선[山の手線][3]의 영향을 받은 것이 아니냐는 말도 있더라고요.

그건 제가 구자춘 시장을 바로 옆에서 지켜봤으니까 정확히 알고 있어요. 그때 제가 도시계획과장이었거든요. 박 대통령이 강북 인구를 강남으로 분산시켜 균형을 맞추라고 지시했잖아요? 그래서 영등포와 영동·잠실을 부도심으로 개발하면서 연결시키려고 한 거죠. 그러니까 2호선이 순환선이 된 거죠. 2호선 노선 결정할 때 제가 구자춘

3 일본 도쿄의 주요 도심 지역을 연결하는 JR 동일본 철도의 노선 중 하나이다. 이 노선은 도쿄 도심을 한 바퀴 돌며 도시의 중심부에 위치한 주요 역들을 연결하고 있다. 야마노테선은 도쿄 도심을 횡적으로 가로지르며 다양한 관광 명소, 상업 시설, 사무실 지구 등에 쉽게 접근할 수 있도록 되어 있다.

지하철 2호선 현장사무소를 시찰하는 구자춘 시장(1978년)

시장과 탁자를 사이에 두고 마주 앉아 있었죠. 구 시장이 빨간색 색연필로 동그랗게 그리면서 “우 과장, 이렇게 한번 해봐.”라고 그랬죠.

당시 도시계획위원회에 있었던 교수들은 다들 반대했다고 하더라고요.

다들 안 된다고 했지요. 검토하더니 죄다 반대하더라고요. 당시 강남은 허허벌판이었잖아요. 다들 그게 될까 싶었던 거죠. 하지만 박 대통령이 강북 인구를 분산하라고 시장에게 지시했던 거죠. 그래서 1호선 건설 당시에 일본 사람들의 자문 의견을 반영해서 세워 놓은 단핵도시론에 입각해서 세워 놓았던 5개 노선 계획을 구자춘 시장이 수정한 거죠. 1975년 6월 15일에 2호선 노선심의가 도시계획으로 결정되었던 거예요. 3핵 도시 건설로 마음을 먹었던 거죠. 그리고 일종의

2호선 각 구간별 개통 안내 팸플릿들(구술자 제공)

선행투자 개념으로 2호선을 환상선環狀線으로 만들고자 했던 거예요. 부도심을 만들고 나서 교통시설을 한 게 아니고, 부도심 형성을 위해서 먼저 2호선을 순환선으로 만들고자 한 거죠.

2호선은 다핵도시를 미리 염두에 두고 만든 거였네요.

그렇죠. 그렇게 해서 2호선 착공은 1978년 3월 9일에 하고, 개통은 단계별로 했죠.

2호선 착공은 계획을 세운 지 약 3년 반 뒤에 시작한 거네요.

물론 그만큼의 준비기간이 필요했던 거죠. 일단 도시계획위원들이 죄다 반대하니까 할 수 없이 1975년 5월에 한국과학기술연구소에 타당성조사 용역을 의뢰했지요.

2호선 강북 구간 기공식(1980년)

명분이 필요했네요.

이미 해답은 정해놓은 거죠. 명분을 찾기 위해서 용역을 의뢰한 거고요. 도심, 영등포, 영동·잠실을 연결하는 2호선 순환선 건설을 위한 기술 및 경제성 조사를 의뢰했어요. 아무튼 용역 결과 "지하철 건설이 타당하다."라고 결론이 나왔어요. 그걸 가지고 도시계획위원들을 설득했죠. 그렇게 해서 48.8km, 정거장 43개를 확정했어요. 1978년 3월 9일에 착공해서 1984년 5월 22일, 6년 2개월 만에 준공한 거죠.

개통식은 5번에 걸쳐서 나눠서 했더라고요.

왜냐하면 돈이 없으니까요. 형편이 되는대로 만들고, 조금 개통하고, 또 만들고, 또 개통하고, 그렇게 한 거죠. 돈이 없으니까 단계별로 하는 거였죠. 1984년 5월 22일에 마지막으로 5단계인 을지로입구역에서 신촌, 영등포, 서울대입구역까지가 완전 개통을 했지요. 그때 제가 을지로입구역에서 대통령 내외를 모시고 완전 개통식을 했어요. 그때 전두환 대통령이 65세 이상 노인들의 무료승차 방안을 강구 하라고 지시했어요. 그게 5월 22일이에요. 그 지시가 있은 다음 날인 5월 23일부터 65세 이상 노인은 무임승차 하도록 했죠.

하루 만에 시행된 거네요.

우리 지하철의 무임승차 경위가 그랬어요. 그리고 이건 부수적인 이야기들이지만 잠실철교는 비상시 도강을 위해 철로 양변에 1차선씩을 확보해 놓았어요. 지금은 제대로 안 쓰고 있지만요. 그리고 오랫동안 지하철을 건설해 보니까 이건 토목, 건축, 전기, 신호, 통신, 궤도, 설비, 차량, 운전, 운영 등 각종 기술이 조화되어 이루어지는 종합기술이라는 걸 느낄 수 있었습니다. 그리고 그 과정에서 우리 건설업계들이 자신감을 얻었기 때문에 중동으로 진출할 수 있었고요. 지하철을 건설하면서 업자들이 잘 훈련되었기 때문에 해외에서 많은 돈을 벌어들일 수 있었던 거죠. 그리고 1호선의 경우 전기, 신호·통신 기술과 차량은 일본에서 도입했지만, 2호선은 그런 것들을 국산화했어요. 승강장에서 지하 13m 이상 깊은 곳 6개소에는 처음으로 에스컬레이터를 설치했고요. 도심역도 2호선부터는 환기시설과 냉난방을 설치했지요. 물론 안전사고도 많이 났긴 했지요.

'우리 기술'을 강조하다

당시 신문 기사를 보니까 언론에서는 지하철 건설 현장 사고 관련 보도를 많이 하더라고요.

지하철 공사비를 보면 2호선의 경우 1km당 193억 원이 들었어요. 3·4호선은 242억 원이 들었고요. 그런데 일본 도쿄의 11호선을 보면 1km당 685억 원이 들었어요. 우리가 약 1/3밖에 들지 않은 셈이었죠. 우리나라가 무슨 특별한 기술이 있어서 건실비를 절약한 게 아니었어요. 일본 사람들은 교통통제나, 건설과정의 안전시설 등에 그만큼의 비용을 투자해 완벽하게 공사를 한 거죠. 그에 비해 우리는 H형 파일 같은 흙막이를 꼽아두었다가 공사비를 아끼려고 그 부분의 공사기 끝나면 곧바로 뽑아서 다른 곳으로 옮겨 또 쓰고 그랬어요. 그러니 공사비는 적게 들었지만 사고가 많이 날 수밖에 없었지요.

1호선의 경우에는 개착식공법[4]으로 땅을 팠다가 다시 덮는 방식으로 지하철을 건설했는데, 2호선부터는 물리적 환경이나 안전 등을 고려해 부분적으로 터널

4 개착식공법은 토사층이 발달한 구간을 대상으로 하는 공법으로, 지하철 노선의 지상에 교통이 크게 붐비지 않은 넓은 도로가 있거나 지하철의 깊이가 그다지 깊지 않을 때 사용하는 공법이다. 지상에서 우선 구멍을 뚫고 기둥을 박은 후에, 땅을 파 내려가고 흙을 빼낸다. 그 후 다시 흙으로 덮는 것이다. 그리고 콘크리트 박스 내에 선로와 전차선 등을 설치하여 지하철 차량이 달릴 수 있게 한다. 공사비는 저렴하지만 공사기간에 지상 교통에 불편을 주는 것이 단점이다.

식공법[5]을 활용한 것으로 알고 있습니다. 그런데 터널식공법의 경우에는 돈이 많이 든다고 하더라고요.

그건 조금 잘못 이해하신 것 같습니다. '지하철 건설은 터널식으로 하면 되지, 왜 땅을 팠다가 덮는 방식으로 하냐?'라고 사람들이 많이 물어봐요. 그런데 원론적으로 보자면 지하철은 얕으면 얕을수록 좋아요. 그래야 이용하기에 편리하죠. 물론 지하철은 지상의 도로와 달리 평면교차가 불가능하죠. 결국 나중에 건설하는 노선은 교차지점을 입체적으로 만들기 위해 더 깊이 들어갈 수밖에 없죠.

북한이나 옛 공산권 나라들의 지하철은 정말 깊게 들어가더군요.

맞아요. 평양에 있는 지하철도 굉장히 깊게 만들어졌다고 하죠. 그런데 그건 대중교통수단만이 아니라 전시 대비용 군사시설을 겸하기 때문에 그래요. 당시에 제가 중앙정보부를 통해서 입수한 자료를 보았거든요. 아주 깊더라고요.

1호선 개통 이후에 약 4년이 지나서 2호선 건설이 시작되었잖아요. 1호선 건설 과정에서 얻은 교훈이라든지, 그러한 앞에서의 경험으로부터 얻은 도움이라면 어떤 것이 있을까요?

1호선 건설의 경험이 2호선 건설에 도움이 되었죠. 땅을 파는

---

5 터널식공법은 암반이 발달한 구간을 대상으로 하는 공법으로 지하에서 땅을 계속 파면서 전진한다. 지상에서는 지하 공사로 인한 소음이나 진동을 잘 느끼지 못한다는 장점이 있다. 지상의 건물 밑을 지나가거나, 지상의 도로가 혼잡할 경우 사용한다.

당시 공사 현장에 있던 '우리 자본, 우리 기술, 우리 지하철' 슬로건

굴착 방법도 그렇고요. 그런데 지하철 건설은 토목, 건축, 전기, 신호, 통신, 궤도, 차량 등 여러 분야의 건설기술이 종합된 것이거든요. 그래서 1호선 건설 때에는 일본의 도움을 받을 수밖에 없었어요. 하지만 2호선 건설에는 1호선에 참여했던 훈련된 기술자들이 투입됐어요. 우리 기술의 활용이나 국산 장비의 개발 등에 큰 진전이 있었습니다. 2호선 건설의 캐치프레이즈가 '우리 자본, 우리 기술, 우리 지하철'이었거든요.

'우리'를 강조했군요.

2호선은 우리 기술로 건설했습니다. 그런 정신으로 건설했지요. 우리 기술진의 수준도 상당했습니다. 1호선 건설과정에서 훈련된 기술진이 2호선 건설에 참여했죠. 국내 건설회사들도 지하철 건설을 통해 기술이 크게 업그레이드했죠.

업체들의 공사 능력은 어땠나요?

당시 저는 업체들의 실제 공사 시공능력을 봤어요. 지금은 조달청을 통해서 시공업체를 선정하지만 그때는 안 그랬거든요. 도급순위가 아니라 그 회사의 실제 공사 실력을 봤던 겁니다. 1등은 현대건설이었어요. 그래서 제일 어려운 이화여대 앞 공사 구간을 맡겼어요. 이대역을 가보면 알지만 거기가 굉장히 지하로 깊잖아요. 그리고 2등은 대림건설이었어요. 그래서 시청 앞 복잡한 공구를 맡겼지요. 그리고 3등은 삼부토건이었죠. 을지로입구의 교통이 복잡한 공구를 맡겼지요. 이런 식으로 입찰 없이 본부장이 '당신 회사는 여기를 해라.'는 식으로 모두 결정했습니다.

나중에 오해받을 수도 있지 않나요?

전혀 없었어요. 왜냐하면 밑에 능력있고 정직한 직원들이 있었거든요. 김영수 씨, 박계병 씨, 모두 능력이 있었어요. 그 직원들한테 실제로 공사를 잘하는 순으로 번호를 매겨오라고 했어요. 그래서 1등에 현대, 2등에 대림, 3등에 삼부토건, 이런 식으로 정리했지요. 그다음에 공구별로 난이도 순위를 매겨오라고 했어요. 그래서 이화여대, 시청앞, 을지로입구, 이런 식으로 난이도 순위를 쭉 매겼지요. 공사 잘하는 회사와 공구의 난이도 순으로 매치를 해줬지요. 그럼 남들보다 어려운 구간을 맡겼으니까 일종의 응당한 대가를 지불해야지요.

지하철공사는 장기계속공사이기 때문에 올해는 이만큼 하고, 다음 해에 이만큼 하고, 이런 식으로 하거든요. 그럼 설계금액이 나오겠지요. 그럼 예정가격 사정査定을 합니다. 80억이라고 하면 가령 지하철건설본부 경리관인 본부장이 3%를 깎아요. 그럼 2억 4,000만 원이 줄어들겠지요. 만약에 5%를 깎는다면 4억 원이 줄어들고요. 그래서 어려운 공사구간은 금액을 덜 깎고, 쉬운 구간은 금액을 많이 깎는 거죠. 그렇게 합리적으로 집행하니까 업체들도 불만이 없었어요. 그러니까 지하철 건설에 참여한 건설업사들 중에서 저한테 불평하는 사람 없었어요. 제 밑의 직원들도 제가 하는 것을 봤으니까 잘 따랐고요.

그런 방식으로 처리하셨군요.

그리고 전체 공사 중에서 실제로 공사가 얼마나 되었느냐 하는 '기성고既成高'라는 게 있어요. 실제로 건설된 만큼 중간에 돈을 받는 거지요. 그런데 경리 쪽에서 장난을 치더라고요. 그 당시 지하철건설본부에서는 기성금이나 준공금을 지불할 현금이 부족했어요. 경리과에서 임의로 몇 퍼센트씩 지불했죠. 말썽이 있을 수 있는 거죠. 그래서 현금지출비율은 잔고를 감안하여 일정비율로 하라고 했습니다. 동일하게 지급하라고 했지요.

혹은 용돈이라도 주지 않으면 서류를 돌리지 않고 묵히기도 했어요. 그래서 제가 아예 업자들한테 직접 돈 받으러 오지 못하게 했어요. 전부 계좌로 입금해서 주도록 했죠. 그리고 때로는 준공검사나 기성검사를 할 때 경리과만 가면 서류가 돌지를 않기도 했어요. 용돈을 주지 않으면 그런 일이 있기도 했던 거죠. 그런 소리가 자꾸 들리더라고요. 그래서 제가 아주 양식을 만들어줬어요. 건설과에 접수된 게 몇 월 몇 일 몇 시인지, 경리과로 보낸 시간이 언제인지, 다 적으라고 했어요. 그렇게 하면 본부장이 결재할 때 시간들이 전부 확인되지요. 어느 과에서 얼마나 지체되었는지 말이죠.

아, 그럼 밑에서 장난을 못 치겠네요. 서류가 어디서 얼마나 잠자고 있었는지 체크가 되니까요.

그렇게 지금의 서울지하철이 건설된 겁니다. 그냥 된 게 아닙니다.

정착되면 매우 투명하고 좋은 제도지요. 그런데 그렇게 새로운 제도를 시행하면 뒤에서 싫은 소리를 하는 직원들도 있지 않나요?

그거야 뭐 용돈 챙기지 못하게 된 사람들이 불평을 하는 거지요. 하지만 업자들은 좋지요. 준공신고를 하면 제시간에 검사 마치고 딱 통장으로 돈이 들어오니까요. 그 사이에서 눈치 보면서 용돈이나 챙기고 했던 사람들은 불평하겠지요. 제가 뭐 기술이 뛰어나서 지하철본부장을 8년 4개월 한 것이 아니거든요. 저보다 뛰어난 기술자는 얼마든지 있어요. 저는 그저 돈 안 받고, 다른 직원들이 장난 못 치는 조직을 만들었던 겁니다. 그래서 오래 하게 된 거지요.

공사비 조달을 위해 정부재정자금을 얻어내다

당시 신문이나 뉴스 영상을 보니까 선생님께서 전 대통령 옆에 서서 뭔가를 설명하는 모습이 자주 등장하더군요. 그런데 옆에 동석한 시장은 계속 바뀌더군요. 박영수 시장[6]이 나왔다가, 나중에는 염보현[7] 시장까지 등장하더군요. 그렇게 시장은 계속 바뀌는데 선생님과 대통령은 지하철 부분 개통을 할 때마다 나오시더라고요. 이야기를 들으니까 선생님께서 일요일 친척 결혼식에 가셨다가 귀가하시는 길에 우연히 시청에 들렀다가 불시에 청와대에서 지하철공사 현장을 좀 보자고 해서 박영수 시장과 같이 전두환 대통령을 지하철 공사현장으로 안내한 일도 있다고 하더라고요.

맞아요. 기억나요. 무더운 한 여름 어느 일요일이었지요. 가까운 친척 결혼식에 넥타이까지 메고 정장차림으로 참석 후에 시청을 들렀지요. 시장 비서실에 들어서는데 박영수 시장이 점퍼 차림으로 황급히 시장실 문을 열고 나오더라고요. 그런데 저를 보더니 "우 본부장"하고 외마디 소리를 내면서 제 손을 덥석 잡아요. 그 모습이 '이제는 살았다.'라는 안도의 웃음을 띤 표정이었어요. 평소 박 시장은 웃음이 별로 없는 분이었거든요. 그리고는 저한테 불문곡직 차에 타고 같이 가자고 해요.

---

6 박영수(1928~2003)는 제18대 서울특별시장을 역임하였다. 서울특별시장 재임기간은 1980년 9월 2일부터 1982년 4월 27일까지이다.

7 염보현(1932~2021)은 제20대 서울특별시장을 역임하였다. 서울특별시장 재임기간은 1983년 10월 15일부터 1987년 12월 29일까지이다.

광화문 로터리쯤이었을 거예요. 시장님이 하시는 말이 "지금 전두환 대통령께서 예고도 없이 지하철공사 현장을 가보자고 하니 어느 현장으로 안내하면 좋겠소?"라고 하는 겁니다. 그래서 "이화여대앞 현대건설 공사장으로 가는 것이 좋겠으니 현장에 연락하겠습니다."라고 했죠. 그런데 그러더라고요. 대통령 행차는 보안상 연락하면 절대로 안 된다고 말입니다. 그렇게 청와대에 들어가서 대통령과 경호원 몇 사람하고 같이 공사 현장으로 갔죠. 그때 대통령 경호가 그렇게 삼엄한지 처음 알았어요.

그렇게 현장사무실 2층에서 건설현황에 대해 브리핑을 했죠. 그때 대통령도 점퍼, 시장도 점퍼 차림이었는데 브리핑을 하는 본부장이란 자가 그 무더운 날 넥타이까지 맨 정장 차림이었죠. 땀을 뻘뻘 흘리며 브리핑하는 모습이 어떠했겠습니까? 그 순간을 생각하면 지금도 아찔해요. 당시 예고도 없이 휴일에 지하철공사 현장을 가보자는 대통령의 말에 시장도 얼마나 당황했겠습니까? 아마 그때 저를 만난 게 구세주를 만난 것 같았을 거예요.

박정희 대통령은 이미 김현옥 시장 때부터 지하철에 대한 깊은 인식이나 관심이 있었기 때문에 시장에게 지시를 내리거나 방향을 제시하고 하셨다고 말씀해 주셨는데요. 전두환 대통령은 어땠나요? 당장 86아시안게임이나 88올림픽을 치러야 하니 마음이 급했을 듯합니다.

일단 지하철에 관해서는 단계별로 개통할 때마다 항상 대통령이 나와서 참석했어요. 그때는 서울시도 그렇고, 정부도 아주 어려웠

공사 상황을 설명하는 구술자(구술자 제공)

어요. 오죽하면 서울에서는 교실이 모자라서 학생들이 3부제를 할 때였으니까요. 아파트를 지을 때도 지하철공채를 사도록 했죠. 담배에도 지하철 세금을 붙이고 그랬죠.

정부 쪽에서도 돈이 없었네요.

맞아요. 당시 정부나 서울시 모두 재정이 어려웠어요. 정상천 시장[8] 때였어요. 어느 날 정 시장이 저를 불렀어요. 지하철을 건설하려면 정부에서 돈을 지원받아야 한다고 하면서 저랑 같이 경제기획원으로

8 정상천(1931~2015)은 제17대 서울특별시장을 역임하였다. 서울특별시장 재임기간은 1978년 12월 22일부터 1980년 9월 1일까지이다.

갔어요. '정부재정자금'[9]이라고 있었어요. 요즘 금리 정도면 은행에서 빌리겠지만 당시에는 은행 금리가 약 18%였어요. 반면에 재정자금은 금리가 약 4% 수준이었고요.

그럼 당연히 이자가 싼 정부 돈을 써야 했겠네요.

그렇죠. 그때 신현확 씨가 부총리, 정재석 씨가 차관이었어요. 거기 가서 브리핑을 했지요. 왜 지하철이 필요한가를 설명했죠. 그런데 당시 지하철 1km 건설하는 데에 약 200억 원이 들었어요. 일본은 600억 원 정도 들었고요. 우리가 싸죠. 하지만 우리 실정에는 비싼 거죠. 복공판도 일본에서 수입해왔어요. 그것도 1장당 15만 원이나 했어요. 비싸서 도로면에는 나무판을 깔고 공사를 하기도 했죠. 당시에 공사구간을 무리하게 교통을 통제한 것도 결국은 공사비를 절약하기 위한 것이었어요.

돈이 많이 들었네요. 그렇게 돈이 많이 드는 거라면 경제기획원에서 사인을 안 해줄 것 같은데요.

저도 그렇게 생각했어요. 그래서 정상천 시장에게 말했습니다. "시장님, 지하철 건설하는 데에 1km에 200억이 든다고 하면 정부에서 안 준다고 할 겁니다. 그러니 제가 100억 정도 든다고 하겠습니다. 시

9 정부의 정책적 필요성에 따라 정부 재정이나 기타의 방법으로 재원을 조성하여 융자 출연·보조·보험·보증·출자 등의 방식으로 지원 사업을 행하는 재원을 말한다.

정부지원금을 요청하는 공문(1981년)

장님만 알고 계십시오. 그렇게 말해도 저 사람들은 모릅니다."라고요.

머리를 잘 쓰셨네요.

그랬지요. 그래서 지하철이 왜 필요하고, 돈이 얼마가 들고, 지하철공채 등 자금 마련은 어떻게 하고, 브리핑을 했어요. 당시 경제기획원 차관이었던 정재석 씨가 배석했었고, 김재익 경제수석비서관도 있었어요. 아무튼 "정부에서 이자가 싼 재정자금이나 좀 지원해 주십시오."라고 했어요. 제가 그렇게 브리핑을 하니까 신현확 씨가 좋다고 하더라고요. 지하철을 건설해야겠다고 하시더라고요.

다행이었네요.

거짓말을 좀 보탰지만 브리핑한 보람이 있었지요. 지하철 건설하면서 그런 유사한 고비가 아주 많았어요. 반대하는 사람들이 많았거든요. 지금은 시의회에서 예산을 심사하지만, 당시에는 지방자치가 실시되기 이전이라서 총리실 제3행정조정실에서 서울시예산을 심의·승인하던 때였습니다.

고금리 시절이라서 건설자금 조달에 어려움이 많았겠네요.

지금도 기억이 나요. 어쨌든 그래서 정부재정자금을 지원받았지요. 물론 4%의 이자가 붙었어요. 그래도 쌌어요. 방금 말했듯이 당시에는 은행 이자가 18~20% 정도 되었거든요. 외국 차관은 이자가 3% 내외였고요. 그렇게 만든 게 지금 다니는 지하철 2호선이랑 3·4호선입니다. 재정적으로 그렇게 어려웠습니다. 하지만 그때 그렇게라도 건설하기 참 잘했어요. 왜냐하면 지금쯤 건설하려면 교통량이 많아서 공사로 인해 시민들이 엄청나게 불편하겠죠. 돈도 더 많이 들고요. 당시는 강남 테헤란로에도 차가 별로 없었어요. 그러니까 노면에 복공하지 않고 그냥 개착식으로 공사할 수 있었죠. 지금도 눈에 선해요. 당시 교대역 사거리 공사를 하는데 거기도 공사비를 절약하기 위해서 도로면을 복공하지 않고 공사를 했어요. 그 옆이 죄다 호박밭 등이었거든요.

그게 아직도 훤하게 기억납니다.

지금의 금싸라기 땅들이 호박밭이었군요.

그런 시절이었죠. 그때 건설했으니까 돈도 절약하고 짧은 기간에 건설했던 거죠. 지금 하려고 하면 엄청난 공사비도 그렇고, 시민들의 불편함은 말도 못할 겁니다.

아마 지금 그렇게 대규모로 공사가 진행된다면 현장으로 민원전화가 빗발칠 겁니다.

그런데다가 사고 한번 나보세요. 신문에 대문짝만하게 나와서 애를 먹고 그럴 겁니다.

그런 의미에서 2호선은 정말 획기적인 도시인프라네요.

그럼요. 여러 의미가 있죠. 2호선을 건설했기 때문에 강북 인구의 분산이 가능했죠. 그런 거 보면 박 대통령은 참으로 선각자입니다. 그 어려웠던 시절에 대통령의 지시가 없었다면 양택식 시장이 어떻게 지하철 건설을 착수할 수 있었겠어요? 그리고 단핵도시의 다핵도시화, 강북 인구의 강남 분산, 모두 박 대통령이 구자춘 시장에게 지시한 거 아닙니까?

청와대의 지시와 서울시의 도시계획이 그렇게 맞물려 돌아갔던 거네요.

그렇죠. 그리고 여담이지만 박영수 시장 시절에 청와대로 지하철 공사비가 얼마나 소요되는지, 앞으로 얼마나 당초 계획보다 추가로 공사비가 소요되는지 보고하러 간 적이 있었어요. 박 시장이랑요. 전 대통령 앞에서요. 시장이 대통령한테 지하철 공사비가 당초 계획보다 얼마정도 더 든다고 보고를 했죠. 그런데 원래 박 시장 말투가 좀 확실하지 못해요. 아무튼 당초 예상 공사비는 얼마였는데, 지금 공사비는 얼마가 더 든다고 했거든요. 그랬더니 전 대통령이 "이 사람들 모두 공사하는 업자들 편 아니야!"라고 하면서 쓰고 있던 안경을 확 던져놓고 일어나는 겁니다. 그 옆에 대통령이 평소에 쓰는 탁상용 안경걸이대가 있었거든요. 거기에 탁 던지더라고요. 그랬더니 모두들 위축되어서 아무 말을 못하더라고요. 그건 제가 지금도 눈에 보이듯 훤해요.

당시 결제기안문을 보면 칸들이 나눠져 있어요. 서울시장, 감사원장, 비서실장, 이렇게 칸이 나뉘어 있죠. 그리고 마지막 칸은 큼지막하게 되어 있어요. 그게 이제 대통령 결제칸이죠. 거기 있던 사람들은 사전에 이미 금액 같은 건 다 검토를 마치고 거기 사인을 한 거예요. 그런데도 대통령이 버럭하고 일어서니까 아무도 말을 못하더라고요. 아주 꼼짝을 못해요. 생각해 보세요. 만약에 지하철 건설 문제로 대통령이 화를 냈다면 누가 제일 먼저 목이 날아가겠어?

지하철본부장인 선생님이겠네요. 아찔했겠네요.

맞아요. 그래서 제가 딱 일어섰지요. 뭐 어차피 제 목이 날아갈 판이니까요. 이판사판이잖아요. 제가 일어서서, "각하, 지하철본부장입니다. 제가 상세히 말씀 올리겠습니다."라고 했죠. 그랬더니, "한번, 이야기해봐!" 그러더라고요. 그래서 설명했죠. "장기공사에는 '불변가격'과 '경상가격'이 있습니다. 당초 공사를 시작할 때의 물가를 계산해서 산출한 가격이 따로 있고, 그 사이의 물가상승이나 환율 등을 반영한 경상가격이 또 있습니다."라고 했어요. 당시 물가상승률이 어땠는지 알아요? 25~30%까지 올라갈 때도 있었어요.

요즘 물가상승률은 아무것도 아니네요.

그래요. 그때는 1년에 그렇게 올랐습니다. 요새 금리가 올랐다고 해도 그때랑 비교하면 아무것도 아닙니다. 당시에는 금리가 18%였다고요. 방금 말했듯이 정부의 재정자금이 4%이라고 했잖아요. 그러니까 그걸 받으려고 얼마나 애를 썼겠습니까? 외국 차관을 들여오려고 해도 물가에 영향을 준다고 그걸 못하게 했습니다. 그런 시절이었거든요. 그리고 이어서 브리핑을 했죠. "이거는 불변가격으로 계획 당시의 가격이고, 지금 말씀드린 가격은 경상가격입니다. 그 사이 환율은 이러이러하고, 물가는 이러이러합니다. 그 때문에 공사비가 증가한 것이지, 절대로 업자를 봐주려고 한 것이 아닙니다."라고 말이에요. 당시 달러 환율이 1달러에 480원이었어요. 그렇게 전 대통령이 다 듣더니 그 자리에서 사인했죠. 지금도 기억나요.

고비를 넘긴 거네요. 대통령이 화난 채로 그냥 밖으로 나가버렸다면 누구든 책임을 졌겠네요.

그렇죠. 어차피 제 목이 날아갈 판국이니까 딱 말씀드렸죠. 그렇게 해서 고비를 넘겼잖아요. 지하철이 그냥 건설된 게 아닙니다. 그런 비화들이 있었던 거죠.

이야기를 들어보니까 2호선이 초반에는 손님이 적었다고 하더라고요. 지금으로서는 상상이 되지 않습니다.

맞아요. 지금은 절대 상상이 안 되죠. 지하철에 승객이 적다는 게요. 그런데 진짜였어요. 그래서 처음 운행할 때는 4량으로 했어요. 손님이 없어서 4량도 남았거든요. 성수동에서 교대역까지 부분 개통했을 때에는 그랬습니다. 열차 1량의 길이가 20m이니까 4량이면 80m에요. 그런데 당시 지하철 역사는 장차 10량 운행에 대비하여 200m로 건설했거든요. 그래서 박영수 시장이 그러는 겁니다. 지하철로 승객을 유도하기 위해 지하철 노래를 만들어서 보급하면 어떻겠냐고요. 당시 패티김의 〈서울의 찬가〉가 유행했거든요.

"종이 울리네, 꽃이 피네, 서울의 노래 웃는 그 얼굴"로 시작하는 노래 말씀이지요?

그래요. 그래서 작곡가 길옥윤 씨에게 부탁했어요. 지하철 노래를 만들어 달라고요. 그리고 노래는 미스코리아 출신의 김성희 씨가 불렀지요. 김성희씨는 노래를 아주 잘했죠. 물론 시민들에게 보급하려고 했는데 그게 인위적으로는 안 되더라고요. 노래라는 건 자연적으로 유행해야 하더라고요.

제2기 지하철건설본부의 본부장으로 가다

제2기 지하철 건설에는 고건 시장[10]이 중요한 역할을 하셨다고 합니다. 그 부분에 대해서 여쭤보고 싶습니다. 88올림픽이 끝나고 그해 겨울에 고건 시장이 취임하면서 바로 제2기 지하철 건설계획이 추진되었던 부분에 대해서 말씀 부탁드리겠습니다.

일단 제2기 지하철 건설은 고건 시장님이 1988년 말에 서울시장으로 부임하자마자 추진했습니다. 지하철건설준비단 사무실은 내왕빌딩에 두었지요. 준비단을 발족하면서 정예멤버로 15명을 뽑았지요. 제가 서울시에서 도시계획과장도 하고, 도로과장이나 건설관리국장, 1기 지하철건설본부장, 종합건설본부장, 이런 직책을 다 거쳤거든요. 그러니 서울시의 기술직 현황에 대해서는 누가 말을 하지 않아도 제 나름대로 주요 직원들의 능력을 다 알고 있었습니다. 평소에 눈여겨보고 다 채점하고 있던 셈이었어요. 덕분에 차출하는 과정에서 전혀 어려움이 없었습니다.

평소에 미리 다 파악하고 계셨기 때문에 금방 인원을 추릴 수 있었군요.

서울시에서 건축직, 토목직 직원들을 모두 다뤄봤으니까요. 핵

10 고건은 제22대 서울특별시장(관선)과 제31대 서울특별시장(민선)을 역임하였다. 관선기 재임기간은 1988년 12월 5일부터 1990년 12월 26일까지이다. 민선기 재임기간은 1998년 7월 1일부터 2002년 6월 30일까지이다.

제2기 지하철 건설과 관련하여 기자회견을 하는 고건 시장(1989년)

심 기술자들을 집합시키는 것은 전혀 문제가 없었어요. 그리고 제가 요청하면 고건 시장님이 당장 발령 내주기로 약속한 상황이기도 했어요. 준비단을 꾸리는 것은 아무 문제 없었죠.

그때 당시 종합건설본부장이었던 걸로 알고 있습니다. 그런데 다시 한번 지하철을 맡으시는 거잖아요. 당시 고건 시장이 어떻게 부탁을 하시던가요?

어느 날 전화가 왔어요. 차나 한잔 하자고 하시더라고요.

선생님하고 동갑이신가요?

고 시장이 저보다 한두 살 젊어요. 요즘도 2달에 한 번씩 만나서 몇 사람이 함께 밥도 먹고 그러거든요. 그때가 점심 먹고 난 오후였어요. 시장이 부르니 얼른 갔지요. 그런데 뭔가 이야기를 꺼내는데 미안해하는 눈치에요. 종합건설본부장을 그대로 맡기고 싶긴 한데, 지하철건설 때문에 저한테 지하철본부장을 맡기고 싶다고 하더라고요. 마땅히 맡을 사람이 없어서 고민이라고 말이에요.

간곡히 부탁하는 어조셨네요.

그럴 수밖에 없었어요. 종합건설본부장은 대단한 자리거든요. 그런데 정작 조직도 없는 지하철건설본부장으로 발령을 내는 거잖아요. 인사권자 입장에서도 곤혹스럽죠. 그래서 제가 그랬어요. 인사는 시장님의 고유 권한이니 지하철건설본부장으로 발령을 내신다면 따르겠다고 말이에요. 그 대신에 지하철을 제대로 건설하려면 제가 원하는 기술자와 직원들을 즉시 발령을 내주셔야 한다고 했죠. 그랬더니 대번 내무국장을 불러들이더니 "우 본부장이 신설 지하철건설본부장을 맡게 되었으니, 우 본부장이 요청하는 기술자들을 즉시 발령을 내세요."라고 그 자리에서 지시했습니다. 덕분에 빨리 지하철건설본부가 다시 자리를 잡았지요.

그렇게 직원이 모여서 제일 처음 시작한 일은 어떤 것이었나요?

1~4호선은 이미 준공된 상태였으니까 이번에는 5~8호선을 어떻게 건설할 것인가를 검토하기 시작했죠.

그래도 제1기 지하철 완공하고 약 4년의 공백이 있었잖아요. 적어도 기술적으

제2기 지하철 건설 공사 기공식(1989년)

로 보자면 제2기 지하철을 추진하는 데에는 큰 어려움은 없었다는 말씀이시네요.

아무 문제 없었어요. 기술적으로는요. 이제 돈이 문제였죠.

우선 준비단원들은 곧바로 유럽으로 보냈다고 알고 있습니다.

맞아요. 기술적으로 문제는 없지만 제1기 지하철을 건설한 지 약 4년여의 공백이 있기는 했으니까요. 그래서 최근의 트렌드는 어떤지 선진 지하철을 가서 보고 오라고 했습니다. 직원들이 약 20일 정도 일정으로 해서 갔다 왔어요. 저는 남아 있었고요. 유럽과 동남아 지역을 돌았습니다. 사전에 그쪽 지하철 관련 기관과 조율을 했고요. 그다음에 가서 묻고 싶은 것도 물어보고 직접 시찰하고 왔죠. 그렇게 시찰을 하고 서울로 돌아오기 직전에 직원들이 도쿄에 머물고 있었어요. 그런데 고건 시장님이 전화를 하셨어요. 서울에 도착하자마자 업무보고를 하라고 하시는 겁니다.

아직 서울에 도착하지도 않았는데 도쿄에 계신 직원분들에게 전화로요?

네, 그랬어요. 직원들이 이제 막 도쿄에 도착했는데 서울에 오자마자 보고를 하라고 하는 겁니다. 보통 출장보고서는 귀국 후에 찍은 사진들 인화도 해야 하고, 입수한 자료도 첨부해야 하니까 1주일 정도는 준비하고 내거든요. 그런데 고 시장님이 그렇게 재촉하시니까 몇 사람은 이미 도쿄에서 출장보고서를 쓰기 시작했어요. 서울에 도착하자마자 보고하라고 하니까요. 그래서 일본에서 그 비싼 돈 주고 사진들을 인화하고 보고서를 작성했죠. 그리고 그걸 슬라이드로 만들어서 세종문화회관에서 서울시 전 직원들에게 브리핑을 했습니다.

이번에는 다른 질문을 드릴게요. 1호선 건설이 끝난 뒤에는 이제 지하철 운영만 하잖아요? 그럼 건설에 참여하신 직원들은 다른 부서로 배치되었나요?

그렇죠. 다른 기술부서로 일부 이동했죠. 물론 2호선 건설이 시작되기 전까지 지하철 관련 공사가 완전히 없었던 것은 아니었어요. 군자동 차량기지가 있었죠. 그런 차량기지 건설 같은 일들이 조금씩은 남아 있었어요. 그래서 일부 기술진은 남아 있었어요. 나머지 사람들은 다른 부서로 뿔뿔이 흩어졌다가 2호선 착공하면서 다시 불러 모으

게 된 거죠. 지하철본부가 완전히 해체된 것은 1985년이죠. 그때 완전히 조직이 해체된 거죠. 그러다가 1989년에 고건 시장님이 제2기 지하철 건설을 추진하면서 다시 조직부터 재건하게 된 거죠.

지하철건설본부 직원 중 민간기업에서 온 사람들은 없었나요?

민간기업에서 들어온 경우는 없었어요. 공무원 조직 안에서만 왔다 갔다 한 거죠. 그리고 일단 1985년에 지하철본부가 해체되었다가 1989년에 다시 조직되었다고 했잖아요. 실은 그게 건설에 소요되는 자금이 없었기 때문입니다. 재정적으로 지하철을 더 건설할 능력이 없었기 때문이었죠.

더 많은 지하철의 필요성은 느끼고 있었지만 돈이 없던 거군요.

그렇죠. 그래서 할 수 없이 지하철본부를 해체했다가 다시 조직했던 거죠. 민간회사에서 사람들을 데려오거나 하는 일은 없었습니다. 어쨌든 1기 지하철 건설과정에서 훈련된 우수한 인력들이 2기 지하철을 만들 때 다시 모아서 건설해 나갔죠.

다른 기술부서로 흩어졌던 분들을 다시 모은 거네요.

그렇죠. 4년 동안 해체되어 있었지만 조직을 빠른 시간 안에 재조직할 수 있었습니다. 고건 시장님이랑 협의했기 때문에 1기 때 참여했던 우수한 직원을 빨리 데려왔죠. 저도 그 조건으로 제2기 지하철건설본부장을 다시 맡기로 한 거고요. 지하철 건설과 관련한 서울시의 우수한 인력을 최우선적으로 지원해주기로 했죠. 그리고 지하철건설본부로 오면 승진도 빠르게끔 인센티브도 줬어요. 지하철건설본부를 모두가 선호하는 조직으로 인식하게 한 겁니다. 이렇게 말하면 좀 뭐하지만 엔지니어로서 지하철건설본부를 거치지 않은 사람은 '별 볼 일 없다.'라고 할 정도였죠. 그런 인식이나 풍조가 조성되었기 때문에 제2기 지하철 건설할 때 우리 본부의 조직이 일사불란하게 움직일 수 있었어요.

지하철건설본부에서 일 좀 했다고 하면 엘리트 엔지니어로 인정받은 거였군요. 당시 사진들을 보면 서울시 다른 직원들은 유니폼을 입지 않는데 지하철건설본부 직원들에게는 점퍼를 유니폼으로 입고, 명찰도 달고 있더라고요. 그러한 일종의 소속감이 일의 능률을 높였던 것 같습니다.

그럼요. 지하철 본부장실 입구에 '지하철 건설에 신명을 바칠 각오가 없는 자는 이 건물에 들어 올 자격이 없다!'라고 딱 적어놨어요. 그랬더니 그때 서무과장이, '조금 표현이 과한 듯합니다.'라고 그랬어요. 그래서 다시 적었어요. '내 돈으로 내가 살 집을 짓는다는 마음가짐으로 서울지하철을 잘 건설합시다.'라고 말이죠. 당시 우리가 그런 마음으로 근무했어요. 지금 생각해 보면 어떻게 그렇게 모두들 밤잠을 설치면서 일을 했어요. 지금 하라면 못 할 거 같아요. 초창기 2호선 건설할 때는 밤 12시부터 새벽 4시까지 통행금지가 있을 때였어요. 그래서

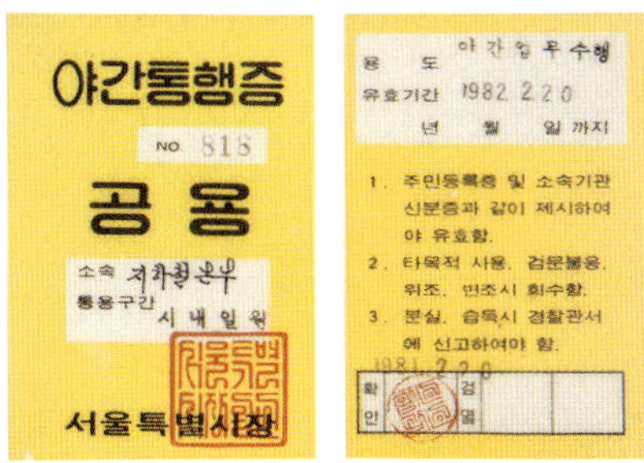

야간통행증(구술자 제공)

저는 야간통행증을 항상 가지고 다녔어요. 왜냐하면 건설현장에서 사고라도 나면 밤중이라도 바로 뛰어나가야 하니까요.

지하철 건설로 고생했던 사람들

이번에는 다시 제1기 지하철 건설과 관련된 내용을 질문드릴게요. 2호선 건설과 관련된 기사들을 보니까 본부장이었던 선생님도 사무실에 야전침대를 두고 철야를 했더라고요.

그 당시에는 그렇게 근무했어요. 을지로구간 개통할 때는 이미 날짜를 정해놓고 무조건 개통해야 하는 시절이었어요. 2호선만 해도 6년여 동안에 48.8km를 준공 개통했으니 100리가 넘는 거잖아요. 외국에서는 상상도 못 할 일이에요. 물론 우리 기술이 뛰어나서가 아닙니다. 밤낮없이 인부들이 철야 작업을 했기 때문이지요. 그 살기 어려운 시절에 말이에요. 그래도 인부들은 불평 하나 없었어요. 어려운 재정 상황 속에서도 그렇게 다들 열심히 했기 때문에 지금의 지하철이 만들어진 겁니다. 당시 선각자들의 노력이 없었다면 지금 서울은 온통 주차장이 되었을 겁니다.

정말 몸을 갈아 넣어 추진한 대역사였네요.

그래서 제가 말했던 겁니다. '서울지하철 건설에 신명을 바칠 각

지하철 2호선 건설 공사(1978년)

오가 없는 자는 이 건물에 들어 올 자격이 없다.'라고 지하철건설본부장 사무실 입구에 써 붙였다고 말이지요. 정말 그런 각오로 건설했습니다.

일본의 지하철과 비교하면 확실히 느껴지는 것 같습니다. 당시 양국의 GDP 차이를 생각해 보면 '그 어려운 시절에 일본에 전혀 뒤지지 않는 지하철을 만들었구나.'라는 생각이 들어요. 공사비도 1/3밖에 들이지 않았다고 하셨죠?

그럼요. 대략 600억 들었을 것을 200억에 만들었으니까요. 물론 우리가 그렇게 단기간에 건설할 수 있던 것은 결국 현장에서 희생을 감수하며 노력한 인부들 덕분입니다. 그 사람들이 집에서 오가며 일한 게 아닙니다. 시골에서 올라온 사람도 많았고, 또 현장 함바집에서 기거하면서 밤낮없이 철야로 일했거든요. 그렇게 일하면서도 불평 하나도 안 했어요. 특별히 애국심이 있어서 그런 게 아닙니다. 그렇게 일해야만 먹고 살 수 있었던 시절이었어요. 사고가 나도 오히려 구자춘 시장 같은 경우에는 "그래, 요즘 여기저기 공사를 많이 벌였는데도 어쩐지 조용하다 싶었어. 거 스릴 있군."이라고 하면서 전전긍긍하던 저를 다독여주기도 했죠. 그런 시절이었습니다.

너무 맘 쓰지 말라고 격려하신 거라고도 볼 수 있겠네요.

그렇죠.

그리고 그렇게 산전수전을 다 겪었기 때문에 1989년 제2기 지하철 건설준비단 발족하셨을 때는 자신감이 있었던 거군요.

그럼요. 2기 지하철 추진하면서 기술이나 인력 관련 문제는 없었어요. 다만 앞에서 말했듯이 공사비 조달 때문에 애먹었죠. 공사 발주를 비롯해 기성금이며 준공금을 지불할 책임이 경리관인 지하철본부장에게 있습니다. 그러니까 준공되기 전이라도 기성검사를 해서 만약에 30% 정도 공사가 진행되었으면 그만큼의 돈을 지불해야 합니다.

그런데 기성금과 준공금을 지불할 자금이 부족한 상황이었던 거고요.

맞아요. 검사 결과 실제로는 50억을 지불해야 하는데 돈이 없으니까 급한 대로 20억만 지불하고서라도 일단 공사를 진행했어요. 그게 참 힘들었습니다. 또 예산을 담당하고 있는 부서 사람들이 협조를 제대로 해주지 않았던 경우도 많아 애로를 겪었어요. 예산 때문에 참 설움을 많이 당했습니다.

지하철본부에서 건설뿐만 아니라 설계까지 다 했나요?

그건 아니에요. 당시에도 설계는 용역을 줬지요. 그래도 공사 현장마다 우리 직원들이 상주하면서 공사감독을 했지요. 거의 현장에서 상주하다시피 하면서 감독했어요.

선생님께서 본부장으로 계실 때 하루에 사인한 금액이 얼마나 되었나요?

2호선만 9,000억 원 가까이 들었어요. 그걸 6년으로 나누면 1년에 1,500억이죠. 그러니 하루에 대략 5억 원씩은 결제한 셈이지요. 1970~1980년대 당시에 돈으로 5억이면 대단한 돈이었어요.

정말 그러네요. 결제하실 때 기분이 어땠나요?

당시 지하철본부장은 막강한 권한이 있었어요. 이게 계속공사잖아요. 그래서 설계 당시에 100억으로 산정했다고 해도 예정가격, 즉 사정가격을 만약에 5% 정도 깎았다고 하면 그게 5억 원입니다. 1%를 깎는다면 1억이 되겠지요. 그 예정가격을 정하는 권한이 경리관인 본부장에게 있었습니다.

한번 생각해 보세요. 가령 어느 회사가 3년 동안 계속공사를 한다면 올해는 이만큼 공사하고, 다음 해에는 또 이만큼 공사하고 그러죠. 그다음부터는 수의계약도 가능하거든요. 그때도 마찬가지죠. 설계금액을 경리관이 얼마나 깎는가에 따라서 예정가격이 결정되거든요. 경리관이 예정가격 사정 때 몇 퍼센트를 깎아야 한다는 규정이 없어요. 경리관 재량이었습니다. 그러니 지하철본부장의 권한이 막강했지요.

가령 아까 말했듯이 이대역 공사는 어려우니까 공사비를 조금 덜 깎아줬어요. 시청역 공사도 힘드니까 조금 덜 깎고요. 대신 쉬운 공사 구간은 조금 더 깎고요. 물론 제가 혼자 결정하면 아무래도 사심이 들어가겠죠? 그래서 직원들에게 각 공사 구간의 난이도를 조사해서 정리해 오라고 했던 겁니다. 그렇게 난이도에 따라서 공사비 깎는 비율을 조정했더니 업자들도 아무런 불만이 없었어요.

지하철본부장 권한이 막강하군요. 유혹이 좀 들어왔을 것 같습니다. 업체나 주변에서 청탁이 들어온다거나 말이죠.

저는 본부장으로서 맡은 일에 최선을 다하고자 노력했지, 돈을 챙기거나 그런 짓을 하지 않았어요. 생각해 보세요. 제가 성실하고 정직하게 공무를 수행하지 않았다면 어떻게 5대 정권에 걸쳐 8년 4개월 동안 지하철건설본부장을 했겠어요?

1970~1980년대 서울시 사업들 가운데 지하철 건설의 예산 규모가 막대합니다. 주택 건설이나 도로 확장, 수원지 확충 등 다른 사업에도 돈이 들어가야 하는데요. 지하철이 워낙 큰돈을 잡아먹는 형국이다 보니 '왜 맨날 지하철이 우선이

냐?'라는 불평도 나왔을 듯합니다. 구체적으로 서울시 안에서 다른 건설 관련 부서에서는 이 지하철 건설사업을 어떻게 바라보고 있었나요?

다른 부서의 시기나 불평 같은 건 특별히 없었어요. 지하철건설본부에서 근무하면 능력 있는 기술자로 인정받았으니까 발령받은 직원도 불평이 없었고요. 지하철 건설 관련 엔지니어들이 우선적으로 승진했으니까요. 그래서 기술직 직원들도 대개 일은 힘들어도 승진이 빠르니까 지하철을 선호했습니다. 저도 도시계획을 비롯해 도로건설, 종합건설본부 등 여러 부서를 거쳤잖아요. 다른 부서에서 시기한다거나 그런 것은 없었습니다. 다만 예산을 담당하는 행정부서에서는 애를 좀 먹었죠.

일단 예산이 다른 부서와는 비교가 되지 않을 정도로 컸으니까요.

예산 부서에서 돈을 안 주려고 하니까 힘들었죠. 일단 돈이 있어야 건설을 하니까요. 건설업계도 지하철 건설에 대한 불평불만이 없었어요. 왜냐면 우리가 건설업계의 회사들을 차별하지 않고 최대한 공정하게 처리했거든요.

당시 물가상승률 때문에 공사비가 계속 올라갔다고 하더라고요.

맞아요. 이해원 시장[11] 때였어요. 그때 역시 물가가 상승하면 공사비도 올려줘야 하거든요. 계약서에 그렇게 되어 있어요. 금액은 확

11 이해원(1930~2014)은 제24대 서울특별시장을 역임하였다. 서울특별시장 재임기간은 1991년 2월 19일부터 1992년 6월 25일까지이다.

이해원 시장(1991년)

실하게 기억이 안 나는데 물가상승을 고려해서 새롭게 공사비를 산출해서 갔어요. 그랬더니 시장님이 기술부서와 협의를 거쳐야 한다는 거예요. 하수국장, 건설국장, 부시장, 뭐 이런 부서장들과 함께 논의해야 한다는 거예요. 제가 그래서 하나하나 이 시장님에게 물가상승률이 어떻고 금액이 어떻게 변했는지 자세히 설명했죠. 그랬는데도 안 된다고 하는 거예요. 그래서 말했죠. 우리 서울시가 갑甲이고, 회사 측이 을乙인데, 갑과 을의 계약사항으로 물가상승률을 반영하게 되어 있다고요. 당시 주택공사 등 다른 기관에서도 물가상승률을 반영하고 있다고 말씀드렸는데도 도통 안 된다고 하더라고요.

그래서 말씀드렸지요. "앞으로 공사장에서 사고가 나면 저는 책임지지 않겠습니다. 시장님께서 직접 책임을 지십시오."라고 말이지요. 갑이 계약상 의무를 이행해야 사고가 났을 때 을에게 책임을 물을 수 있거든요. 물가상승률을 반영해주지 않고서 회사 측에 어떻게 책임을 추궁할 수 있겠어요?

그랬더니 어떻게 나오시던가요?

시장님이 겁이 덜컥 났던 모양이에요. 그럼 물가상승률을 반영해 기술부서 국장, 부시장과 협의를 받아 다시 가져오라고 하시더라고요. 결국 그렇게 해서 시장 결재를 받았죠. 제가 업체들 감독을 철저히 하는 대신에 계약상의 그런 의무사항을 정확히 이행하기 위해서 노력했다는 것을 업체들도 다 알았습니다. 덕분에 건설업자들도 불평이 전혀 없었던 거고요.

지하철주식회사와 지하철공사의 설립 경위

이번에는 조직과 관련된 질문을 드릴게요. 3·4호선 건설 당시 업체들 주도로 지하철주식회사를 세웠는데요. 얼마 지나지 않아 갑자기 회사 대신에 지하철공사가 설립됩니다. 이 부분에 대한 경위가 궁금합니다.

지하철 2호선 건설을 착공한 후 지하철 3·4호선을 착수했죠. 정상천 시장 때입니다. 정 시장이 그랬어요. 서울시에 돈이 없으니 건설업계 협조로 지하철을 건설하자고요. 경부고속도로 건설에 참여한 유수한 건설업체가 있잖아요. 그렇게 해서 모두 23개 회사가 참여해서 서울지하철주식회사를 만든 거였어요. 그렇게 주식회사 체제로 3·4호선 건설을 추진했던 거죠. 공사 설계, 공사 발주 등 모든 작업을 우리 지하철본부에서 해줬어요.

기초 작업은 지하철본부에서 해 준거네요.

발주도 우리가 정해줬지요. 23개 회사니까 노선별로 23공구로

지하철공사 현판식(1981년)

나눴지요. 지하철주식회사의 참여 업체가 23개이니까 3호선 노선도 23개 공구로, 4호선 노선도 23개 공구로 나눠서 배정했어요. 일단 공구를 쪼갠 뒤에 공구별 난이도를 정했죠. 예를 들어 3호선에서 제일 어려운 공구를 맡았다면 4호선에서 제일 쉬운 공구를 배정하는 겁니다. 그럼 공정하잖아요? 그다음 3호선에서 2번째로 어려운 공구를 맡은 회사는 4호선에서 2번째로 쉬운 공구를 배정하는 방식으로 한 거죠. 그때 서대문로터리 인근 건물에 지하철주식회사가 있었어요. 거기서 각각 회사별로 공구를 배정하는 추첨을 했어요. 그래야 공정하거든요.

어느 특정 회사에 치우치지 않게 했어요. 이렇게 3·4호선 준비를 우리가 다 해줬지요. 그때 사장이 박우식 씨였어요. 정 시장이 잘 아는 지인이기도 했어요. 그런데 얼마 지나지 않아서 건설회사들이 돈이 없다고 두 손 다 들더라고요. 그 바람에 지하철공사로 바뀌었던 거예요. 서울시가 나서서 공사체제로 전환한 거지요. 그때 김재명 사장님이 초대 사장으로 왔고요.[12] 김 사장은 또 전 대통령이랑 가까웠어요.

원래 지하철은 잘 모르는 분이었나요?

그렇죠. 신군부가 등장할 때 작전참모부장을 하던 분이었어요. 그때 그분이 소장이었어요. 지하철공사 사장으로 처음 왔을 때 군복을 입고 오셨어요.

지하철본부에 있던 공무원들도 꽤 서울지하철공사로 건너갔다고 하더라고요.

그랬죠. 그런데 서울시지하철본부는 공무원 신분이고, 공사는 서울시 투자기관이지요. 물론 민간이기는 하지만 서울시 출연기관의 직원이니까 '준공무원'이라고 표현해야 할까요? 저희 직원들이 거기로 가면 공사에서는 직급을 하나씩 올려줬어요. 그런 인센티브가 있었으니까 많이들 갔죠.

민간인이지만 준공무원 정도로 인식되었네요. 그리고 3·4호선 건설은 민간회

12 김재명(1931~2006)은 초대 서울시지하철공사 사장을 역임하였다. 서울시지하철공사 사장 재임기간은 1981년 9월 1일부터 1988년 6월 22일까지이다.

김재명 지하철공사 초대 사장과 박영수 시장(1981년)

사들이 도중에 두 손을 들어서 서울시가 다시 지하철공사라는 형태로 끌어안으면서 다 지은 것이고요.

그랬던 거죠.

그 부분은 충분히 이해가 됩니다. 그런데 서울시 안에서 이미 지하철건설본부라는 조직이 있는데 따로 지하철공사가 만들진 거잖아요. 그러면 본부 직원들 중에는 혹시 본인들의 조직이 없어지는 거 아닌가 해서 불안해하지는 않았나요?

그런 건 없었어요. 처음에는 그냥 '지하철본부'였죠. 그 안에 건설 담당 부서가 있고, 운영 담당 부서가 있었던 겁니다. 그러다가 운영 담당 부서가 별도의 '운영사업소'가 되었고요. 그리고 건설 담당 부서는 '지하철건설본부'가 되었죠. 운영사업소가 1호선과 부분 개통한 2

호선을 운영하고 있었던 겁니다. 그 후에 3·4호선을 '지하철건설주식회사'라는 민간자본으로 건설하다가 자본 조달 실패하면서 '지하철공사'로 바뀌는 거죠. 그래서 이 지하철공사가 1985년에 3·4호선을 완공할 때까지 건설조직으로 있었죠.

그러니까 서울시에 지하철 건설조직이 2개가 있었던 셈입니다. 서울시 지하철건설본부와 출연기관인 지하철공사, 이렇게 말이지요. 그러다가 3·4호선이 전부 완공되고 난 후에 지하철공사가 지하철건설본부와 운영사업소 업무를 흡수했습니다. 그리고 제2기 지하철을 건설하면서 5~8호선을 운영하기 위해 도시철도공사를 만들죠. 그리고 지하철공사랑 도시철도공사가 합쳐지면서 지금의 서울교통공사가 되는 겁니다.

맥을 짚어주시면서 변화상을 개관해주시니까 쉽게 이해가 되네요.

제가 1979년 1기 지하철본부장을 할 때는 '지하철본부'였던 거지요. 처음엔 본부가 지하철 건설과 운영을 동시에 했지요. 그러다가 성수동에 운영사업소가 만들어졌던 겁니다. 그런데 한때 지하철 운영 직원들이 파업을 했어요. 그래서 할 수 없이 특전사 군인들의 지원을 받아 지하철을 운행한 적도 있어요. 그 사람들 중에 지하철을 운전할 수 있는 기술자가 있더라고요.

특전사 요원 중에 지하철 운전이 가능한 사람이 있었군요.

저도 그전까지는 전혀 몰랐어요. 특전사 부대 안에는 전쟁 발생

등 비상 상황에 대비해서 열차를 몰 수 있는 요원을 양성해 두었더라고요. 그래서 스트라이크가 일어났을 때 우리 본부에서 특전사에다가 요청을 했죠. 그래서 그쪽 요원들이 직접 왔어요. 열차가 멈추면 안 되잖아요. 오죽하면 특전사 열차 운전요원을 동원했겠어요?

그런 일도 있었군요.

그렇죠. 그때는 그런 일도 있었어요.

마지막으로 서울지하철의 산증인으로서 지난날 건설 당시를 회고하면서 한 말씀 부탁드리겠습니다.

지금의 서울지하철에는 저의 땀과 눈물이 서려 있습니다. 저를 비롯한 당시 건설요원들은 신명을 바쳐 오늘의 서울지하철을 건설했죠. 지금도 지하철건설 이야기가 나오면 저도 모르게 눈물이 납니다. 건설하면서 너무 고생을 많이 해서 말이죠. 저는 공학을 전공한 공학도로서 33년간 공직생활 중 정무직(서울시장, 서울시부시장, 경상북도지사)을 제하고는 기술부서에서만 일했습니다. 공직생활 중 저는 서울지하철과 특별한 인연이 있어요. 특히 지하철건설본부장으로 1979년 임명을 받아 1993년 서울시 부시장으로 승진할 때까지 5대 정권에 걸쳐 만 8년 4개월간 지하철 건설 총책임자로 일하면서 젊음을 바쳤습니다. 공직사회에서 고위직인 1급 관리관으로 이렇게 한 자리에 장기근무한다는 것은 전무후무한 일일 겁니다.

지금과 달라 당시에는 국가나 서울시의 재정 사정이 몹시 어려웠어요. 공사비를 절약하기 위해 공사에 따른 안전장치가 부실하여 공사 중 사고도 많이 겪었죠 잦은 사고로 인해 통행금지시간에 밤잠을 설치면서 현장으로 달려 간 적도 수없이 많았고요. 공사 도중 사고로 인해 유명을 달리한 건설요원들께 머리 숙여 명복을 빕니다. 어려운 여건에서도 오직 공직자로서의 사명감을 갖고 서울지하철 건설에 몸 바쳐 일해 주신 모두에게 진심으로 감사드립니다. 세계에서 가장 우수하다는 지금의 서울지하철이 그냥 건설된 것이 아닙니다. 당시 건설요원들의 투철한 사명감과 피나는 노력으로 건설된 것이지요. 혹시 지금의 서울지하철에 잘못된 점이 있다면 그것은 전적으로 본부장이었던 저의 책임일 겁니다.

네, 오랜 시간 면담해 주셔서 감사합니다. 인터뷰는 이것으로 마치겠습니다.

김병린

1936년 전라남도 나주 출생
1959년 서울대학교 토목공학과 졸업
1965년 서울시 도로계장
1970년 서울시 지하철건설본부 공사과장
1979년 서울시 도시계획국장
1981년 한양주택 전무이사
1998년 삼익주택 대표이사
2006년 삼안엔지니어링 고문

면 담 자 이연식(일본 소피아대 외국인연구원)
면담주제 제1기 지하철 건설과 공무원
면담일시 2022년 12월 14일
면담장소 서울시 강남구 개포동 자택

"누가 맡기면
죽기 아니면 살기로
다 해내야죠"

지하철 1호선 건설을 시작하다

이번 면담은 '서울의 지하철 건설과 공무원들'이라는 주제로 실시하는 서울역사편찬원의 구술채록입니다. 오늘은 김병린 선생님을 모셨습니다. 선생님께서는 1959년 서울시 토목국 토목과에서 근무를 시작하셨고, 1965년 토목국 도로계장을 거쳐 1970년 서울시 지하철건설본부 공사과장을 지내셨습니다. 그리고 1975년 도시계획과장, 1979년 도시계획국장을 지내셨습니다. 우선 서울시 지하철 건설 당시에 대해서 말씀 부탁드리겠습니다.

제가 1970년부터 1974년까지 공사과장으로 있었어요. 1970년 6월 9일 서울시지하철건설본부 현판식을 하면서 지하철 일을 시작했지요. 당시에는 국내에 지하철 관련 책도 없던 시절이었어요. 다행히 친구가 종로에서 큰 책방을 했어요. 그 친구한테 부탁해서 책들을 구했어요.

당시의 기술직 공무원들의 구술을 보면 청계천 헌책방에서 기술 관련 일본 책들을 구해서 공부했다고 하더라고요. 지하철과 관련해서 헌책방에서는 책이 없었나요?

지하철 쪽은 새로운 기술이라서 헌책방에 제가 필요한 책이 별로 없었어요. 제가 모르는 내용을 참조할만한 기술 서적들이 필요했는데 말이에요.

1971년 4월 지하철 1호선 착공식에 참석한 양택식 시장과 지하철본부 관계자들(구술자 제공)

그렇겠네요. 지하철 관련 기술은 당시에는 최신이었으니까요.

맞아요. 처음이었던 거죠. 그래도 기술자라면 할 수 있어야죠. 엔지니어가 왜 엔지니어겠어요? 저나 후배나 모두 능력이 있었어요. 건설 당시에 후배들 불러놓고 얘기했어요. 걱정하지 말라고요. 어려워 보여도 기껏 땅 15m 아래로 파는 거다. 엔지니어 입장에서 그까짓 거 아무것도 아니라고 말이에요. 물론 실제로 토질 조사를 했죠. 측량을 잘 진행하면 문제없다고 판단했던 거죠.

친구분을 통해 얻은 일본 책은 어떤 것들이었나요?

기술 서적도 있었고요. 건설 경험담이나 지하철 관련 잡지도 있었어요. 제가 공부는 좀 했죠. 그때 일본 기술 책 읽는 사람이 많지는

지하철 공사 현장을 시찰하는 박정희 대통령(1971년)

않았어요. 물론 제 윗세대는 많았죠. 일단 그 책들이 도움은 되더라고요. 아무튼 부지기수로 봤어요. 거기에는 건설하면서 사고 난 이야기도 있고 그래요. 읽고 나서 생각했죠. '일본 사람들도 해낸 건데 우리라고 못 하겠나?'라고 말이죠. 그런 생각으로 달려들었던 거예요. 우리는 더 어려운 것도 하라고 하면 우린 할 수 있다고 생각했어요.

건설 당시 일본해외철도기술협력회[1]에서 기술자들이 와서 도와준 걸로 알고 있습니다.

일본 기술자들이 저한테 꼼짝도 못 했어요. 처음에는 그놈들이 그러더라고요. 한국이 지하철을 전혀 모르는데 어떻게 건설하려고 하냐고 말이에요. 하지만 기술의 원리는 같아요. 지하철이 아니라 다른 것도 하라면 다 할 수 있는 거예요. 일본 책도 보고, 미국 책도 보고, 다 봤어요. 공부하면 다 되는 거예요. 물론 짓는데 돈이 많이 들죠. 사람들

1 일본해외철도기술협력협회(Japan Railway Technical Service, JARTS)이다. 해외 철도건설, 개량 및 운영 등에 관한 철도 기술의 종합 컨설팅을 제공하는 것을 목적으로 한다. 일본의 도카이도 신칸센이 개통한 다음 해인 1965년에 설립되었다. 해외철도에 관한 연구, 해외철도에 관한 정보 수집 및 분석, 일본 철도 산업 및 기술에 관한 정보 보급, 정보 자료의 출판 및 배포 등을 주요 사업으로 한다.

일 시키려면 힘들기도 하고요. 하지만 그 정도는 감수해야죠. 일단 본인이 뭘 만들어야 하는지를 알고 있는지가 중요해요. 다른 토목 공사들을 많이 했잖아요. 도로 건설의 경험도 있으니까 부딪혀 보는 거지요.

전차가 다니던 길이 지하철로 재탄생

박정희 대통령이나 양택식 시장 같은 분들은 자주 오셨나요?

박 대통령도 가끔 왔어요. 우리들한테 고생이 많다면 인부들이랑 청진동에 가서 해장국이라도 먹으라면서 금일봉도 주고 그랬어요. 얼마였는지는 다 기억하지는 못해요. 고생한다며 주는 그런 격려금 봉투는 정말 수도 없이 받아봤어요.

박정희 대통령이 직원들한테 격려금 봉투를 많이 주셨나 보네요.

맞아요. 올 때마다 주셨어요. 지하철뿐만이 아니라 강변도로 만들 때도 받고, 북악스카이웨이 만들면서도 받았죠. 그 도로들 만든 게 다 대통령이 필요하다고 해서 만든 거잖아요. 그리고 제가 실은 청와대에 2번 정도 파견을 가기도 했거든요. 박 대통령이 시찰 오셔서 "어이, 김 과장"이라고 하기도 했어요. 그러니까 청진동에 가서 일꾼들과 국밥 사 먹으라고 금일봉도 주셨던 거죠.

공사장을 방문한 육영수 여사와 양지회 회원들(1972년)

박 대통령이 보기에 직원분들이 정말 기특하다고 생각하셨을 것 같아요.

그런 거는 생각해 본 적 없어요. 저는 공무원이니까요. 누가 맡기면 죽기 아니면 살기로 다 해내야죠. 땅굴도 파라면 파야죠. 북악산도 뚫으라면 뚫고요. 다 할 수 있어요.

이번에는 다른 질문을 드릴게요. 당시 처음 지하철을 건설할 때 노선도는 종로선 이외에 다른 노선까지 염두에 두면서 계획을 세운 건지 궁금합니다.

일단은 종로선부터 한다는 거였죠. 저도 나중에는 도시계획국장을 해 봤으니까 잘 알고 있어요. 그리고 그전에는 도시계획과장을 해 봤기 때문에 여러 계획을 수도 없이 세워봤죠.

지하철 공사 이전에 1960년대까지 서울에는 전차가 다니고 있었잖아요. 지하철 공사를 맡으시면서 전차 노선 철거도 같이 하셨나요?

지상의 전찻길을 다 들어내고 그 길에 지하철을 만들었어요. 궤도를 다 철거했죠.

전차 다니던 길이 결국 지하철로 재탄생하는 거네요.

결국 땅 위로 가던 걸 아래로 가게 하는 거죠.

다른 분들 이야기를 들어보면 당시 지하철 공사하는 사람들을 '두더지'라고 불렀다고 하더라고요.

농담조로 그렇게들 말했어요. 땅속으로 기어 다닌다고 말이에요.

당시 신문 만평에서도 "올여름도 걱정 없다! 우리는 두더지"라고 하더라고요.

간단하게 말하면 일단 땅을 파고, 길을 만들고, 다시 덮는 거예요. 과정만 말하면 간단해요. 하지만 땅을 팠을 때 무너지지 않게 하는 것이 어렵죠. 공사할 때는 그게 가장 신경 쓰이죠. 사고 없이 해야 하니까요.

난공사였던 동아일보사 앞 곡선구간과 숭례문 구간

노선을 보면 서울역에서 시작해서 시청 앞 동아일보사 건물에서 틀어지는 형태잖아요. 그리고 청량리까지는 직선으로 가고요. 아무래도 직선보다는 동아일보사 건물 구간에서 꺾어서 들어가는 곡선구간이 공사하기는 더 어려울 것 같습니다. 공사하면서 걱정되지 않으셨나요?

걱정 안 했어요. 안전하게 했으니까요.

그런데 지하철 공사를 하려면 땅을 파야 하잖아요. 그리고 땅속에는 여러 전선이나 수도관들이 묻혀 있고요. 그래서 당시에 선생님께서 좋은 제안을 하신 걸로 알고 있습니다. 어차피 지하철 공사로 땅을 판 김에 지하로 지나가는 선들을 체계적으로 관리하는 게 좋겠다고 말이죠. 그리고 덕분에 지하 매설물을 체계적으로 관리할 수 있게 되었고요.

맞아요. 그런데 체신부와 한전의 입장이 서로 달랐어요. 전화선이랑 전기선이랑 다르잖아요. 그래서 결국 체신부만 케이블 관리구를 설치했어요. 전기선이 전화선을 건드리면 자기 쪽은 치명타를 입으니까요. 그리고 또 한전 쪽에서는 같이 할 수 없다고 하더라고요.

체신부와 한전의 의견이 통일되지 않아서 힘들었겠네요.

그 사람들이랑 말하는 것이 어려웠어요. 입장을 조율해야 하니까요. 우리로서는 어느 한쪽에 피해를 줘서는 안 되잖아요. 어떻게 보면 서

시청 앞 공사 현장(1971년)

로가 겁을 좀 낸 것 같기도 해요. 뱃심이 없었어요. 미국 지하철에서는 통신선로 같은 관리구를 만든다고 이야기를 했더니 겁을 내더라고요.

그래서 한전은 결국 설치를 안 했고, 체신부는 선생님 제안이 좋아서 하겠다고 한 거고요.

그렇죠. 체신부만 동의했죠. 그런데 한전 입장에서는 땅속에 전기선을 묻으면 체크할 방법이 없기도 했어요. 그래서 꺼렸던 거죠. 지하에 통로를 만들어 점검하면 된다고 했기는 했거든요. 하지만 그럼 또 비용이 드니까 하지 않겠다고 한 거고요. 물론 공사할 때 이왕 했다면 장기적으로는 비용이 더 절감되었을 거예요. 일단 전기선은 될 수 있으면 지상으로 하려고 하더군요. 일하기가 편하니까요.

수리할 일이 있으면 전봇대로 올라가기만 하면 되니까 그러겠네요.

물론 지하매설물을 여유 있게 처리하려면 땅을 더 깊이 파야 하는 것도 생각해야 했어요. 돈이 더 들어가는 것도 생각해야 하는 거죠. 그런데 그 돈을 누가 내겠어요? 결국 필요에 따라 국부적으로 조금 더 낮추는 정도만 할 수 있었죠.

땅을 얼마나 더 파는지도 결국 돈이 문제가 되네요.

그리고 돈도 돈이지만 지하철을 타는 사람 입장도 생각해야 해요. 오르락내리락해야 하니까 마냥 깊이 팔 수도 없어요.

이야기를 들어보니 장기적으로는 상수도관이나 하수도관을 보수하는 일을 하면서 서울 인구가 증가하는 것도 대비해야 했다고 하더라고요. 그래서 선생님께서도 '나중에 증설할 것을 생각하면 장기적으로는 지표면까지의 토피를 여유 있게 두는 게 좋다.'라고 했고요. 그런데 윗선에서는 돈이 많이 드니까 얕게 파고 빨리 진행하라고 했다면서요?

맞아요. 돈이 든다고 그런 거죠. 욕심 같아서는 1~2m 정도는 더 깊이 팠으면 좋겠더라고요. 앞으로 통신선이나 전신선 같은 걸 추가로 부설할테니까요. 더 파자고 했지만 결국에는 돈이 든다고 말리더라고요.

공사를 총괄하는 입장에서는 그렇게 위에서 말릴 때는 조금 답답하셨겠어요?

답답하죠. 시장이나 윗분들은 돈이 적게 쓰라고만 하니까요. 물론 제 욕심대로 몇 미터 더 들어가면 돈이 배 이상 들어요. 제가 더 깊이 가자고 해도 윗사람들도 그랬어요. "돈도 없는데 무슨 소리를 하냐?"라고 말이에요.

서울의 장래를 위해서는 몇 미터 더 깊이 파고 싶었던 거네요. 결국은 돈이 문제였네요. 엔지니어로서 아쉬움이 남겠네요.

그랬죠. 심지어는 제가 시청 앞은 굴을 뚫어가면서 진행하자고까지 이야기한 적도 있었어요. 물론 그러면 돈이 많이 들어가니까 안 됐죠. 그냥 땅 파서 개착식으로 하라고 했죠.

설득을 못 하셨네요. 안타까우셨겠어요.

제 주장대로 하면 돈이 두 배 이상 드니까요. 당연히 안 됐던 거죠.

일단 지하를 뚫게 되면 깊이 들어가야 하니까 돈도 많이 들고 장비도 더 필요하다는 점을 생각해야겠네요.

지하철 3·4호선이 점점 더 깊어지는 이유도 그런 거예요. 1호선 종로선은 처음 만드는 거니까 최대한 얕게 파고 싸게 만들었던 거죠.

건설 인부들 식사는 어떻게 했나요? 매일 야간까지 작업했을 테니까 밤참도 먹

숭례문 앞 공사 현장(1971년)

었을 것 같은데요.

그건 공구별로 시공업체에서 알아서 했죠.

옛날 신문들을 찾아보니까 숭례문 부근 공사 현장을 보도하는 기사에 가장 많이 등장하는 단어가 '진동'이더라고요. 혹시 그것 때문에 공사하다가 문제가 생긴 적은 없었나요?

문제가 생기진 않았아요. 지하철보다 남대문이 더 중요하잖아요. 남대문에 폐 안 끼치려고 참 신경을 많이 썼지요.

당시 숭례문은 서울시가 아니라 문화재관리국에서 관리를 했잖아요. 지하철 공사를 막거나 그러지는 않았나요?

그러진 않았어요. 물론 지하철 옆으로 땅을 판다고 하니까 겁을 내긴 하더라고요. 혹시 영향이 있을까 봐요.

문화재관리국에서 진동에 관해 이러저러한 이야기 없었나요?

좀 있었죠. 그런데 어떡해요? 장비를 쓰면 소리가 나는걸요. 손으로 팔 수는 없잖아요. 그리고 사실 우리는 아무 장비도 없는 상태에서 공사를 했다고 해도 과언이 아니에요. 고생한 거는 이루 다 말로 못 해요. 그냥 돌을 파내듯이 했어요. 윗사람들은 하라고만 했어요. 우리가 얼마나 고생한 지 잘 몰라요.

지하철 건설의 난제들

소음 때문에 인근 주민들이 항의하지는 않았나요?

그쪽에서 치과병원을 하는 친구가 있었어요. 종로에서 한창 공사하고 있을 때 그 친구가 공사 소리가 시끄럽다며 "너가 한번 우리 치과에 와서 이 소리를 들어봐라!"라고 하기도 했어요. 입장 바꿔 생각해 보세요. 시끄럽겠죠. 미안하죠. 소리 안 나게 하려면 땅굴을 깊이 파서 공사해야 하는데 그러면 돈이 많이 들죠.

결국 돈이네요.

그때 우리가 얼마나 가난했습니까? 시공업체들 못살게 굴면서 공사를 했죠. 지금 생각하면 미안해요. 또 일하다가 보면 길을 막잖아요. 사고 나지 않도록 교통을 차단해야 해요. 그러면 피해 보는 사람도 많아요.

지하철 공사로 시끄럽고 손님들까지 떨어지면 참 어려웠겠어요.

그러니 얼마나 힘들어요. 지하철 공사가 간단하지 않아요.

이야기를 들으니까 직원들한테 "지나가다가 교통순경이 보이면 큰절 두 번을 해라."라고 하셨다고 합니다. 그리고 "공사하는 양 옆길의 장사하는 사람들을 업고 다녀라."라고 하셨다고 하고요. 항상 미안한 마음을 가지라고 교육하셨다고 하더군요.

당연하죠. 그 사람들은 얼마나 힘들겠어요? 우리 공사만 중요하나요? 그 사람들은 먹고 살아야 하잖아요. 그래서 될 수 있으면 그분들에게 폐를 끼치지 않도록 노력했어요. 그러니까 공사하는 구간마다 가서 항상 빌고 다녔어요. 죄송하다고요. 깊게 땅굴을 파면 간단하죠. 그런데 싸게 땅을 판 뒤에 콘크리트 구조물을 앉히고, 그다음에 파낸 땅을 다시 덮어나가니까 복잡하고 주변에 피해도 컸죠. 그러니 미안하죠. 미국 같은 경우에는 안전거리도 확보하고 차도 다닐 수 있게 해요. 미국에서는 일단 쭉 다 파놓고, 구조물을 일괄적으로 앉혀요. 나중에 땅만 덮어 도로를 복구하면 되는 방식이죠. 하지만 우리는 이걸 다 조

대한문 앞 공사 현장을 시찰하는 양택식 시장

금씩 해가면서 앞으로 나갔어요. 얼마나 일이 복잡하겠어요? 사고 위험도 높고요.

자재도 모자랐다고 들었습니다.

재사용하느라 죽을 지경이었어요. 말뚝도 모자라서 박은 것을 빼다가 옆에다가 옮기고, 복공판도 저기 깔았던 걸 새로 파는 지점으로 옮겼어요. 모든 게 모자랐어요. 1호선 개통 인터뷰 때 기자들한테도 그게 가장 어려웠다고 했었죠.

공사 현장에 일반 사람들이 구경하러 들어오기도 했나요?

사람들이 괜히 뛰어들기도 했어요. '저 땅 밑에는 뭐가 있나? 어떻게 하고 있나?'라고 하면서 구경하려고 들어오는 거죠. 신문에도 몇 번 나왔어요. 취객이나 구경꾼들이 실족하기도 했다고요. 또 아이들이 저 땅 밑으로 돌을 던지는 바람에 밑에서 공사하는 인부들이 맞아서 다치기도 했고요. 그나마 큰 사고 없이 일을 마쳤으니 다행이지요.

안전시설을 충분히 하지 못한 것도 결국 돈 때문이죠?

다 돈이죠. 안전장치며, 공법이며, 다 돈과 관계되죠.

그러면 저렴하다는 것을 빼면 1호선을 만들 때 썼던 개착식 공법은 이점이 없나요?

개착식의 장점도 있죠. 위에서 상황을 다 보면서 일을 진행하잖아요. 그건 편하죠.

외국도 도시마다 지질이 다 다르죠? 그러면 공법도 모두 다르겠네요.

지질이 다르면 공법도 달라져요. 어디는 개착식으로 하고, 어디는 터널식으로 하고, 그런데 우리 종로선은 개착식으로 했죠.

1호선은 비교적 코스가 단조롭고 지질 구성도 비교적 단순했는데, 2호선은 한강 이북과 이남이 달랐다고 알고 있습니다. 땅의 지질이 바뀌곤 했다고 들었어요.

맞아요. 게다가 거기는 다른 노선과 입체적으로 만나기도 하죠.

그래도 서울은 흙이 단단해요. 모래질이거나 땅이 흐물흐물한 팥죽 같았으면 오히려 어렵거든요. 간혹 바윗돌이 있기는 했죠. 하지만 차라리 무른 땅보다는 낫죠.

그때도 지하철이 다니면 주변 집값이 올라가죠?

그렇죠. 지하철도 다니고, 집값도 올라가고, 좋잖아요.

철도청 사람들도 같이 와서 지하철을 만들었는데요. 그쪽 직원들과는 관계가 어땠나요?

일단 너희들이 지하철에 대해 뭘 아냐는 식이었어요. 와서 도와주고 그랬으면 그만이요. 그런데 자꾸 관여하려고 했어요.

노선에 서울시 구간이나 철도청 구간이 있으니까 서로 영향을 받을 수밖에 없겠죠?

맞아요. 서로 연계가 될 수밖에 없죠. 전기공급방식도 직류랑 교류로 나뉘어 있고요. 좌측통행이랑 우측통행도 서로 다르고요. 자기네 편한 쪽으로 하려고 그랬죠. 서울시 지하철 운영을 자기들이 하려고 욕심을 부렸죠. 물론 말은 그렇게 하지는 않았어요. 하지만 딱 보면 그런 식이었어요.

건설 용어도 우리말로 정리했다고 들었습니다.

모두가 영어나 일어로 되어 있었어요. 제가 다 새로 만들고 통일하고 그랬어요. 용어는 사고방식과 밀접한 관련이 있어요. 같은 것이라도 서양과 우리가 사고방식이 달라요. 용어에도 그게 반영되어 있거든요. 서양에서는 주로 용도 위주로 이름을 붙여요. 조금 더 직관적이죠.

용어에도 문화의 차이가 있군요.

그럼요. 우리는 어느 시대 무슨 양식이라고 많이 하잖아요. 용도는 그다음이고요.

일본기술협력단과의 교류

당시 일본기술협력단에서 지원을 해주었던 걸로 알고 있습니다. 그 사람들이 조언을 많이 해주던가요?

일본 사람들이 좀 왔었죠. 처음에는 지하철 만들 때 필요한 매뉴얼 같은 거 있으면 달라고 했거든요. 거기서는 '정규집'이라고 그랬어요. 처음에는 안 주다가 계속 달라고 해서 받아오고 그랬어요. 거기에 건설 규정 같은 게 정리되어 있거든요. 제가 일본 말은 자유롭게 못해도 일본 책으로 공부를 많이 했거든요. 당장 지하철을 만들어야 하니까요. 이미 저는 양택식 시장 오기 전에 일본 시찰을 했어요. 지하철도 다 타봤어요. 차관 협상하려고 서울시 재무관이랑 갔어요. 1967년이었어요. 나중에 양

시장 온 다음인 1970년에도 갔지요. 그때 일본 쪽 관계자를 만났을 때 "자료 좀 주쇼"라고 그랬더니 안 주려고 하더라고요. 그래서 기분 좀 풀어주면 얻을 수 있겠다고 생각했죠.

일단 밥도 먹고 술도 한잔하면서 "같은 엔지니어끼리 그러지 맙시다. 도자기 같은 거 필요하면 내가 오래된 거 하나 기념으로 줄게요."라고 하면서 《정규집》이랑 《지하철의 설계[地下鐵の設計]》를 얻었어요. 그걸 가져와서 한국말로 이해하기 쉽게 다시 정서해서 후배들에게 나눠주고 교육도 하고 그랬죠. 일본 사람들이 자꾸 폼을 재더라고요. 하지만 보니까 별것 아니었어요. 제가 유심히 지하철 타면서 필요한 것들 다 봤어요. 책을 얻은 게 1967년이었는지, 1970년이었는지는, 그건 기억이 잘 안 나네요.

이번에는 앞에 했던 질문에 이어서 추가적으로 여쭤볼게요. 1호선 건설 당시에 향후 어떤 방식으로 노선을 확장하거나 늘려나갈지는 구상했는지 궁금합니다.

종로선은 돈이 없으니 일단 그렇게 만들자고 했죠. 그다음부터는 한강도 건너고, 그렇게 만들었죠. 향후에는 네트워크 연결 가능성을 생각해야죠. 일단 종로선을 일자로 놓고 'X'자로 노선을 늘려서 서울역에서 갈아타면 일단 중요한 곳은 다 갈 수 있게요. 그리고 그 사각지대에 놓인 사람들이나 갈아타기 어려운 사람들을 위해서 빙빙 도는 순환선을 하나 만들자고 했고요. 물론 그렇게 윗사람들한테 설명하면 "당장 이것 놓기도 바쁜데 무슨 소리를 하고 있냐?"라고 그랬죠.

일본을 방문한 구술자(1972년, 구술자 제공)

이미 네트워크 개념을 가지고 앞을 내다보면서 공사를 하셨군요.

그렇죠. 그래서 혹시 나중에 노선과 노선을 연결해야 하니까 더 밑으로 뚫어서 하겠다고 했던 거예요. 내가 이전에 도로계장을 했잖아요. 도로도 지하철과 연결되어야 하겠다는게 보이더라고요. 나중에는 공항이랑도 연결하고요. 그래야 국민들이 편리하게 이용하지요.

다른 분들 이야기를 들어보니까 후배 분들이 2호선 공사를 할 때 선생님이 이전 도면에 아주 상세히 설명을 해 놓아서 쉽게 이해할 수 있었다고 합니다. 공사가 끝나면 직원들이 여기저기로 흩어질 수 있고, 2호선 지하철 공사가 언제 다시 시작될지 모르니 나중에 후배들이 보면 쉽게 이해할 수 있도록요.

아무튼 쉽게 이해시키려고 많이 노력했죠. 당연히 제가 할 의무였죠.

네, 오랜 시간 면담해 주셔서 감사합니다. 인터뷰는 이것으로 마치겠습니다.

이수복

1939년 충청남도 홍성 출생
1964년 서울시 수도국 수원과 근무
1965년 국민대학교 경제학과 졸업
1965년 서울시 건설국 토목계획과 근무
1970년 지하철건설본부 근무
1980년 서울시 수도관리 사업소장
1982년 서울시 지하철공사 공사부장
1999년 서울시 지하철공사 기술이사
2004년 유신설계 부사장

면 담 자　이연식(일본 소피아대 외국인연구원)
면담주제　제1기 지하철 건설과 공무원
면담일시　2022년 12월 24일(1차)·2023년 1월 5일(2차)
면담장소　서울시 서초구 서초동 아르고연구소(1차)·(2차)

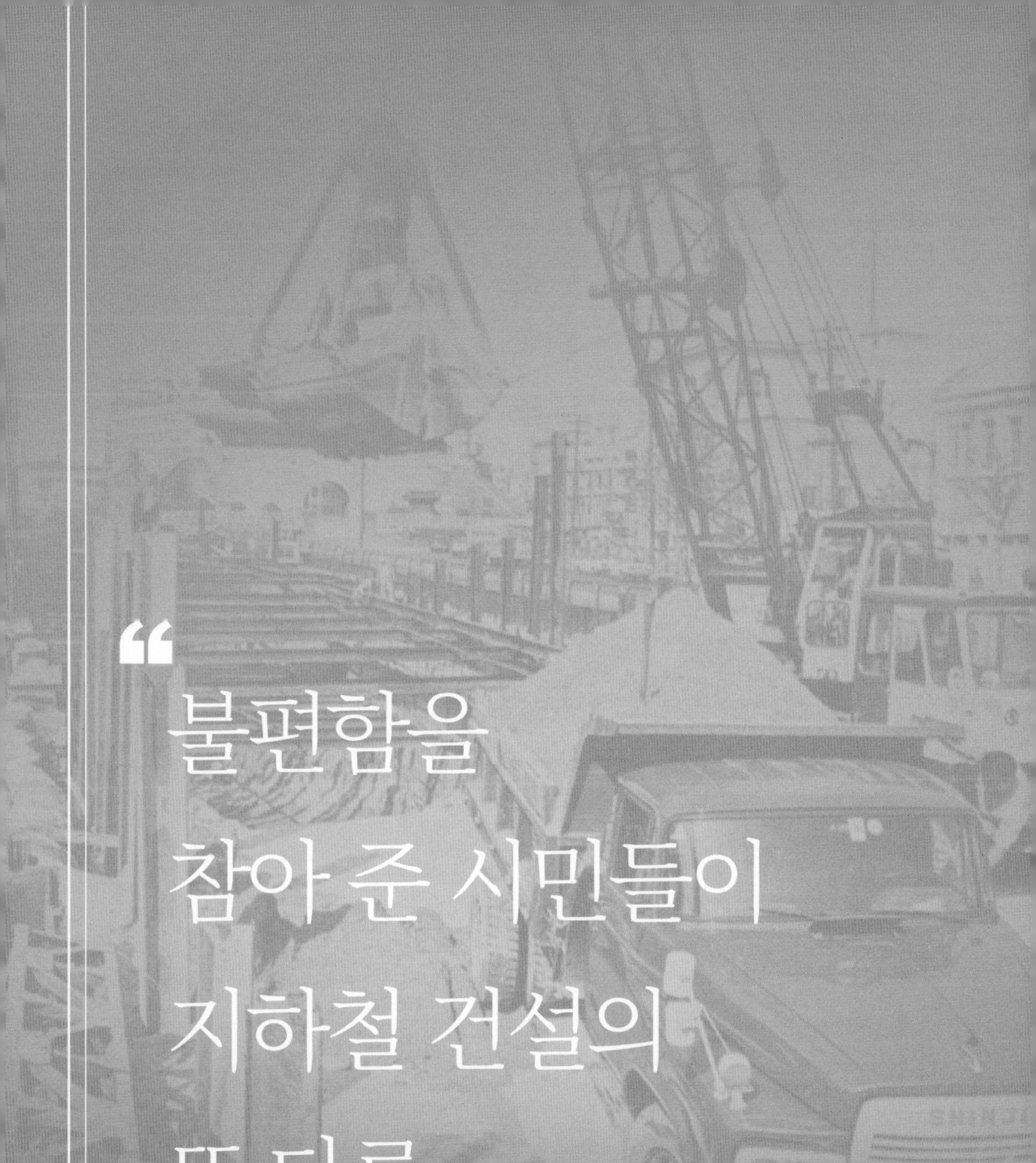

"불편함을
참아 준 시민들이
지하철 건설의
또 다른
주인공이었죠"

1호선 설계용역 감독을 맡다

이번 면담은 '서울의 지하철 건설과 공무원들'이라는 주제로 실시하는 서울역사편찬원의 구술채록입니다. 오늘은 이수복 선생님을 모셨습니다. 선생님께서는 1964년 서울시에서 근무를 시작하셨고, 1970년부터는 지하철건설본부에 몸담으셨습니다. 그리고 1981년부터는 지하철공사에서 근무하셨습니다. 우선 서울시 지하철 건설 당시에 대해서 말씀 부탁드리겠습니다.

이수복입니다. 제가 지하철로 왔던 해가 1970년이었어요. 지하철건설본부 발족하면서 지하철 쪽으로 오게 된 거죠. 1970년 6월인가, 7월인가, 그 정도 될 겁니다. 그해 6월 9일에 현판식을 했거든요. 그 후에 발령이 났습니다. 처음에는 본부 사무실이 서울시청 시장실 앞 회의실이었어요. 1971년 봄까지는 거기에 있었을 겁니다. 그러다가 1971년 4월에 1호선 착공하기 직전에 옛 대한항공KAL 빌딩으로 이사했어요.

다른 분들의 이야기를 들어보니까 지하철본부로 오신 분들이 대략 3가지 계통으로 나뉘더군요. 첫째는 김명년 본부장님과 함께 철도청에서 오신 분들, 둘째는 김병린 선생님과 함께 서울시에서 도로 등 토목사업을 하던 종래 서울시 출신 분들, 그리고 마지막은 중앙정부의 건설부에서 오신 분들이라고 하더라고요.

세 번째의 경우에는 원래 서울시에 있다가 나중에 건설부로 전출 갔다가 다시 온 분들이 대부분이었어요. 그런 분들이 지하철본부로 왔던 거지요. 서무전 씨나 이창대 씨가 대표적이죠. 물론 기존의 건설부에서 계속 일하다가 온 분들도 있었죠. 정광훈 씨, 신정부 씨 등이 그런 케이스였어요. 그리고 그중에서 철도청에서 오신 분들은 주로 기획업무를 했어요. 처음에는 3과 6계 체제로 조촐하게 출범을 했죠. 몇 개월 후에 조직이 확장되었어요. 당시 우리나라 설계회사가 거의 다 동원되었어요. 그게 8개 회사였죠. 일단 남대문 측 설계단과 동대문 측 설계단으로 나누었죠. 가령 남대문 측은 서울역에서 종로3가까지, 그리고 동대문 측은 청량리까지였어요. 설계단을 운영할 때 용역감독을 제가 했죠. 제가 공사과로 가서 현장감독으로 나가기 전까지 거의 1년 동안 설계용역 감독을 했어요.

자료를 보니까 1970년 11월에 남대문구간, 동대문구간을 나눈 뒤에 각각 4개씩 설계회사를 정했다고 합니다. 남대문구간은 신흥설계, 미림설계, 대한콘설탄트, 대한기술공단이 설계를 맡았고, 동대문구간은 한국종합기술개발, 유신특수설계, 동명기술, 동성기술, 이렇게 4개 회사가 설계했다고 합니다.

그랬을 겁니다. 그런데 제가 실은 고등학교는 토목과를 나왔지만 대학은 경제학과를 갔어요. 서울시에 들어와서 땅 파고 구조물 만들고 대략 5~6년 정도 일을 했어요. 현장 경험은 있었죠. 하지만 설계에 대한 개념은 아무래도 희박했어요. 솔직히 말해서 설계도면을 딱 보았을 때 어디가 인장철근引張鐵筋 이고, 어디가 압축철근壓縮鐵筋 인지, 구별하는 게 어려웠어요. 도면을 보면 감이 탁 와야 하는데 그때는 제가 아직 그쪽의 식견이 부족했지요.

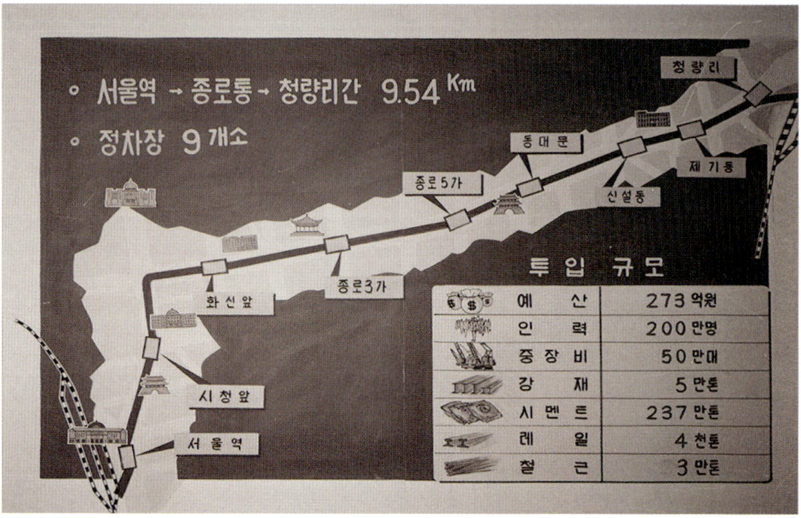

지하철 1호선 건설예정 노선도(1972년)

같은 철근이라고 해도 다르거든요. 압축철근인지, 인장철근인지, 시방서에 다 나와 있거든요. 그래서 제가 설계용역 감독을 담당할 때 점심을 먹자마자 설계단으로 달려갔죠. 동대문구간 설계단 가운데 유신특수설계 회사에 전긍렬 회장님이라고 계셨어요. 또 신흥설계에는 박길수 씨라고 계셨고, 동성에 가면 안치섭 씨나 이창배 씨가 있었어요. 저보다 모두 나이가 많으신 분들이죠. 그래서 얼굴에 철판 깔고서 "저 좀 가르쳐 주십시오!"하고 부탁을 드렸죠.

그때 열심히 공부하셨네요.

그랬죠. 그렇게 그분들에게 배운 걸로 지하철공사를 해오게 된 겁니다. 1년 정도 쫓아다니면서 배웠지요. 제가 참 운이 좋은 사람이에요. 고마운 분들을 만났으니까요. 시공은 자신있었지만 설계는 아니었거든요. 그분들 말하는 걸 경청하고, 여쭤보고, 그랬죠. 아무튼 그런 분들 옆에서 지켜보면서 배우고, 구조계산이나 그런 관련 전공서적도 보고, 그렇게 제 것으로 만들어서 지하철공사 때 활용하게 된 거죠. 그리고 당시에는 컴퓨터가 없었잖아요. 모두 수작업으로 했죠. 구조계산을 전부 손으로 했죠. 구조물 한 단면을 구조계산하면 계산식이 거의 10페이지 정도가 나와요. 그 큰 구조물 계산을 모두 수작업으로 했다고요.

생각만 해도 아찔하네요.

설계단에서는 오후가 되면 4개 회사 책임자들이 모여서 토론을 합니다. 가령 "이런 부분은 인장철근이 이렇게 들어가면 안 되는데" 뭐 이러면서 서로 의견을 나눠요. 저는 옆에서 그걸 보면서 머리에 하나씩 입력하는 거죠.

당시에 모았던 그 8개 업체가 우리나라에 있던 설계회사 전부라고 하더라고요.

1960년대 초중반에 철도청이나 건설부 같은 공직에서 근무하시던 분들이 퇴직해서 용역설계회사를 설립했죠. 경부고속도로 건설을 비롯해서 각종 인프라 사업에 참여했지요. 하지만 그 수가 많지는 않았어요. 설립 기간이 일천했던 겁니다. 그래서 지하철 건설 때에는 전문기술인력 확보가 어려웠죠. 물론 축적된 기술은 초보적인 수준이었지만, 당시에는 최고 수준의 업체들을 선정해서 설계단을 구성·운영하였습니다. 오랜 기간 철도건설과 운영을 담당했던 철도기술자들의

시청 앞 지하철 공사 현장을 점검하는 양택식 시장(1971년)

참여가 크게 도움이 되었고, 그렇게 지하철 건설 운영의 주축을 이뤘습니다.

1호선 착공 직전에 약 1년 동안 설계단 용역감독 하시면서 보고 배우신 기간이 매우 중요한 배움의 시간이었겠습니다. 어찌 보면 그게 평생의 자산이 되었던 기간이기도 했을 테고요.

맞아요. 저에게는 정말 귀한 시간이었죠. 그런데 지하철 구조물 자체는 의외로 단순해요. 구조물을 지하에 앉히기까지 땅을 파서 일련의 작업을 처리하는 게 어렵지요. 구조물은 그냥 '라면박스'라고 생각하면 돼요. 다른 구조에 비하면 단순하죠. 극단적으로 보자면 지하철 공사는 곧 '흙과의 싸움'입니다. 흙하고 싸워서 지면 곧 무너집니다. 그 대목을 중점적으로 관리감독하면 그 구간은 안전사고 없이 잘 끝낼 수 있어요. 그걸 소홀히 하면 그만큼 대가를 반드시 치르거든요. 간단히 말해 지하철 공사는 '흙과 물을 다스리는 싸움'이라고 볼 수 있어요.

그러네요. 물을 먹으면 흙은 약해질 수밖에 없을 테니까요.

지하철 공사장 주변에는 물이 많잖아요. 지하수도 있고 상수도도 있고요. 차라리 지상에 흐르는 물은 괜찮아요. 막거나 우회시키면 되거든요. 1호선 때 정릉천 같은 경우에는 물길을 돌려버렸어요. 큰 문제가 되지 않아요. 그런데 땅속에 묻은 상수도, 하수도는 눈에 보이지 않잖아요. 사고가 나기 전까지는 알 수가 없는 겁니다. 그래서 정릉천같이 크게 흐르는 물은 겁이 나지 않았어요. 홍수가 나지 않는 한 크게 걱정하지는 않았어요. 지하에 숨어있는 물이 무섭죠. 결국 지하철 건설은 흙과 물을 상대로 한 싸움이라고 볼 수 있어요.

신문을 보니까 1970년 말에 철도협력회에 노선측량을 의뢰했고, 1971년 1월에 일본기술협력단에서 노선의 타탕성을 인정했다고 합니다. 그런데 흥미로운 것은 지질조사 결과도 보도했더라고요. 기사에서는 "조사 결과 1호선 지질은 단단한 풍화암으로 판명되었다."라고 합니다.

종로선 토질을 보면 서울역에서 그 옆의 양동陽洞을 지나 남대문이 있는 주변은 암반이 조금 높아요. 화강암이 풍화된 층이 조금 올라와 있죠. 시청 앞도 암반층이 조금은 올라와 있는데 그 뒤로는 청량리까지 연약한 토질로 되어 있어요. 그 뒤쪽으로는 풍화암층이 거의 없어요. 한참 지하로 약 12~13m 이상 내려가야 비로소 조금 단단한 층이 나옵니다.

종로대로 아스팔트 아래는 무른 땅이었군요.

맞아요. 그래서 방금 말했듯이 '물과 흙을 상대로 한 싸움'이라고 한 거죠. 어쨌든 그렇게 해서 1974년에 개통을 했던 거죠. 그리고 저 같은 경우에는 1975년까지 있다가 수도국 시설과로 가게 된 거죠. 1974년에 1호선 개통을 했으니까 그 뒤로는 운영만 하면 되니까요. 나머지 사람들도 구청으로 가거나 다른 과로 갔지요.

다양한 지하철건설본부 사람들

노선측량의 경우에는 철도청 출신의 엔지니어들이 만든 철도협력회에서 맡았다고 알고 있습니다.

맞아요. 철도협력회는 철도청 출신들이죠. 아무래도 궤도랑 철도기술은 철도청에서 갖고 있었으니까요. 철도노선 측량이 상당히 까다롭거든요. 철도가 안전하게 운행할 수 있도록 조건에 맞게 노선을 측량해야 합니다. 곡선반경 같은 제한 사항이 많아요. 철도가 곡선으로 운행할 때 반경은 얼마 이하가 되어야 하는지, 천천히 돌아가도록 초입 부분에는 완화곡선緩和曲線 (transition curve)을 집어넣거든요. 쉽게 말하면 저 멀리서부터 조금씩 돌아갈 수 있도록 하는 거죠. 높낮이도 중요해요. 그러니까 종단구배縱斷勾配 (surface slope)도 고려해야 합니다. 가령 100m 길이라면 그 사이의 고저가 3.5m 이상 차이가 나면 안 된다고 알고 있어요. 그래서 그 사이에는 종단곡선을 어떻게 만들어야 한다는 규정 같은 게 있어요.

당시 설계도 작성 방식이 모두 달랐다고 합니다. 그런데 김명년 본부장님이 그걸 통일시켰다고 하더라고요.

맞아요. 김명년 씨가 본부장으로 계시면서 설계와 관련해서 직원들에게 주입을 많이 했어요. 예를 들면 현장에서 이러이러한 부분의 철근은 반드시 직각으로 세워야 한다. 또 이런 점은 유의해야 한다는 식으로 현장에 나오실 때마다 직원들에게 주지시켰고요. 당시 설계도면은 통일된 도면이 없었어요. 이전까지 미8군 공병단에서 사용하는 도면, 경부고속도로 건설에 사용하는 도면, 다들 달랐어요. 그걸 지하철 1호선 건설하면서 김명년 본부장이 도면 방식을 통일했던 겁니다. 가령 "지하철 라면박스 구조의 도면은 이렇게 그리는 것이다."라고 말이죠. 철근 한 사이클이 많게는 4개, 적게는 3개입니다. 철근 배근도를 어떻게 그려야 한다고 아주 확립을 하셨죠. 그렇게 통일된 설계도면 방식이 서울시 전체로 퍼져나갔죠. 서울지하철 1호선 건설에 참여했던 기술직들이 서울시 여러 부서로 배치되는 과정에서 그러한 경험과 방식이 자연스레 퍼져나갔고 그게 다른 기술직들에게도 큰 도움이 되었습니다.

그리고 김명년 본부장님이 당시 회사에도 설계도면을 다시 그려오라고 했어요. 그래서 한동안 설계회사들이 본부장님을 싫어했어요. 실은 설계회사 사람들이 김명년 본부장님보다 더 선배들이었거든요. 그래도 이 바닥의 동료들이나 선배들을 상대로 도면은 이렇게 그려야 한다고 완전히 확립을 시켰던 거죠. 물론 우리는 옆에서 그런 모습을 지켜보면서 '굳이 저렇게까지 하지 않아도 되는데'라고 생각했죠. 하지만 그때 그걸 확립하기를 잘했죠. 지금도 지하철 구조 설계도의 기본은 그때 정립된 겁니다.

1호선이 끝나고 기술자들이 어디로 가셨을지 자못 궁금하네요.

우리 같은 감독직들은 대부분 6급이었어요. 구청으로 가면 계장급이죠. 다들 토목계장, 하수계장을 하면서 지하철 건설하면서 쌓은 경험과 노하우를 전수했죠.

1호선 건설이 여타 서울의 SOC(사회간접자본) 건설에 중요한 영향을 끼친 거네요.

그럼요. 크게 도움이 되었죠. 그 사람들이 여러 부서로 가서 "토목공사는 이렇게 하는 것이다."라는 개념을 심어준 거죠.

종로선 건설은 그런 상징적인 의미가 있군요. 지하철이란 관점에서만 보자면 1호선에 비해 2호선은 지질도 다른 여러 구역을 지나가고, 한강도 건너 강남과 강북을 연결했죠. 또 3·4호선은 정말 난공사 구간에서 대대적으로 터널을 뚫기 시작하는 등 점점 더 난이도가 올라갔고요. 심지어 5호선에서는 최초로 하저터

널 공사도 진행했고요. 그래서 모르는 사람들은 1호선이 시청이랑 동아일보사 앞에서 잠깐 커브를 틀고 종로를 따라 쭉 가면 되는 간단한 공사였다고 말하기도 합니다. 하지만 뭐든지 처음 하는 일은 항상 어려움이 따르잖아요. 그때의 경험이 있었기 때문에 서울을 비롯한 우리나라의 여타 토목공사 수준 향상이 이루어졌고요.

그렇죠. 처음 하는 일은 뭐든지 어려운 법이죠. 종로선에서 제일 깊이 파일을 박은 곳이 통상 지하 15m밖에 되지 않아요. 대개는 도로에서 깊이가 12~13m 정도였죠. 그런데 당시 우리가 가진 장비가 크레인하고 파일 박는 항타기抗打機 밖에 없었어요. 덕분에 좀 어려웠어요. 박으면서 비뚤게 들어가고, 들어가다가 막히고, 중간에 풍화암 같은 단단한 바위층을 만나면 들어가지를 않죠. 그런 열악한 장비나 작업환경의 차이를 고려해야죠. 아무튼 삐뚤빼뚤 박았든, 하여간 파일을 박고 굴착을 해나가는데 그 과정에서 옆면이 축 처지면서 상수도관 터지고, 하수도관 터지는 일이 비일비재했어요. 그런 1호선 건설의 경험이 서울시의 다른 토목공사에도 도움이 된 거죠. 물론 말씀하셨듯이 지금 눈높이에서 보면 1호선 건설과정은 단순하죠. 하지만 그 과정을 거치며 축적된 지식과 작업에 대한 관점이 크게 향상되었던 거죠.

이전까지는 지하 매설물에 대한 관념도 희박했다고 합니다. 거기에 매설된 전신선이나 각종 수도관 같은 게 있는데 말이죠. 종로선 개착 과정에서 그것을 어떻게 보호해야 하는지, 파손을 피할 수 있는 방법은 무엇인지, 본격적으로 고민하게 되었다고 알고 있습니다. 이야기를 들어보니 서울시에서는 일단 땅을 파헤친

김에 전화선, 전기선, 각종 지하매설물들을 종합적으로 관리하자고 제안했다고 합니다. 그런데 한전과 체신부의 입장이 달랐다고 하더라고요.

잠시 이견이 있었죠. 이유는 간단해요. 한전 입장에서는 땅 위의 전신주가 이미 있으니까 전기선을 굳이 땅속에 묻어야 한다는 부담이나 강박관념은 적었죠. 그때만 해도 지중화 배전 선로는 거의 없었거든요. 변전소와 변전소 사이 정도를 제외하고는 거의 지중화 선로는 없었어요. 그런데 체신부의 전화케이블은 땅속으로 가야 했죠. 입장이 달랐던 겁니다. 그런데 전화케이블을 지하에 깔아나가다가 보면 중간에 상수도나 하수도관이 나오거든요. 그렇다고 그걸 도중에 꺾어서 갈 수는 없으니까 맨홀을 만들어야 하는 거죠. 체신부에서는 일본의 예를 들어서 추진하려고 했죠. 그래서 종로선 시청 앞에서 신설동까지 공동구共同溝를 만들었어요. 중앙전화국, 광화문전화국 통과해서 종로선을 따라서 쭉 이어지죠.

이번에는 다른 질문을 드릴게요. 지하철 노선 공사가 끝나고 《건설지建設誌》를 발간하는데 1호선의 경우에는 《건설지》가 없어졌다고 합니다. 그래서 1983년에 도록 3권을 초고로 다시 정리해서 펴냈다고 합니다. 이때 지하철건설본부에 있던 이인호 선생님이 해당 원고를 썼다고 합니다.

저는 그거에 대해서는 기억이 없어요. 다만 이인호 씨가 종로선 《건설지》를 쓴 것은 기억이 나네요. 저보다 나이가 훨씬 위였죠. 철도청 건설사업소에서 아주 중요한 예산과 계획업무를 담당하시다가 종로선 건설하면서 오신 분이거든요. 어쨌든 이인호 씨는 2호선 건설할 때 저와 함께 근무했어요. 계획조사과에 있었거든요. 이인호 씨는 계획계장을 하고 저는 공사계장을 했어요. 또 남경환 씨가 설계계장을 했는데, 그분은 나중에 미국으로 이민을 갔죠.

다른 분들에게 이인호 선생님에 대해 여쭤봤더니 "그분은 우리에겐 선생님 같은 분"이라고 하시더군요. 그분의 직급과 상관없이 다들 맘속으로 선생님으로 모셨다고 해요. 그래서 그 이유를 여쭤봤습니다. 그랬더니 "1974년에 1호선 개통하고 1978년에 2호선 건설에 착공하기까지 약 4년의 공백이 있었다. 1호선 건설 경험이 있는 분들도 있지만 새로 들어온 사람들은 그런 경험이 없었기 때문에 '생짜'나 다름없었다."라고 하면서 본인들을 가르쳐 준 사람이 이인호 선생님이었다고 말이죠.

맞아요. 그랬을 거예요. 우리보다 연배도 한참 위라서 일본어도 잘 읽으셨죠. 일본 기술 서적도 많이 가지고 계셨고요. 일본의 지하철 영단 쪽에도 아는 사람이 많았고요. 일본에서 최신 전문서적을 구해서 우리 상황에 어떻게 접목할 것인지 후배들과 함께 공부도 하시는 등 우리에게 큰 도움을 주신 분이었죠. 그리고 그분이 상당한 '애주가'이셨어요. 포장마차에서 소주 1병 놓고 이런저런 이야기 나누는 것 좋아하셨죠. 다들 포장마차에서 많은 이야기를 들어가며 전수받았을 겁니다.

지하철에 관한 '포장마차 학당'이었군요.

술 마시는 스타일이 일본식이었다고 할까요? 일본사람들 보면 술 한잔 놓고 오랜 시간 동안 조금씩 마셔가면서 이야기하잖아요. 우리는 단숨에 털어 넣지만요. 이인호 씨도 그런 스타일입니다. 조금씩 마셔가며 계속해서 상대방과 이야기하는 스타일이었어요. 남자들이 만나면 무슨 얘기를 하겠어요? 대개는 시시껄렁한 이야기들이 대부분이죠. 하지만 그분은 후배들과는 연령 차이가 있으니까 주로 일 얘기를 했어요. 그러니까 맨날 지하철 이야기만 하는 거죠. 일본 지하철은 어떠하더라. 또 어디 지하철은 뭐가 특이하더라. 이런 이야기가 쭉 이어지는 거죠. 그분 이야기 잘 귀담아들으면 어쩌다가 어설프게 전문서 한 권 읽는 것보다 큰 도움이 되었거든요.

이인호 선생님은 철도청에서 오신 분이죠?

그렇죠. 철도청에서도 아주 유명한 분이셨어요. 워낙 기획업무를 잘하고, 또 예산편성 때는 여러 국局이나 과課별 조율이나 조정업무도 잘하셨어요. 서울시 국장이나 과장님들도 그분을 많이 존경했습니다. 직급과 상관없이 말이죠. 그분이 더 잘 아니까 말이에요.

2호선 건설을 위해 어제의 동지들이 다시 뭉치다

1975년에 수도국 시설과로 가셨다가 1978년에 2호선 건설을 위해 지하철건설본부로 다시 오게 되십니다. 지하철건설본부로 돌아오실 때 느낌이 어땠나요?

예전에 1호선을 같이 하던 사람들이 흩어졌다가 다시 모였죠.

이인호 계장도 전에 같이 있었던 분이고, 기획조사과장은 김인식 씨였어요. 아까 말한 남경환 씨가 도시계획국에 있다가 다시 와서 설계계장을 했고, 저는 공사계장을 했죠. 건설1과장 하던 이평재 씨, 최중균 건설과장, 예전부터 다 알던 사람들이죠. 일단 알던 분들이라서 어려운 점은 없었어요. 오히려 새로 온 사람들을 보면 우리 같은 '토목쟁이'들이 별로 없었어요.

물론 조직이 확대되었죠. 1호선 할 때만 해도 관리과, 전기과, 운수과, 차량과, 건설과, 기획조사과, 약 6개 과가 있었어요. 나중에 운영사업소가 설치되었고요. 그런데 2호선 할 때가 되면 일단 토목건설은 건설과와 기획조사과에서 담당하게 됩니다. 관리과, 총무과, 운수과, 전기과, 운전과 등 약 10개 부서로 늘어났고요. 건설본부장 바로 아래 직급에 차장제도가 생겼어요. 2호선은 연장도 길잖아요. 48.8km니까요.

1호선의 약 5배 길이죠. 조직도 커지고 인원도 많아졌고요. 어제의 동지들이 다시 뭉친 거네요.

거의 다시 뭉쳤죠.

원래 계획에 따르면 돈만 있다면 1호선을 마치고 곧바로 이어서 2, 3, 4호선 계속 이어서 건설할 예정이었다고 합니다. 1974년에 바로 2호선을 건설할 생각이었다고 말이죠.

그렇죠. 5호선까지 쭉 이어서 하려고 했죠. 결국 돈이 없어서 못한 거죠. 물론 건설만 못 했을 뿐이지 기본계획은 다 있었죠. 돈이 마

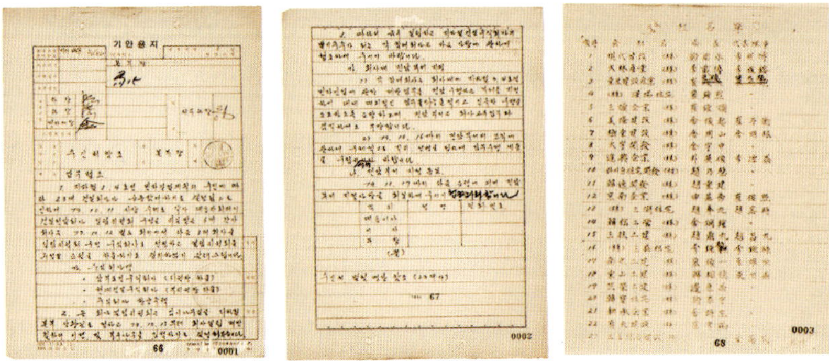

지하철건설주식회사 관련 공문(1979년)

련되면 재개하려고 수시로 계획을 검토하고, 수정하고, 기존 시설도 보완하고, 노선 연장 계획을 수립하고 그랬어요.

다들 말씀하시더라고요. 돈이 없어서 땅을 못 팠을 뿐이지, 준비는 계속하고 있었다고 말이죠. 원래 계획은 서울시에서 5호선까지 쭉 이어서 건설하려고 했는데, 결국 돈이 없어서 2호선은 서울시가 주관하고 3·4호선은 민간자본을 끌어들여 추진하게 된 거라고 말입니다. 그래서 지하철건설주식회사가 생겼다고 들었습니다.

처음에는 대우가 중심이 되어서 민간자본으로 착공까지는 했을 겁니다.

선생님은 2호선 건설과정에서는 주로 어떤 일을 하셨나요?

방금 말했듯이 저는 공사계장이었어요. 사당역에서 신대방역까지 구간을 담당했어요. 사당동에서 봉천동 고개 넘어가는 구간, 그러니까 까치고개를 넘어서 신대방동까지 가는 구간이죠.

자료를 보니까 서울역 언저리는 남산 자락을 타고 내려오는 화강암 지대인데, 교대 쪽은 편마암 지질이었다고 합니다. 그러면서 강북과 강남의 지질이 완전히 달랐다고 합니다. 선생님이 맡으신 구간은 어땠나요?

지하 굴착을 해보니까 생각하던 것과 다르더라고요. 그전에는 땅을 파면 그냥 바위층이 나왔어요. 암반층도 모두 '결'이 있어요. 그게 수평이면 일하기 편하죠. 그런데 이쪽은 땅을 파보면 왼쪽과 오른쪽의 암반 결이 달랐어요. 그럼 똑같은 깊이의 땅을 파더라도 토압이 각각 다르게 걸립니다. 교대 앞 공사 구간에서 땅이 무너진 적이 있었죠. 저기 삼풍백화점 쪽하고, 교대 쪽의 토압이 달라서 한쪽으로 밀린 거였죠. 그래서 흙이 왕창 무너지게 된 거죠. 그렇게 지반 변이가 생기다 보니까 상수도까지 터져버렸던 겁니다.

땅 위의 공사와는 전혀 다른 요인이 작용하는군요.

다르죠. 저도 그랬어요. 사당에서 까치터널 뚫고서 이제 낙성대 방면으로 계속해서 땅을 파나가는 과정에서 비슷한 경험을 했어요. 까치고개를 중심으로 사당 방면과 봉천동 방면의 압질이 전혀 달랐습니다. 그래서 지질학자에게 자문을 구했어요. 그랬더니 토압이 높은 쪽에서 낮은 쪽으로 '슬라이딩 현상'이 생긴다는 겁니다. 그런 구간은 특별히 더 보강해야 한다고 조언하더라고요.

지하철공사로 이직

1979년 10월 마포구청으로 가셨다가 1980년도에 수도관리사업소장을 거친 다음에 1981년 8월 서울지하철공사 발족되면서 공사로 가시게 됩니다.

수도관리사업소장도 한 1년 정도 했다가 가게 된 거죠. 1981년 8월에 지하철공사가 만들어지거든요. 원래 서울지하철주식회사 체제에서도 지하철 건설 경험이 있는 사람들이 부서별로 한두 명 정도는 있었어요. 이제 민간인 신분으로 지하철 건설에 참여한 사람들이죠. 그리고 농어촌진흥공사에서도 10명 정도가 왔어요. 또 어디 있었는지는 모르지만 공무원 출신이 몇 명 있었습니다. 그렇게 지하철주식회사가 1년 반 정도 운영되다가 지하철공사로 바뀌었죠. 지하철주식회사 발기인총회가 1980년 2월입니다. 그때가 바로 지하철 3·4호선이 착공했을 때였고요. 그리고 1981년 8월에 지하철공사가 발족한 겁니다.

일단 김인주 씨라고 서울시 수도국장 하시던 분이 기술이사로 가셨어요. 또 정석현 씨라고 서울시 치수과장 하던 분도 시설이사로 가셨죠. 그때 서울시 지하철건설본부 직원이나 지하철 건설 공사에 참여했던 사람들이 많이 건너갔지요. 저도 그때 간 거고요.

그럼 1981년 8월에 서울지하철공사로 옮기신 후에 승진은 어떠셨나요? 빠르신 편이었나요?

거기 과장으로 가서 1년 후에 부장이 되었죠. 공사부장이었죠.

지하철공사 창립 1주년 기념식(1982년)

일단 제1기 지하철 건설은 1985년에 끝났죠. 그런데 지하철공사에서 2호선과 3·4호선을 통합 운영하기로 발표한 것은 1984년 1월이었어요. 왜냐면 지하철 공사가 다 끝나기 전에 미리 운영에 필요한 인원을 확보해야 하기 때문이었어요. 그래서 서둘러서 통합운영계획을 발표했던 겁니다. 그래서 저 같은 경우에는 1985년부터 시설관리부장을 맡았어요. 토목, 건축, 궤도, 설비를 관리하는 겁니다.

지하철 차량은 다른 부서에서 맡았나요?

차량과 전기 등은 다른 관리 부서가 있어요. 그러니까 당시 5개 부서가 있었어요. 일반 행정을 제외하고 보면 시설, 전기, 차량, 신호통신, 운전으로 나뉘거든요. 그 가운데 제가 시설관리부장을 맡은 거죠.

그리고 1985년 3·4호선이 완성될 때에는 공사2부장이었어요. 4호선을 맡았지요. 공사1부장은 신정부 씨였죠.

각 회사마다 보유한 엔지니어들을 제외하면 대규모로 인재들을 데리고 올 수 있는 곳은 서울시 지하철본부였다는 거군요.

아무래도 그렇죠. 그리고 농어촌진흥공사에서 10여 명이 왔고, 일부 철도청 직원 출신도 많이 왔죠. 지하철공사 발족할 때 운영 이사도 철도청에서 오신 분이었어요. 일단 옮기자마자 급여가 공무원 때의 2배 이상이었어요. 공무원 급여와 공사 직원 급여 차이가 원래 그 정도가 되거든요.

확실히 차이가 있네요. 만약 비슷한 직급이라고 가정하면 서울시 직원일 때, 서울지하철공사 직원일 때, 그리고 민간회사인 시공사 직원일 때의 급여 차이가 얼마나 났나요?

민간회사와 지하철공사는 비슷했어요. 공무원 신분일 때 격차가 심했죠. 그건 다른 곳도 마찬가지였어요. 가령 중앙정부의 건설부 공무원과 그 산하의 공사기업이라고 한다면 2배 차이가 났어요. 그러니까 공사로 옮겨갔던 거죠. 그런 인센티브가 없다면 갈 리가 없지요. 왜냐면 공무원으로 있으면 계속해서 승진할 기회가 있지만 공사의 경우는 승진에 한계가 있거든요. 임원이 되어봤자 기간 끝나면 퇴직해야 하고요.

공사가 생겼던 1981년 8월 즈음에는 지하철공사로 갈 것인지, 말 것인지 꽤 많은 분들이 머리를 맞대고 고민했을 거 같네요.

모든 직원이 고민한 건 아니지만 아무튼 많이들 왔어요.

혹시 사모님 반응은 어떠셨나요? 월급이 2배가 되었는데 말이죠.

일단 좋아하기는 했죠. 그런데 제가 1966년 5월에 결혼했어요. 지하철 만들기 이전이었죠. 명동 지하도 공사감독을 할 때였어요. 제가 5월 29일에 결혼식을 올렸는데 김현옥 시장이 4월에 와서 5월부터 공사에 착수했어요. 그래서 제가 신혼여행 다녀와서 그다음 날부터 오전 6시까지 나와서 밤 11시 반에서 12시 사이에 집에 들어갔어요. 그렇게 한 3개월 지나니까 "집에 잠만 자러 오는 신랑이 어디 있냐!"라고 그러더군요. 그길 이해시키는 데에 약 1년이 걸렸어요. 우리 '도목쟁이'들의 상황을 설명했죠.

1호선 지하철 건설할 때는 1주일이면 이틀 정도는 현장에서 잤다고요. 집에도 못 가고요. 24시간 작업하는데 어떻게 집에 가겠어요? 1호선 건설 시작했을 때 저는 그래도 결혼 5~6년 차 정도이니까 어느 정도 이해를 하죠. 하지만 직원들 중에는 신혼인 사람도 있잖아요. 그 사람들에게는 참 어려운 환경이었죠. 오죽하면 부인들이 모여서 데모하려고 하기도 했답니다. 우리 집사람은 지금도 "토목쟁이들은 가정에 충실할 수 없다."라는 인식이 확고하죠. 그나마 공사로 옮겨 봉급이라도 많이 가져다주니까 좋아했던 거였죠.

그럼 1981년도 8월 국면부터 다시 여쭙기로 하죠. 지하철공사가 발족하고 약 2~3년 동안 과도기를 맞게 되죠? 그동안 지하철 건설은 서울시 지하철본부 한 군데에서만 해왔는데 이제 지하철주식회사에 이어 지하철공사가 공식적으로 3, 4호선을 담당하게 되었으니까요. 게다가 지하철운영사업소가 잠시 별도로 존재했죠? 그래서인지 1981년 9월 신문에 "서울지하철공사, 지하철건설본부와 운영사업소를 흡수합병해 일원화할 예정"이라고 보도하고 있더군요. 그러니까 서울시 조직으로서 건설본부와 운영사업소를 서울지하철공사로 통합하는 방향으로 논의가 전개되었던 거죠. 혹시 지하철공사 발족이나 통합에 반대하는 의견은 없었나요?

저는 그건 잘 모르겠어요. 아무튼 서울시에서 2호선을 건설할 당시 민간자본으로 3·4호선 건설을 병행하기로 하면서, "이러이러한 회사가 지하철 건설에 참여해도 되겠냐?"고 자문을 구해오기도 했어요. 그래서 저는 "아무래도 막대한 자본금이 들어갈 것인데 그만한 수익을 회수할 수 있을지는 잘 모르겠다."고 했습니다. 저로서는 잘 판단이 서지 않았죠. 제가 서울시에 있을 때 두 군데 정도 민간회사에서 그런 자문을 구해온 적은 있는데 지하철공사 발족이나 통합에 대해서는 제가 잘 모르겠어요.

당시의 신문 자료들을 보니까 지하철본부를 지하철공사로 흡수·통합하려는 움직임이 있었다고 합니다. 1980~1981년 기사들을 보니까요. 그리고 그로 인해 본부 직원들이 불안해하고 있다고 하면서 이직율이 높아지고 있다고 보도합니다. "지하철건설본부 직원 260명 중에서 행정직은 20여 명에 불과하다. 때문에 나머지 240명은 토목, 건축, 신호, 전기, 통신 등의 기술직인 상황이다. 따라서 서울시 기술직 공무원들의 머릿속이 좀 복잡한 상황이다."라고 말이죠.

그렇게 생각할 수도 있을 겁니다. 지하철건설본부의 경우 토목직이나 전기직 기술자들을 제외하면 나머지 사람들은 자신의 직종과 특기를 살릴 수 있는 부서가 서울시에 마땅치 않거든요. 그게 상당히 중요한 부분입니다. 토목직이야 뭐 구청이나 이런 데로 갈 수 있지요. 전기직도 서울시에는 설비들이 많이 있으니까 상관없죠. 그런데 문제는 동신, 신호 같은 걸 취급하는 부서가 서울시에는 그다지 없었거든요. 아무래도 그쪽 직원들의 동요가 심할 수밖에 없죠.

아마도 그래서 기사가 그렇게 나갔던 것 같아요. 물론 전체 직원이 다 그렇다고 볼 수는 없죠. 왜냐면 지하철건설본부가 없어지더라도 다른 부서들이 서울시에는 많이 있으니까요. 조직이 없어진다고 해서 사람까지 없어질 리는 없잖아요. 제가 알기로는 토목직 중에서 일하던 동료가 함께 가지고 하니까 옮긴 경우가 종종 있어요. 하지만 극소수지요. 얼마 안 돼요. 1호선부터 4호선까지 합하면 총연장이 120km가 넘어요. 그걸 운영하려면 차량기지만도 지축, 군자, 창동이 있잖아요. 그러니 많은 사람이 필요하죠. 남는 게 낫지요.

김재명 지하철공사 사장에 대한 기억

지하철공사 초대 사장이었던 김재명 사장에 대한 기억은 어떠신가요? 옆에서 지켜본 입장에서요.

서울지하철공사가 발족할 즈음에 군인 출신이 사장으로 온다는 소문은 듣고 갔어요. 가보니까 군 특검단장 출신이더라고요.

1980년 당시 작전참모부장이었던 것으로 알고 있습니다. 군 안에서도 특검계통의 인물이었군요.

군 안에서도 예하 부대의 감사라든가 조사하는 분이었다고 들었죠. 계급은 소장이지만 군에서 그런 특검 계통은 굉장히 힘이 있거든요.

말하자면 칼자루를 쥐었군요.

그런 분이 사장으로 오신다는 소문을 듣고 갔는데 처음 대해보니까 역시 '위압감' 같은 걸 느끼기는 했어요. 말투도 그렇고 우선 걸음걸이가 누가 봐도 군인인 거예요. '천상 군인이구나.'하고 느꼈죠. 제 매부가 군인이라서 저도 군에 대해서는 어느 정도 호감이 있었어요. 아무튼 그분의 첫인상은 그랬는데 지하철공사가 처한 상황으로 보아 앞으로 일하시면서 참 힘들겠다는 생각이 들었어요.

정말로 지하철공사의 일이 정말로 힘들었다는 뜻입니다. 서울시에서 지하철공사 기획예산부장으로 왔던 임경선 씨 같은 경우에는

3·4호선 공사 구간을 시찰하는 김재명 지하철공사 사장(1984년)

3개월 만에 다시 서울시로 복귀하실 정도였어요. 일단 일요일에도 절대로 쉬는 일이 없었어요. 일요일에도 교회에 갔다가 사무실로 나왔어요. 나와서 진행 중인 일 챙기고, 또 현장에 들려서 직원들 수고가 많다며 등 두드려주고 그랬죠. 그러다가 뭐 잘못된 걸 발견하면 기합도 주고요. 진짜로 어떨 때는 호통을 치면서 기합도 줬어요. 우리야 뭐 이미 김현옥 시장 시절부터 '발길질'에 익숙해져 있었기 때문에 '그런가 보다.'하고 넘겼죠.

일종의 '예방주사'를 이전에 맞으셨군요.

그렇다고 할까요? 제가 느끼기에 그분은 절대로 일하면서 사적인 것을 개입시키지 않았어요. 물론 처음에는 "잘 알지도 못하면서 기합을 준다."라는 불만도 있기는 했어요. 그래도 워낙 성실한 사람이라서 그런 점들은 상쇄가 되더라고요. 1981년부터 1988년까지 제가 7년 동안 지켜보면서 그분이 골프 치러 갔다는 소리를 딱 한 번인가 들었어요. 그만큼 강직한 분이었어요. 그래서 처음에는 서울시의 국장들과도 갈등이 있었어요. 아무래도 군 출신이다 보니 도외시했죠. 그런데 겪어보니 사람이 괜찮아요. 그래서 나중에는 서로 존중하고 잘 협력했죠.

대표적인 분이 이동 국장 같은 분입니다.[1] 처음에는 군 출신이라고 아주 경계했죠. 그러다가 그분의 됨됨이를 보고서 나중에는 서로 속을 터놓고 협력했죠. 이동 국장이 지하철 안전점검을 담당했거든요. 그러다 보니 서로 마주칠 일이 많았는데 나중에는 문제가 발견되면 그걸 어떻게 해결해야 할지 깊이 논의하고 그랬어요. 김재명 사장 발인식 마지막 날 이동 국장이 어렵게 시간을 내서 새벽에 조문을 오실 정도였어요. 인간적으로 훌륭한 분이었어요.

현저동 사고의 교훈

지하철공사로 옮기셨을 때 처음 맡은 직책은 뭐였죠?

공사과장이었어요. 서울시 사무관에서 수평이동을 했지요. 그러

1 이동(1941~2018)은 서울시 지하철건설본부장과 행정2부시장을 역임하였다. 본부장 재임기간은 1993년 3월 18일부터 1994년 12월 6일까지이다. 부사장 재임기간은 1994년 12월 6일부터 1998년 8월 2일까지이다.

면서 4호선 강북구간을 맡았어요. 충무로, 동대문, 삼선교, 미아리, 창동까지 가는 구간이었죠.

2호선에 비해 난이도는 어땠나요?

일단 공사하는 방법은 똑같아요. 그런데 지형별로 특이성이 있죠. 그러다가 8개월 정도 있다가 공사부장으로 승진했어요. 그러면서 강북구간 말고도 4호선 전 구간 32km를 전부 맡게 되었죠. 사당에서 상계동까지요. 부장은 공사1부장, 공사2부장이 있어요. 1부장은 3호선, 2부장은 4호선을 전부 맡아서 하죠. 제가 공사2부장이었어요. 공사1부장은 신정부 씨가 맡았어요.

당시 일어났던 현저동 사고[2] 같은 경우에는 3호선 서대문 쪽이죠?

서대문구 현저동은 좀 특색이 있는 공구였다고 할까요? 3호선이 제 담당 노선은 아니지만 사고 나기 1주일 전에 제가 안전 점검차 들른 적도 있었어요. 왜냐하면 서로 교차해서 안전 점검을 하거든요. 공사1부장과 2부장이 서로 바꿔서 말이죠. 그렇게 서로 교차해서 안전 점검을 했어요. 현저동이 왜 특수한지 설명을 드릴게요. 지하철을 약 30km 정도 건설한다면 10km마다 서로 교행할 수 있도록 유치

2 현저동 사고는 1982년 4월 3호선 독립문역 인입선 공사 구간에서 발생하였다. 작업장 내에서 사용하던 다이너마이트의 폭발로 상수도관이 파열되었다. 그러면서 토류판이 무너지고 구간 위 도로면에 깔아놓은 복공판이 무너지면서 사고가 발생하였다. 이 사고로 작업 중이던 인부 10명이 사망하고, 복공판 위로 지나던 버스의 승객 45명이 부상을 입었다.

서대문구 현저동 사고와 관련하여 기자들과 회견하는 박영수 시장(1982년)

선留置線 (Hold Track)을 만들어 놓거든요.

만약에 첫차가 구파발에서만 출발하면 중앙청까지 오는 데에 시간이 꽤 걸리죠? 그래서 10km 정도마다 유치선를 만드는 거죠. 구파발에서 출발할 때 다른 유치선에서 차량이 출발하면 그 시간이 줄죠. 또 차량이 고장날 수도 있으니까요. 그러면 다른 차가 와서 밀어줘야 합니다. 그런데 중간에 그런 유치선이 없다면 그걸 끝까지 밀고 가는 동안 모든 노선의 차량이 올스톱되죠. 그래서 차량이 고장나면 그곳에서 가장 가까운 곳으로 밀어넣을 수 있도록 유치선을 만드는 겁니다.

고속도로의 갓길 개념인가요?

갓길이라기보다는 일종의 주차장 개념이죠. 고속도로에서 터널을 지나다가 보면 옆에 공간이 좀 있죠? 고장 난 차들 임시로 거기에 밀어 넣잖아요. 그런 개념이죠. 현저동의 독립문역이 바로 그런 곳이었어요. 그래서 다른 곳이라면 굴착 폭이 대략 12~13m 정도였는데 그곳은 굴착 폭이 약 25m 정도 되었습니다. 그러니까 말뚝이 횡으로 4개나 박혀 있었죠. 게다가 거기가 고개잖아요? 굴착 깊이도 20m가 훨씬 넘었어요. 게다가 거기는 바위층이 일찍 올라와서 말뚝이 굴착 깊이까지 들어가질 못했던 겁니다. 말뚝이 일단 연암층軟岩層 까지는 들어가 있었어요. 그런데 다들 상수도관 파열 때문에 무너졌다고 하더라고요. 혹은 그 주변이 온통 산으로 둘러싸여 있으니까 이상 토압이 걸렸을 가능성도 있습니다.

거기가 인왕산, 안산 등이 주변에 있죠.

그렇죠. 아무튼 현저동 공구가 여러모로 까다로운 공구였어요. 유치선을 설치해야 하는 위치였기 때문에 굴착 폭도 넓고 깊이도 깊었죠. 제가 사고 나기 열흘 전인가 안전 점검 나갔을 때에도 말뚝이 제대로 들어가지 않아서 걱정이라고 생각하고 있었어요. 나중에 사고 난 후에 다시 가봤죠. 아무튼 그 사고로 제가 얻은 교훈은 예산이 더 들더라고 안전 시공에 투자해야 한다는 것이었어요. 자그마치 11명이나 죽었잖아요. 그때 신문에서는 사고원인을 폭파수칙 위반이라고 보도했어요. 폭파수칙을 지키지 않아서 그 충격으로 송수관이 터졌다는 겁니다. 그 과정에서 복공판을 받치고 있던 H빔이 틀어지면서 철판길이 함몰되었다고 보도했죠. 결국 상수도관이 터지면서 문제가 커진 거죠.

당시 시공사 현장소장이 구속되었죠. 이때부터 현저동 관련 기사가 1982년도 내내 이어집니다. 누가 국회에 불려갔다, 누가 경찰 조사를 받았다 등등, 지하철공사 사장을 비롯해서 말이죠. 사진을 보니 박영수 시장은 내내 고개 숙이고 있더라고요.

저도 같이 불려가서 예산질의서 답변하느라 애먹었어요. 아마도 서울지하철에서는 그게 처음이자 마지막 대형 사고였을 겁니다.

지하철공사 내부의 분위기는 어땠나요?

일단 사고 수습에 정신이 없었죠. 그리고 또다시 저런 일이 벌어져서는 안 된다는 생각으로 가득했어요. 그래서 이런 것은 안전을 위해 과감하게 돈을 투자해야 한다고 강력하게 주장할 수 있었어요. 그리고 김재명 사장이랑 공사부장 2명, 그리고 공사과장 4명은 수시로 모여서 국회 답변자료를 준비했죠.

원래 예정된 공사비용에서 금액이 상당히 늘어났겠네요?

아무래도 늘었겠죠. 아이러니하지만 현저동 사고는 우리 건설 역사에서 안전 시공의 필요성을 일깨워줬습니다. 돌아가신 분들께는 참 죄송한 일이지만요. 그래서 안전 시공을 위한 예산을 어떻게 확보할 것인지, 현장에서의 교육을 어떻게 할 것인지, 논의가 시작됐다고 해도 과언이 아니에요. 그런 충격적인 사고가 없었다면 안전이라는 개념이 자리 잡기까지는 아마도 한참 시간이 걸렸을 겁니다.

이 사고 때문일까요? 공사장 사고 이외에도 민간 건축물 피해에 대한 보상 문제도 언론에서 세게 다루더군요.

지하철 공사하면서 민원은 그게 제일 많았어요. 어떻게 막을 방법이 없더라고요. 땅을 파면 물이 빠지고, 그러면 압밀침하 현상이 당연히 뒤따르죠. 그로 인해 주택에 금이 가는 것을 어떻게 막을 방법이 없더라고요. 그게 있었으면 미리 다 조치를 했죠. 차수벽을 설치해도 아래쪽에서 솟구치는 물은 막을 수 없거든요. 그래서 결국 민원이 제기되면 공사 마친 후에 보수를 해주든가, 보상을 하든가, 그렇게 하겠다고 설득했죠. 그건 어차피 해드려야 할 일이니까요. 어떨 때는 싸움도 하고 그랬어요. 설득도 하고 아무튼 힘들었어요.

거기 사는 주민들 입장에서는 균열이 담장이나 안방 벽을 타고 이어지면 굉장히 불안한 일이잖아요?

당연하죠. 저라도 그럴 겁니다. 단층보다도 2~3층 되는 건물이 특히 걱정되죠. 그나마 다행인 것은 균열로 주택이 붕괴한 일은 없었어요. 지금이라면 도시계획선을 그을 때 애초부터 소음 등이 발생하지 않도록 주택가와 노선 사이에 녹지를 조성하든지 할 겁니다. 그런데 당시에는 예산 문제도 있고 해서 못했죠. 지금이라면 그걸 조성해야 한다는 주장에 아무도 반대하지 않을 겁니다. 하지만 당시 우리 상황이 그럴 여력이 없었던 거죠. 요즘 신도시는 당연히 조성하겠지만 2호선을 건설하던 1970년대 말이나 1980년대 초에는 그럴 여유가 없었던 거죠.

개착공법 작업순서도

요즘은 터널 공법이 워낙 발달해서 저 아래서 땅을 파고 뭐를 건설해도 땅 위에서는 모르고 지나가는 일이 많다고 하더라고요.

그럴 겁니다. 요즘은 터널식으로 공사를 진행하니까 어떻게 노선이 확장되는지 알 수가 없더라고요. 예전에는 버스가 지나가다가 덜컹거리면 속으로 지하철 공사구간을 지나간다는 걸 알 수 있을 정도였는데 말이죠. 그리고 요즈음 차라리 터널식으로 하는 것이 개착식보다 돈이 적게 들 겁니다. 정거장의 편의시설이나 미장 비용은 더 들지는 몰라도 말이죠. 개착식보다 적어도 노선 확장 비용은 더 적게 들 겁니다. 기술과 장비가 워낙 좋아졌으니까요. 요즘은 GTX(수도권 광역철도)를 보면 환승시설도 터널식으로 하더군요.

2호선의 경우는 '우리 기술, 우리 자본, 우리 지하철'을 표어로 내세웠는데 3호선과 4호선의 차량은 어땠나요? 1981년 기사를 보니까 굴착용 비트(커터날)는 대부분 수입산이라고 하더라고요. 국산은 약 30%라고 하고요.

대표적인 게 T-4 천공기입니다.[3] 미국에서 유전 개발할 때 쓰던 장비인데 말뚝이 잘 박히지 않는 곳에 쓰려고 그걸 많이 들여왔어요. 나사처럼 생겼죠. 그게 안전시공에 큰 도움이 되었어요. 일단 말뚝을 깊이 박을 수 있게 되었으니까요.

1985년 시점이 되면 이런 기사도 나옵니다. 지하철 3·4호선 공사가 완료되니까 지하철 건설 관련 장비와 인력이 쓸모없어졌다는 거죠. 게다가 해외공사가 부진에 빠져 정작 지하철 건설을 통해 고급기술과 인력을 축적해 놓았는데 이걸 활용할 곳이 마땅치 않다는 내용입니다. 터널공법 등 새로운 기술을 활용할 수 있는 공사도 없어졌다고 하면서 말이죠. 실제로 1989년 제2기 지하철 건설을 추진하기까지 약 4년 동안 지하철건설 공백기를 맞았잖아요. 서울지하철공사에서는 이러한 상황을 어떻게 맞이했나요?

실제로 지하철공사 측에서 활용할 수 있는 인력과 장비에서 문제는 거의 없었어요. 1985년에 3호선과 4호선 개통 후 건설체제에서 운영체제로 넘어간 후에도 일부 공사는 있었어요. 연장공사를 통해 가

3 T-4 장비는 대구경 천공용 시추장비로 미국의 잉가솔랜드(Ingersoll Rand, Inc)에서 제작하여 판매하고 있는 천공기의 모델명이다. 해당 모델명이 대구경 천공용 시추장비의 일반명칭으로 불리고 있다. 로터리 드릴을 장착하고 있으며 회전과 타격으로 암반과 같이 단단한 지반을 뚫을 때 사용한다.

락시장까지 잇는다는 이야기도 나왔거든요. 공사부 파트에서는 곧 그런 공사가 이어질 거라고 생각하고 나름대로 검토하고 있었죠. 3호선과 4호선 건설인력은 이제 운영팀으로 모두 흡수되었기 때문에 아무런 문제가 없었어요. 토목직의 경우 토목사업소가 생겨서 새로운 직원교육도 하고 그랬죠. 건축직도 건축사무소가 있어서 그곳으로 갔고요.

아무튼 지하철공사의 건설인력은 공사 안에서 자체 흡수되었기 때문에 아무런 문제가 없었죠. 아마도 건설회사 쪽의 문제일 겁니다. 직원들이야 다른 공사장으로 보내면 문제가 없지만 장비가 문제가 되거든요. 지하철 공사에만 사용하는 특수장비들이 있어요. 그런 것들은 활용에 문제가 있었죠. 하지만 특별한 문제는 없었어요. 걱정하는 취지의 보도였던 것 같네요.

서울시의 경우에도 공백기에는 지하철건설본부 직원들을 다른 부서로 다 보내더군요. 가령 각 구청이나 아시안게임 지원부서로 보내기도 하고요. 또 올림픽공원이나 한강 유람선 띄우는 특별부서로 보내기도 하고요. 그러다가 1989년 제2기 지하철 건설을 추진하면서 그 인력들을 다시 쫙 모았더군요.

그러고도 인력이 모자랐어요. 지하철공사 직원도 갔어요. 저도 갔습니다. 제2기 지하철을 시작할 때는 제 선임자가 먼저 갔어요. 저도 그 뒤로 가서 2년 반 동안 건설하다가 다시 지하철공사 본부로 원대복귀하고 그랬어요. 궤도 쪽 공사도 우리 팀이 가서 하고 그랬어요.

지하철 1호선 난공사 구간들

이번에는 다시 1호선 건설 당시에 대해 질문을 드리겠습니다. 〈대한뉴스〉 같은 영상을 보면 큰 문화재가 위치한 숭례문과 흥인지문 구간, 동아일보사 건물을 끼고 곡선구간이 들어간 이른바 시청 공구, 그리고 정릉천 물줄기를 돌려야만 했던 신설동과 제기동 언저리가 난공사 구간이라고 하더라고요. 그 가운데 선생님께서는 동아일보 사옥을 끼고 도는 커브구간을 담당하셨다고 알고 있습니다.

맞아요. 제가 맡았던 곳이 동아일보사 구간이었어요. 물론 지금 생각해보면 큰 난공사 구간도 아니죠. 다만 당시로서는 워낙 기술이 부족했고 처음 해보는 공사였으니까 어렵게 느껴진 거죠. 걱정도 많이 한 구간이고요. 통상적으로 땅을 파서 구조물을 앉히는 것이 지하철공사인데, 그때까지 서울시에서 비슷한 공정을 지닌 공사는 기껏해야 지하도 공사였어요. 깊어봤자 9~10m 정도죠. 그런데 지하철은 12m 이상 내려가야만 해요. 왜냐하면 정거장이 바닥에서 위까지 거의 10m 높이가 되거든요. 그 위로 수도관이나 케이블 등의 지하 매설물이 지나가도록 하려면 최소 토피고土皮高[4]는 확보해야 하거든요. 1호선에서 시청앞, 화신, 종로3가, 그쪽 지하철 역사는 지표까지 토피를 2~2.5m 정도는 유지를 했어요.

그런데도 하수박스가 걸려서 애먹은 구간이 있어요. 시청 앞과

4 토피고는 지하매설물 최상단에서 지표면까지의 수직거리를 말한다.

말뚝을 박기 위한 천공 작업

흙막이판과 버팀보 설치 작업 중인 모습

종로3가였어요. 종로3가 부근 단성사 앞에서 하수박스의 상부 슬래브slab가 딱 걸리더라고요. 30~40cm 정도가 딱 걸렸어요. 그것 때문에 애먹었어요. 저 같은 경우에도 시청 앞에서 공사를 하는데 덕수궁 연못에서 나오는 박스 슬라브가 딱 걸린 겁니다. 고민하다가 김병린 과장님에게 "이게 걸렸는데 어떡합니까?"하고 자문을 구했더니 "사이폰식으로 해결하라."고 하시더군요.

사이펀siphon 원리, 그러니까 용기통에서 용기통으로 물이나 석유를 옮길 때 쓰는 튜브관 원리를 말씀하시는 건가요?

그렇죠. 딱 물이 걸린 만큼 오버플로우overflow시키는 거죠. 그래서 "알겠습니다."라고 했는데 그만큼 물의 단면이 좁아지는 것이 문제가 되더라고요. 그랬더니 김병린 과장님이 옆의 폭을 넓히라는 겁니다. 단면을 넓히라는 거죠. 그렇게 지하철로 물이 넘어오지 않을 수 있게 되었지요. 하지만 상류 쪽은 여전히 문제가 해결되지 않아요. 상류는 우리가 손댈 수가 없거든요. 그쪽은 그렇게 큰 문제 없이 넘어갔지만, 종로3가의 경우는 결국 나중에 문제가 생겨서 종로구청에서 보완조치를 했죠.

김병린 선생님에게 "당시 지하철선설본부 공사과장으로서 가장 큰 어려움이 뭐였나요?"라고 물어보니까 "나를 포함해 기술 현장에 있는 사람들과 정책결정자들 사이에 약간의 입장 차이가 존재했다. 가장 첨예한 문제가 지하매설물이 원활하게 지나가도록 높이를 확보하는 것이었다."라고 하더라고요. 높이, 즉 토피를 확보하지 못하면 나중에 또 다른 하수관이 지나가면 다시 땅을 파헤치고 다

시 공사를 해야만 한다는 겁니다. 그럴 바에는 지하철 공사로 땅을 판 김에 처음부터 조금 더 깊이 파서 여유 토피고를 확보해야 한다고 주장하셨다고 합니다. 그런데 윗선의 정책 결정자들은 비용과 시간이 많이 든다고 하면서 "낮고 빠르게 파라!"고 지시했다고 하면서 아쉬워 하더라고요.

아마도 우리 현장에서 일하던 사람들과 똑같은 입장이었을 겁니다. 그런데 그 윗선의 경우는 "1m 더 파면 그게 돈이 얼마인데"라고 생각을 했을 겁니다. 그래서 종로선 공사할 때 사실상 최소 토피를 둔 거죠. 저도 처음엔 몰랐어요. 물론 공사를 하면서 지하매설물들을 처리하다가 보니까 그런 문제들에 봉착하게 된 거죠. 낮게 파면 공사비도 절약되고, 공기도 단축되고, 그리고 아무래도 얕게 파면 일단 안전시공에도 도움이 되니까 그렇게 한 거죠. 그런데 사후 도시설비 기능의 유지관리 차원에서 그로 인한 어려움이 따랐던 겁니다. 그나마 종로구청에서 종로3가 단성사 앞의 보수공사를 한 것 외에는 아직까지 그로 인한 문제는 크게 나타난 것이 없어서 다행이기는 하지만요.

결국엔 '돈과 시간' 때문이군요.

그렇죠. 최종적으로는 그게 다 '돈'이죠. 그리고 또 하나는 지상철과의 연계 문제도 있어요. 서울역에서 나가는 구간, 그리고 반대쪽 청량리에서 나가는 구간을 보면 지상 철도로 이어지잖아요. 우리가 더 깊이 들어가면 들어갈수록 연계가 어려워져요. 철로에는 관련 건설 규정이 딱 법으로 정해져 있습니다. 가령 곡선반경의 각도는 이렇게 해야 한다. 또 철로의 높낮이, 그러니까 종단곡선은 얼마, 가령 35‰(퍼밀), 그러니까 3.5% 이하로 한다는 등의 안전 운행을 위한 건설법적인 한계가 명확하거든요. 가령 우리 지하철이 1m 더 깊이 들어가면 지상 철도는 최소 50m나 100m 앞에서부터 기울기를 조정해야 합니다.

시청 앞에서 동아일보 사옥을 꺾어서 종각 쪽으로 가는 구간, 당시에는 3공구라고 그랬어요. 정확히는 시청 앞에서 화신 앞, 그러니까 당시 신신백화점 앞까지의 구간이었어요. 이제는 종로타워죠. 태평로와 종로가 직각으로 붙어있잖아요. 그런데 철도건설규정에 따르면 곡선반경을 140m 이하로는 둘 수 없게 되어 있어요. 전동차 길이가 대략 1량에 20m 정도입니다. 철도차량도 대략 그 정도 될 겁니다. 태평로 쪽에서 종로 쪽으로 직각으로 꺾이는데 이 규정에 의해서 그만큼의 곡선반경을 확보해야 해요. 그런데 최소 곡선반경 확보가 어렵더라고요. 아마도 설계하신 분이나 처음에 기획하신 분들도 그 고민을 많이 했을 겁니다.

다행인 것은 당시 길 쪽으로 툭 튀어나와 있던 광화문 국제극장 건물 주변이 광화문 도로를 확장하면서 정비가 되었어요. 지금의 코리아나호텔 쪽이죠. 이제 극장 자리는 동화면세점이 되었고요. 어쨌든 시청 앞에서 동아일보 쪽으로 바짝 붙여서 노선을 돌리면 동아일보 사옥을 헐지 않아도 되겠더라고요. 계산을 해보니까 곡선반경이 140m에 근접하더라고요. 정확히는 기억나지 않지만 내측선은 140m가 안 되지만, 외측선은 140m이 조금 넘었어요. 정말 간당간당했죠. 그래서 최대한 바짝 붙여서 돌리니까 동아일보 사옥 기둥에서 약 1.5m 정도 사이를 두고 우리 굴착선이 떨어지더라고요. 건물이 있는데 거기서 약 1.5m 떨어진 라인으로 땅을 파고 들어가는 겁니다.

고민이 되죠. 당시는 지하철을 건설해본 적도 없었죠. 땅을 파면 물이 질질 흘러나와 옆의 땅이 질척거리면서 꺼지고 그랬거든요. 그래서 김병린 과장님께 "이거 어떡하죠?"하고 물었죠. 그랬더니 "동아일보 건물은 역사적으로 의미 있는 곳이니 어떻게든 보존해야 한다."라고 하시더라고요. 도시계획선을 그어서 건물을 철거하지 않는 이상 보존해야 한다는 것이 당시 거기 있던 사람들의 공통된 생각이었어요. 그래서 어떻게든 해보자 했죠. 그런데 그때 우리나라에 땅에 구멍을 뚫는 천공기가 거의 없었어요. 고민이었죠.

천공기라면 나사처럼 생겨서 땅을 파고 들어갔다가 나오면서 흙을 퍼내는 기계를 말하는 거죠?

맞아요. 나사처럼 생겼죠. 당시에는 지질조사하는 회사만 그걸 가지고 있었죠. 그래서 김병린 과장님에게 "그럼 그런 천공기의 다이어(지름)를 조금 크게 해서 구멍을 뚫은 다음에 말뚝을 박는 게 가능할까요?"라고 물었더니 "글쎄, 가능하지 않을까?"라고 하시더군요. 그래서 시공사 측에 그런 회사를 불러오라고 했죠. 그런 다음에 동아일보 건물 기둥을 모두 밑에서 단단하게 받쳐야겠다고 생각해서 철근 콘크리트 기초를 기둥 아래에다 전부 연결했죠. 그럼 설령 땅이 가라앉더라도 침하되거나 건물에 영향을 주지 않도록 대비하려고 설계사무소에 자문을 구했어요.

그랬더니 "구조적으로는 가능하다."라고 이야기하더라고요. 다만 공사를 할 수 있느냐는 별개의 문제라고 해요. 일단 이론적으로는 가능하다고 해요. 그래서 어차피 공사는 해야 하고 해서 제가 동아일보 부사장을 찾아갔죠. "이러이러한 실정인데 어떻게 생각하십니까?" 하고 의견을 물었죠. 거기 지하실에 가면 사진실이 있어요. 거기 함께 가서 제가 이러이러한 작업을 해야 하는데 이 자료들을 잠시 치워줄 수 있겠냐고 여쭈었더니 싹 치워주셨어요.

그런데 옛날 건물은 지하실도 층고가 낮아요. 그러니까 거기에 기계를 들여서 돌리기가 정말 어렵더라고요. 결국 그 바닥을 조금 파서 건물 기둥마다 전부 단단하게 받쳤죠. 그 작업을 마치고 이제 굴착해 들어간 거죠. 그러면서 이제 동아일보 사옥을 돌아가는 구간은 정신을 바짝 차리고 작업했죠. 일단 물이 나오는지 세심하게 살피고, 흙을 조금 파고 나서 곧바로 토류판을 끼워나갔어요. 흙이 전혀 빠져나오지 못하도록요. 보통 인부들이 일할 때 땅을 파고 나서 조금 지난 다음에 토류판을 끼우거든요. 그러다가 보면 흙이 새어 나오기도 해서 문제가 됩니다. 그렇게 했더니 다행히 땅도 다 안전하게 팔 수 있었어요. 구조물도 다 앉혔고요.

1974년도에 첫 시운전을 할 때 긴장했죠. 혹시 차량 운행으로 인한 진동이 이 건물에 영향을 미칠까 하고요. 저는 잘 알죠. 동아일보 건물 기둥과 우리 지하철 사이에는 채 2m도 떨어져 있지 않다는 것을요.

정말 긴장하셨겠네요.

당시 그 건물에 동아방송국이 있었어요. DBS였죠. 그때 라디오 심야방송이 있었거든요. 제가 오디오를 좋아해요. 그런데 턴테이블에 조그마한 진동만 있어도 어떻게 됩니까? 바늘이 튀죠. 조그마한 진동에도 그게 흔들린다고요. LP판에 바늘이 진동으로 흔들리면 '찌-익' 소리가 나잖아요. 제가 그걸 제일 걱정했어요. 혹시 지하철 진동으로 인해 심야방송을 할 때 턴테이블에 바늘이 튀면 어떡하나 하고요. 그때 동아일보에 이언진 부사장이라고 있었는데, "지하철 시운전을 하는데 혹시 이러한 문제가 있을지도 모르니 확인 차원에서 음악방송이 아니더라도 턴테이블을 돌려봐 달라."고 부탁했어요. 만약에 영향이 있다면 우리는 선로 밑에 뭘 더 깔고 대책을 강구해야 하거든요. 가령 방진패드를 깔든가 해야죠.

그때가 개통식이 있던 1974년 광복절 이전이었죠?

맞아요. 개통식에 앞서 봄에 시운전을 시작했죠. 그랬더니 1주일 후에 동아방송 측에서 연락이 왔어요. 괜찮다고요. '아, 살았다!' 싶었죠. 잘 통과해서 다행이었죠. 그쪽에서도 고맙다고 했어요. 일단 그 구간은 시속 30km로 서행했어요. 그런데도 커브구간에서는 '찌익찌익' 거리는 소리가 났어요. 그래서 당시 레일에 소리나지 말라고 기름을 자동으로 분사하는 도유기塗油機 (Rail Head Lubricator)를 그 구간에 설치했어요. 바퀴 프린지fringe에서 기름이 쭉쭉 나오는 장치에요. 곡선반경이 있으면 레일에서 소음이 심하니까 대개 그런 도유기를 설치하거든요. 그래서 그 동아일보 곡선구간에도 도유기를 설치했죠. 그런데도 소리가 났었어요.

그랬군요. 곡선코스는 만들기 어렵네요.

그리고 제가 맡은 3공구에는 지하도가 2군데 있었어요. 또 하천도 2개가 있었고요. 청계천 상류에서 광화문 쪽으로 내려오는 청운천이랑 청진동에서 내려오는 하천이 있었죠. 그러니까 당시 중앙청을 중심으로 보자면 좌측에서 내려오는 것과 우측에서 내려오는 하천이 있었단 말이죠. 그 하천 쪽은 다른 공사구간과 마찬가지로 별 무리 없이 처리했지요. 그런데 1973년 4월 말 정도였을 거예요. 때아닌 폭우로 일이 좀 생겼어요. 당시 날씨 패턴이 통상 5월에 가물었다가 6월 말에 비가 오거든요.

제가 당시 통계를 내보니까 4월 말에는 통상 20~30mm 정도가 내려요. 그런데 그때 저녁 하늘을 보니까 이건 비가 제법 와요. '저러다가 청운천이 넘으면 어떡하지? 파이프로 뽑아서 청계천 쪽으로 물길을 돌려놓았는데…'하고 있었죠. 비가 파이프 2개 분량이 넘도록 쏟아지면 결국 흘러넘칠 거 아닙니까? 그럼 그 물이 어디로 가겠어요? 시청역으로 가겠죠. 지하철 역사의 건축공사도 거의 마무리되었고 일부 전기설비도 들어왔을 때였거든요.

아찔했겠네요.

다행히 하늘이 도왔죠. 찰랑찰랑할 때까지 물이 차오르다가 다

1호선 건설 현장을 둘러보는 박정희 대통령과 양택식 시장(1973년)

행히 멈추었죠. 동아일보 건물은 제가 이런저런 조치를 통해서 위기를 넘길 수 있었지만 이건 하늘이 정하는 일이잖아요. 다행이었죠. 그런 위기를 다 넘기고 1974년 봄에 시운전까지 안전하게 마치고 광복절에 개통을 했던 겁니다. 그런데 문세광 사건 때문에 개통식이 그렇게 되었던 거죠.

아마도 그때는 선생님뿐만 아니라 높으신 분들도 아찔했을 거 같네요.

그랬을 것 같네요. 그러고보니 1호선을 건설하면서 우리 현장감독들이 대통령 하사금을 두 번인가 받았어요. 금액이 얼마냐면 한 달 월급 정도 되었어요.

개인마다요?

그럼요. 실은 1972년 여름에도 비가 상당히 많이 왔어요. 그 당시 폭우가 쏟아졌을 때 혹시 지하철 공사장에 문제가 없는지, 직원들은 일을 잘하고 있는지, 박 대통령이 사람들을 보내 체크를 했다고 해요.

일종의 암행반이네요.

그런 셈이죠. 우리가 야간에 현장 순찰을 돌거든요. 그런데 공사장 주변에 까만 차가 왔다 갔다 하는 걸 제가 봤어요. 저만 본 게 아니고 다른 감독들도 그걸 봤다는 겁니다. 우리가 고생하고 있다는 걸 그 까만 차에 탄 사람이 대통령께 보고를 했나 봐요. 그러니까 고생한다고 그때 박 대통령께서 하사금을 주셨던 거죠. 그렇게 1호선 공사할 때 두 번인가 하사금을 탔어요. 말단일 때죠.

손꼽을 정도였던 설계회사와 시공사들

1호선 공구는 모두 몇 개였나요?

전체적으로 11개 공구였죠. 각 공구마다 주감독 1명에 보조감독이 2~3명 정도였어요. 제가 있던 곳은 3공구였는데 제가 주감독이었고, 보조감독에는 김공 씨, 최동순 씨, 신정민 씨 등이 있었죠.

주감독들은 직급이 어떻게 되었나요?

대부분 6급이었는데 가끔 7급도 있었죠. 보조감독은 8급이나 9급이었고요.

각 공구마다 시공사도 달랐죠?

그렇죠.

그런데 우명규 시장님의 말씀을 들어보면 2호선도 공구마다 난이도가 달랐다고 합니다. 그래서 통상 어려운 공구는 신뢰할 수 있고 기술도 뛰어난 회사에 맡기게 되었다고 하더라고요.

그럼요. 그럴 수밖에 없어요. 그때는 일 좀 했다는 건설회사는 주로 경부고속도로 공사에 참여한 회사가 전부였어요. 그게 10여 개밖에 안 되었거든요.

설계회사도 8개가 전부이고, 시공사도 10여 개밖에 안 되었던 시절이군요.

정말 손꼽을 정도죠. 그러니 난공사는 일도 잘하고 건실한 회사한테 맡겼던 겁니다.

선생님이 담당한 시청 앞 공구는 어느 회사가 맡았나요?

동아건설이요.

숭례문 공구는요?

삼부토건이었죠. 사실 동아건설보다 삼부토건이 더 역사가 깊죠. 오래된 회사입니다.

현장 관리는 어떻게 했나요?

김병린 공사과장님 밑의 계장이 주로 현장을 체크했죠. 그리고 김병린 과장님도 우리가 모르는 순간에 와서 보고 가셨죠. 그러고 나중에 "야, 어제 내가 거기에 가봤는데 이러한 것들은 이렇게 해야 하는 거 아니야?"라고 말씀하셨죠. 제가 그걸 보고 또 그대로 배웠어요. 특히 3호선과 4호선 건설할 때 제가 그렇게 현장을 관리했죠. 들볶았죠. 덕분에 후배 직원들에게 한참 욕을 많이 얻어먹었죠.

정책결정자를 제외하고 '우리'가 현장에서 지하철을 건설했다고 말할 수 있는 분들이라면 김병린 과장님 선까지라고 볼 수 있을까요?

그렇죠. 토목 분야에서는 각 현장의 시공사, 보조감독, 주감독, 그리고 김병린 공사과장님 정도죠.

당시 김병린 과장님 밑의 계장님 중에 기억나는 분들이 있나요?

이창성 계장님, 김인식 계장님, 김영수 계장님 등이죠. 그분들도 나중에는 2급이나 3급까지 가셨죠.

각 공구별로 어려운 점이 다를 것 같습니다. 가령 선생님이 담당한 시청공구는

동아일보 건물을 중심으로 커브구간을 건설하는 어려움이 있었다면 숭례문이나 흥인지문 구간은 문화재 보호라는 점에서 문화재관리국과 협력해야 할 테고요. 각 공구의 주감독들이 모여서 고충을 나누거나 의견을 교환하기도 했나요?

일단 과에서 계장들이 대략 2~3개 공구를 나눠서 관리를 했어요. 그러니까 계장들이 중심이 되어서 소관 공구들의 그런 점들을 함께 이야기하곤 했죠. 계장 주관 하에 주감독회의를 한 거죠. 어떨 때는 과장 주관하에 조금 더 크게 주감독회의를 하기도 했어요. 계장은 또 계장대로 그런 회의를 주재하기도 하고요. 그때 이제 이야기하게 되죠. "우리 공구는 이러이러한 문제가 있다. 무슨 방법이 없겠느냐."라고 도움을 청하기도 하고, 그러면 "내가 해봤더니 이렇게 하니까 조금 더 낫더라."라고 조언도 하고 그랬죠. 일단 주감독회의를 하면 공통적인 애로점이 나와요. 대표적인 것이 공사 구간에서 흙이 빠져나오는 문제였죠. 그러다 보면 수도관도 터지고 연쇄적으로 다른 문제를 발생시키거든요. 그런 경우에 "나는 사전에 이렇게 했더니 도움이 되더라."고 하는 팁이나 경험을 교환하게 되죠.

지하철 건설의 또 다른 주인공, 잘 참아준 시민들

공사 당시에 시민들이나 주변 상인들은 잘 협조해 줬나요? 항의하지는 않았나요?

불편함을 묵묵히 참아 준 시민들이야말로 우리 지하철 건설의 또 다른 주인공이었다고 할 수 있습니다. 지금도 그렇겠지만 종로선 공사할 때는 서울시에서도 처음이었으니까 시민들이 협조적이었어요. 어제까지도 멀쩡하게 다니던 길을 갑자기 막아놓고 빙 돌아가라고 하는데 얼마나 화가 나겠어요? 그런데도 항의하는 사람이 별로 없었어요. 수고하라고 하시면서 대부분 잘 따라줬어요. 그리고 제가 정말 고마운 분들은 공사장 바로 앞에서 장사하시던 분들입니다. 바로 가게 입구 근처에서 말뚝도 박고, 길도 차단하고 했는데 "죄송합니다. 빨리 끝내겠습니다."라고 말씀드리면 얼마나 걸릴 것 같냐고 묻고서는 3~4일 걸린다고 하면 휴가 갔다가 올 터이니 열심히 잘 마무리하라고 해주세요. 그러니 얼마나 고마웠겠습니까?

특히 청진동 같은 경우에는 정말 고마웠어요. 우리가 거의 24시간 내내 공사를 했거든요. 그게 안쓰러워 보였는지 한여름에 비가 많이 오거나 한겨울에 아주 추울 때 공사를 하고 있으면 청진동 해장국 골목 가게의 아주머님들이 "어서 들어와서 같이 먹자."라고 하시면서 뜨끈한 국밥을 그냥 내주세요. 한 두어 번 그런 일이 있었죠. 얼마나 고마운 일입니까? 그런 일이 우리들 사이에 입소문이 나면 그 가게는 무조건 단골이 되는 거죠. 계속 거기로 가게 되죠. 물론 그분들이 단순히 영업을 위해 그렇게 했다고 생각하지 않아요. 우리에게 커피 한 잔씩 타 주는 건 다반사였어요. 어디 그뿐인가요? 교통이 막혀서 답답했을 텐데 그걸 꾹 참아준 시민들도 대단하죠. 그런 시민들의 도움이 없었으면 1호선 건설할 때 더 힘들었을 겁니다.

개통 후 1호선 지하철을 이용하는 시민들

다들 그렇게 말씀하시더라고요. 1호선 건설을 개착식 공법으로 할 수 있었던 것은 그 당시라서 가능했다고 말이죠. 요즘 같으면 그런 식으로 교통차단을 못 한다고 말하더라고요. 유럽처럼 우회도로가 발달했으면 다른 길로 돌아가면 되지만 말이죠.

종로를 막아버리면 안국로, 을지로, 충무로밖에 없던 시절이죠. 물론 그때는 자가용이 없어서 대부분 버스를 이용했죠. 하지만 버스가 서버리면 역시 옴짝달싹할 수 없죠. 어지간한 거리는 차라리 걷는 게 빠를 겁니다.

버스나 택시 등 다른 운수회사로부터 불만이나 항의는 없었나요? 길이 막혀 차가 돌지 않아서 힘들었을 텐데요.

그런 일은 없었어요.

다행이네요.

신문사에서도 도움을 많이 주었어요. 물론 공사 현장이 무너졌을 때는 왕창 사진을 찍어 내보내는 바람에 혼도 나긴 했죠. 하지만 지하철 건설의 의의를 생각해서인지 공사로 인해 교통이 마비되어 시민들에게 불편을 준다는 논조의 기사는 거의 없었습니다.

설계-시공-감독의 조화가 공사를 좌우한다

1974년 봄부터는 1호선이 시운전에 들어갔던 걸로 알고 있습니다. 사진 자료들을 보면 부산항 부둣가에 차량이나 기타 통신시설도 들여와서 하역하는 장면들도 있고요. 그리고 1973년 4월 즈음에 일본에 직원들을 보내서 6개월 정도 단기연수를 하도록 했더군요. 지하철운영기술요원이란 명목으로 조세호 씨, 정방웅 씨, 강석희 씨, 한원찬 씨, 김영선 씨, 이런 분들을 보내더라고요.

부산항을 통해 들어오는 지하철 차량(1974년)

그분들은 전기나 기계설비 쪽 사람들이에요. 1973년도 정도면 이제 토목 쪽은 일을 다 끝냈거든요. 건설은 끝났고, 실제 운영에 필요한 사람들을 뽑아서 보낸 거죠. 지금 말씀하신 조세호 과장도 전기 쪽이고, 정방웅 씨도 그렇죠. 일반적으로 전기 쪽은 고압전기와 저압전기가 있어요. 당시만 해도 통상적인 배전은 교류 2만 5,000V였어요. 그런데 지하철은 직류 1,500V였거든요. 그러니까 그런 전기 관련 기술 연수가 필요했을 겁니다. 결국 운행에 필요한 것들을 익히기 위해서 간 거죠.

건설이 아니라 운행에 초점을 둔 연수였군요.

그럼요. 그때면 이미 궤도 부설도 일부 시작했을 때거든요.

지하철 건설과 관련해 일본 측과 협의할 때 처음 일본 측에서는 토목까지 모두 다 하겠다고 주장했지만 김병린 선생님이 토목은 우리도 할 수 있다고 강하게 거부했다고 합니다.

지하철 설계에 관한 조그만 일본책이 있었어요. 《지하철의 설계[地下鐵の設計]》라는 책이에요. 김병린 선생님이 구해다 준 거죠. 그걸 보니까 원리는 간단하더군요. 다만 우리가 그렇게 깊이 땅을 파본 경험이 없을 뿐이고, 지하의 흙과 물을 다룬 경험이 조금 부족했을 뿐이죠. 기본적으로 땅을 파서 구조물을 앉히는 과정을 매뉴얼 대로 진행하면 토목 쪽은 문제 될 것이 없었어요. 결정적으로 부족한 것은 지하철 운행에 필요한 차량, 전기, 통신 쪽 기술이었죠.

토목이나 건축 쪽은 우리 기술로 가능한 상황이었군요.

그렇죠. 그런데 다 건설하고 나서 지하철 안내표지판 같은 거 설치해야 하잖아요? 그런 거는 해본 적이 없으니 일본이나 다른 나라의 자문을 받았죠. 간단해 보이지만 안내표지판 설치도 결국 지하철 운영에 필요한 테크닉이거든요.

아까 말씀하신 《지하철의 설계》라는 조그만 책이 큰 도움이 되었군요.

그게 바이블이었죠. 우리 현장감독들도 그것 보고 감독관리를 했고요.

김병린 선생님이 일본 기술진들을 만났을 때 도자기도 하나씩 선물하고, 술도 한 잔씩 사주면서 어르고, 달래가면서 구해 오신 책이더군요. 그걸 복사해서 현장 기술자들에게 나눠주셨다고 말씀하시더라고요.

맞아요. 그랬죠. 저희들은 내내 그 책을 보면서 현장에서 활용했어요. 주변에 일본어 하는 사람들 있으면 이게 무슨 뜻이냐고 확인해가면서 메모하고 그랬다고요. 거기에 보면 구체적인 코멘트들이 붙어 있거든요.

이번에는 철도 차량에 대한 질문을 드릴게요. 당시 지하철 건설은 신문에도 "단군 이래의 대역사"라고 나오는 만큼 인력 충원이 많았다고 알고 있습니다. 서울시 다른 부서나 중앙의 건설부나 철도청까지 말이죠. 그런데 서울시에는 궤도 부문 같은 경우 기존까지는 인력이 많지 않았을 것 같습니다. 아무래도 그 부문은 철도청에서 오신 분들이 주로 담당했을 것 같습니다.

아무래도 궤도라든가 하는 것은 그분들이 잘 알죠. 우리들은 레일이라고는 구경도 못했으니까요. 노면전차 레일 정도만 봤죠. 그래

전동차에 대한 검사와 정비 모습

서 모여 식사를 하거나 술을 같이 하더라도 같이 이야기하면 서로 공부가 되죠. 제가 아까 얘기한 곡선반경을 왜 고려해야 하는지 처음부터 알았겠습니까? 제가 철도청에서 오신 분들과 식사하고 이야기하면서 "곡선반경은 왜 필요한 겁니까?"라고 물으면 "열차 길이가 20m인데 커브 곡선이 없으면 그게 어떻게 돌겠냐?"라고 하면서 하나하나 아는 대로 설명해 주었죠. 또 열차 밑의 바퀴가 8쌍인데 그 바퀴 사이의 간격이 아주 중요해요. 어떤 바퀴는 고정이고, 어떤 바퀴는 움직이거든요. 그 바퀴 사이의 거리가 곡선반경에 큰 영향을 줍니다. 그런데 우리 같이 토목만 하던 사람들이 그걸 어떻게 알았겠어요?

저도 궁금했습니다. 기차나 지하철의 경우 차량의 바퀴를 보면 다들 일직선으로 되어있는데 저게 어떻게 곡선을 타고 돌 수 있을까 하고요. 그게 모두 고정된 것이 아니라 움직이는 바퀴들이 함께 섞여 있었군요.

앞뒤 바퀴는 곡선에 맞춰서 움직입니다. 그리고 뒷부분에 있는 바퀴는 고정되어 있어요.

1호선을 건설할 때 차량 전문가라면 어떤 분이 있었나요?

이상훈 씨가 계셨죠. 그분은 예전에 경전 노면전차 시절부터 차량 담당이었어요. 그래서 지하철로 왔던 거죠. 일본에서 지하철 차량 수입해서 들여올 때도 그분이 많이 관여하셨으니까 잘 알죠. 물론 노면전차 차량과 지하철 차량은 또 달라요.

선생님께서 담당하신 3공구 설계업체는 어디였죠?

남대문구간 콘소시엄이었습니다. 업체들이 콘소시엄을 만들었죠. 신흥, 미림, 대한콘설탄트, 대한기술공단이 함께 했어요. 그리고 시공은 동아건설이 했고요. 이렇게 해서 감독까지 삼자가 혼연일체가 되어야 하죠.

설계-시공-감독의 삼자가 혼연일체가 되어야 한다는 거네요.

이게 루틴하게 기존대로 하던 일이면 그냥 시방서대로 하면 되죠. 그런데 처음 하는 일이니까요. 생각이 나네요. 한국종합의 양현승이라고 서울대 나온 친구가 있어요. 그 친구가 토질기술사 제9호거든요. 안상영 씨랑 서울대 동기동창이죠. 그래서 그 친구에게 흙에 관해서는 정말 많은 자문을 받았어요. 물론 저도 나중에 지하철공사에서 기술이사까지 했죠. 지하철에서 10여 년 있다가 보면 전동차 바퀴 굴러가는 소리만 들어도 대충 알게 됩니다. 어디 기차 타고 가다가 보면 바퀴 소리가 이상하면 '이거 바퀴 삭정削正 (Wheel turning)이 잘 안되었구나.'하고 느끼죠. 그런데 토질은 그야말로 전문 분야잖아요. 그 친구에게 정말 많이 배웠어요. 지금도 가끔 연락하고 지내요.

그럼 1호선 숭례문 구간 설계 콘소시엄에 참여한 업체들이 신흥, 미림, 대한콘설탄트, 대한기술공단, 그리고 흥인문 구간 설계 콘소시엄에 참여한 한국종합기술개발, 유신특수설계, 동명, 동성, 이렇게 모두 8개 회사가 당시로서는 그야말로 우리나라 대표 업체였다고 할 수 있겠네요.

대표선수죠. 그때는 그 회사들 빼고 어디 불러오라고 하면 어디 부탁할 데도 없었다니까요. 설계-감독-시공사가 혼연일체가 되어서 서로 모르는 것들을 도와가면서 개척해 나갔던 시기였어요. 처음 하는 일인데 방법이 뭐가 있겠어요? 그리고 대부분 서로 아는 사람들이죠. 지금도 그렇겠지만 시공사에는 우수한 인력이 꽤 있었어요. 설계 쪽에도 우수한 인력들이 있었고요. 시공사에서 뭘 하다가 잘 모르겠으면 설계사에 전화해서 이건 어떻게 하는 거냐고 직접 묻는 사이였죠.

숭례문 앞에서 중장비들이 공사하는 모습

1호선 당시 '처음 하는 일'이라는 점에서 두렵다는 감정을 느낀 적은 없으셨나요?

토목의 경우는 완전히 다른 일은 아니니까 전혀 모르는 일을 한 것은 아니죠. 땅을 파고 무너지지 않도록 흙과 물을 막는다는 것은 단순한 일이거든요. 거기에 라면박스 모양의 구조물을 앉히면 되니까요. 다만 처음 하는 일이다 보니 어떤 일이 벌어질지 모르는 데서 오는 두려움이나 걱정은 있었던 거죠.

1호선 건설할 때 문화재관리국에서 숭례문의 안전을 위해서 방진코르크를 시공해 달라고 했다고 하더라고요.

문화재 보호 측면에서 나름대로 고민했던 겁니다. 물론 설계 단계에서도 고려를 했을 것이고요. 문화재관리국 입장에서도 그런 일이 처음이었거든요. 전동차 운행 시 발생하는 진동이 계속 발생하니까 대책을 강구해 달라고 요청한 거죠. 제일 쉬운 게 방진패드나 방진매트를 사용하는 거니까 일단 그걸 요구한 거죠.

문화재관리국에서는 당시 숭례문의 경우는 방진코르크 시공을 요청했고, 흥인지문의 경우는 안전거리 확보를 요청했더라고요.

맞아요. 그랬어요. 그런데 애초 결정한 노선을 돌아갈 수는 없으니 원래 설계대로 했던 겁니다. 다만 우리도 문화재관리국의 취지를 이해하니까 신중하게 공사를 진행했죠. 문화재 보호에서 제일 기본이 되는 게 안전거리를 확보하는 것이죠. 역설적이지만 예전에 노면전차 다닐 때 진동이 더 컸어요. 지금도 그렇지만 숭례문이나 흥인문의 경우 진동은 노면 교통수단의 영향이 더 커요.

이명박 시장기에 대대적으로 청계천을 정비할 당시 조선시대 유적과 유물들이 공개된 적이 있습니다. 지하철 공사하면서 그런 것들을 보신 적은 없나요?

딱 한 군데 기억이 나요. 화신백화점 앞에서 종각 종루를 받치는 주춧돌이 거기 있었어요. 지금의 종각은 원래 자리에서 약간 이전한 거잖아요. 그리고 화신백화점 건너편에서 땅을 파다가 무슨 도자기가 나왔다고 해서 문화재관리국에 신고하는 걸 옆에서 본 기억도 있어요. 그게 문화재인지 뭔지는 저도 잘 모르겠어요. 아무튼 신고한 걸 본 적이 있어요.

1971년에 땅을 파기 시작해서 1974년에 개통했는데요. 그 3년 사이에 건설장

비의 변화가 있었나요?

큰 변화는 없었어요. 다른 분야의 장비는 모르겠어요. 어쨌든 토목공사 장비는 크게 개선된 것이 없었어요. 포클레인, 크레인, 불도저, 천공기 정도죠.

1호선 건설 사진을 보다가 등짐으로 흙을 퍼 나르는 모습도 있더라고요.

동대문에서 신설동 쪽으로 공사하다가 보니까 '새까만 뻘'이 나왔어요. 기계로 밀리지가 않더라고요. 그래서 등짐으로 퍼 나른 거죠. 그때 아주 유명한 이야기였죠. 그런데 그 토층이 1~2m밖에 되지 않아서 그렇게 처리할 수 있었어요.

시운전 중인 지하철 1호선 전동차(1974년)

1974년 4월에 시운전을 개시하는데요. 그러면 시운전 때부터는 감독 업무가 종료되나요?

시운전에 들어가도 지상에서 해야 하는 남은 작업들이 소소하게 많아요. 아무튼 준공될 때까지 현장감독 업무는 계속됩니다. 토목공사라는 게 콘크리트 구조물 앉히는 것으로 끝나는 게 아니거든요. 예를 들면 개착한 도로의 포장 같은 것도 남아 있거든요. 그런 게 다 마무리되어서 준공될 때까지 일은 계속 있어요.

안전에 대한 인식 변화

이번에는 다른 질문을 드릴게요. 3·4호선 개통 당시의 신문에 실린 관계자 인터뷰를 보니까 "신공법인 NATMNew Austrian Tunneling Method[5]이 우리 기술로 정착되었다."라고 하면서 "현저동 사고에 대해서는 유감으로 생각하고 있다."라고 안타까운 마음을 표현하고 있더라고요. 당시 시점에서도 3~4년 전이었잖아요. 그런데도 언급할 정도였으니 큰 사고였다고 할 수 있을 것 같습니다.

아이러니하게도 현저동 사고가 우리 건설공사에서 안전에 대한 인식을 바꿔줬어요. 그 당시 11명이 목숨을 잃었거든요. 그때의 희생

5 NATM는 20세기 초반 오스트리아에서 개발된 굴착 방법이다. 알프스산맥 지역에서 철도 터널을 건설하는 데 사용되었다. 폭파를 최소화하고 지반을 보호하는 방식이다. 터널 내벽을 보강하고 안전성을 확보하는 방식으로 지반 조건이 어려운 경우에 유용하게 사용된다.

과 교훈이 수백 명의 목숨을 구했을지도 몰라요.

1982년 언저리부터 큰 사고가 이어지더라고요. 현저동 사고가 제일 컸고요, 반포에 있는 강남성모병원 뒤쪽의 터널도 무너졌고요.

터널공사를 하다가 보면 그런 사고는 비일비재합니다. 서소문 지하철공사장 붕괴사고도 좀 큰 편이었고요. 관련자들이 매번 국회에 불려가 청문회 참석하느라고 정신이 없었어요. 국회 상임위원회에 맨날 불려 다녔어요. 미리 답변에 대해 예행연습을 하고 가도 매번 국회의원들에게 혼나고 왔어요.

이번에는 안전사고 문제에 관해서 질문을 드릴게요. 1호선의 경우에도 소소한 사고가 신문기사에서 보이더군요. 가령 1972년 1월에는 종로 YMCA 앞에서 흙더미가 붕괴된 사고가 확인됩니다.

그건 토류판을 제때 끼우지 않아서 그래요. 또 그 뒤에 있던 하수도나 상수도가 새는 경우에 흙이 빠져나와 그런 경우도 있죠. 청진동에서 있던 일이 기억나네요. 어느 날 시공사 공사과장이 저보고 그러더라고요. "감독님, 가로수 하나가 없어졌어요!"라고요.

가로수가 땅 밑으로 사라진 건가요?

그래서 무슨 소리냐고 물었더니 2~3m 정도 크기의 가로수가 땅으로 꺼졌대요. 그래서 같이 가보았더니 흙이 빠져나가 동공이 생기면서 푹 꺼진 거죠. 요즘 싱크홀 문제가 종종 보도되잖아요. 아무튼 그런 일도 있었어요. 제가 아까 말씀드렸듯이 지하철 공사는 결국 흙과 물을 다스리는 싸움입니다. 일단 말뚝을 박으면 그 주변에 싱크홀들이 생길 수 있거든요. 그거 찾아서 메우는 것도 큰일이었죠.

미국이나 해외 사례를 보면 대형사고를 실제로 경험하면서 사후에 안전사고에 대비하는 법도 만들어지고 각종 방지장치도 보완되고 그러더군요. 당시 지하철 공사의 작업 환경이나 문화는 어땠나요?

요즘 말로 하자면 안전불감증이 심했죠. 제가 현장감독 일을 나가고 며칠 되지 않아서 일본에서 강재가 들어왔어요. 그런데 크레인으로 그 강재를 옮기다가 놓친 거예요. 그래서 밑에 있던 인부가 즉사했어요. 지금은 안전책임자가 옆에 붙어서 그 상황을 관리해줘요. 당시에는 그런 제도나 문화가 없었죠. 그래서 감전으로 죽는 경우도 많았어요. 지하철 공사에서 추락사 보도는 대개 감전사일 가능성이 높아요. 실족도 있지만요. 감전이 되면 순간적으로 팽 돌면서 추락하거든요. 지하의 작업환경을 이해할 필요가 있어요. 물이 양쪽에서 줄줄 떨어지거든요. 그런데 조명을 밝혀야 하니까 전기선이 지나가죠. 얼기설기 뻗어 있는 겁니다. 그러니 어디서 누전이 발생할지도 모르는 상황이라고요. 또 용접한다고 고압선도 끌어오거든요. 지하에서 용접할 때 대개는 220V로 하거든요. 그런데 주변에는 항상 물기가 있어요. 그리고 인부들이 그런 환경에서 버팀보에 올라가서 작업하다가 순간적인 감전으로 그런 일들을 당해요. 순간적인 감전 쇼크로 인한 거죠. 그런 일이 허다했죠.

요즘은 관련 재해법이나 방지법이 마련되었죠. 특히 현저동 사고 후에 그런 보완조치가 대대적으로 이뤄졌어요. 또 안전시공이란 개념이 법 정비 이전에 머릿속에 깊이 인식되기 시작했고요. 중요한 게 뭐냐면 결국 돈입니다. 안전시공을 위해서 돈을 얼마나 더 투자할 것인지의 문제죠. 안전사고나 일반재해나 결국 그것과 연결이 되는 겁니다. 그런데 현저동 사고 이전만 해도 그런 것에 돈을 쓴다는 것을 낭비라고 여겼어요. 그게 문제였죠. 비로소 현저동 사고 후에야 정책입안자나 업계에서도 안전을 중시하게 되었죠. 하지만 아직도 안전에 관한 법이 우리나라는 부족해요. 요즘 안전재해법이니 뭐니 한참 정비한다고 하는데 더욱 철저히 할 필요가 있어요. 그래서 사람은 뭐든지 거쳐야 그만큼 성장하는 겁니다.

미국이나 유럽도 댐공사 등의 큰 공사를 추진할 때 남미나 아프리카 인부들을 쓰면서 "사람을 갈아 넣은 공사였다."라는 비판이 나올 정도로 심했더라고요.

옛날 미국도 TVA(테네시강유역 개발공사)에서 테네시강 계곡 공사할 때 수천 명이 죽었거든요. 지금은 그렇지 않겠지만 예전에 그랬죠. 우리 같은 경우에는 특히 현저동 사고 후에 완전히 바뀌었죠. 일단 안전에 돈을 투자하기 시작했어요. 예전에는 그런 돈도 기술도 없었겠지만, 3호선이나 4호선 건설할 때는 지반이 약하거나 지하수가 많은 경우에는 완전히 콘크리트로 차수벽을 만들었거든요. 그러니까 흙 무너지지 말라고 토류판을 끼우던 종로선 건설 시절과 비교하면 훨씬 더 안전하죠.

대신에 공사비가 엄청나게 올라가죠. 고가의 공법이 곧 투자인 거죠. 그게 현저동 사고 이후에 나온 변화입니다. 제가 서울시에서 2

호선 건설하다가 1981년에 지하철공사로 가면서 3호선과 4호선 건설을 담당했잖아요. 그런데 1982년 4월에 현저동 사고가 나죠. 저는 사고 나기 전에도 안전 시공을 위해 여러 제안을 했어요. 그런데 비용을 보고 나서는 "무슨 소리냐!"라고 다들 그랬다고요. 아이러니하지만 어떻게 보면 현저동 사고로 숨진 십여 명이 향후 수백 명의 목숨을 건졌다고 말할 수도 있어요.

실제로 보면 그 사고 후에도 현저동보다 더 나쁜 악조건에서 추진한 공사가 많았어요. 종로3가도 토질이 엄청 좋지 않아요. 그런데도 4~5층 건물 바짝 앞으로 땅을 팠다고요. 그게 어떻게 가능했냐면 완전하게 차수벽을 치고 공사를 진행했기 때문입니다. 만약에 현저동 사고 이전과 같은 분위기 속에서 종로3가 공사를 진행했다면 더 큰 사고가 났을지도 모르는 일입니다. 저는 그 일련의 상황을 경험했기 때문에 그렇게 확신합니다.

안전사고의 처리는 어떻게 하나요?

일단은 시공사 책임이죠. 하지만 설계단이나 우리 감독기관 모두 함께 수습에 나섭니다. 인사 사고의 경우는 반드시 경찰서에서 나와 현장조사를 해요. 그리고 현장소장이나 공사과장을 입건하죠. 그때는 산재보험도 제대로 되어 있지 않을 때였는데 보상을 어떻게 할 것인가 합의해서 끝내죠.

서대문구 현저동 사고 현장을 방문한 박영수 시장(1982년)

합의 과정에 지하철건설본부는 개입하지 않나요?

개입하지 않죠. 모든 책임은 시공사 측에 있죠. 왜냐면 설계도면을 보고 이것은 도저히 시공할 수 없다고 판단되면 시공사 측에서 이의 신청을 하거든요. 가령 설계를 이렇게 고쳐달라고 요청할 수 있어요. 당시에도 그런 제도는 있었어요. 그런데 그런 과정 없이 시공에 들어가서 안전사고 등이 난다면 모두 시공사 측이 책임을 져야 하죠.

1973년 8월 기사를 보니까 종로2가 시공과정에서 평화건업사의 토목기사가 공사비를 횡령해서 도주했다고 하더군요. 그건 선생님 같은 주감독이 관리할 업무인가요?

그건 시공사 안에서 해결해야죠.

새로 도입된 다양한 공법들

건설장비를 비교해 본다면 1호선과 2호선 공사를 비교하면 뭐가 달라졌나요?

조금 현대화되었죠. 그리고 각 시공사에서는 한번 종로선에서 건설해 봤으니까 경험 있는 직원들이 현장에 투입되었죠. 물론 2호선까지만 해도 공법상으로는 크게 바뀐 것은 없었어요. 다만 공정 중에서 방수공법이 조금 바뀌었죠. 1호선 때에는 일반 건물에 방수하듯이 아스팔트를 끓여서 루핑roofing 작업을 12겹으로 했어요. 아스팔트를 끓여서 그 위에 루핑을 바르고 그 위에 다시 아스팔트 끓여서 붓고 루핑을 바르는 작업을 반복했죠. 그걸 12겹, 즉 12층 방수를 하는 거죠. 지하철 1호선 방수는 그런 식으로 했어요.

그런데 그게 단점이 있어요. 굳어버리면 연성延性이 전혀 없어요. 만약에 돌멩이 하나만 떨어져도 금이 쫙 간다고요. 그래서 방수막을 보호하려고 그 위에 모르타르mortar를 바르고 벽돌을 쌓죠. 그런데 1호선 때는 개착식이니까 파낸 흙을 메우고 도로를 다시 복구해야 해요. 박은 말뚝을 뽑아야죠. 문제는 뽑을 때 흔들면서 뽑으니까 돌들이 아래로 떨어지더라고요. 그러니 어떻게 되었겠어요? 기껏 방수를 했는데도 1호선에 물이 줄줄 새는 겁니다.

12겹이나 방수를 했는데도 그렇게 되어 버렸네요.

그런데 2호선 때는 새로운 방수재가 개발되었어요. 고무재였죠. 아주 부착력이 좋은 게 나왔어요. 미국 제품인데 우리나라에 들어왔죠. 그런데 좀 이따가 젊은 사람들이 모여 만든 광화문의 어떤 회사에서 우리도 개발해보자고 해서 성공했어요. 그래서 2호선 초기에는 미국 제품을 조달청을 통해 구매해서 사용했고, 약 1년 뒤에는 유사한 국산 제품을 사용했죠. 그 뒤로 더 연성이 큰 제품들이 연이어 개발되면서 3·4호선과 제2기 지하철에 사용했어요. 그러니까 1호선과 2호선의 차이라면 방수재의 개선을 들 수 있죠. 고무재를 소재로 한 러버라이즈rubberize 방수공법[6]을 도입한 게 컸죠. 그리고 여타 토목공사의 공법은 별다른 변화가 없었지만, 그래도 장비가 일부 현대화되면서 차수벽 설치가 가능해짐에 따라 안전시공에 큰 도움이 되었죠.

안전시공이란 측면에서 차수벽 도입은 획기적인 거네요.

안전시공이란 관점에서 보면 정말 그렇죠. 그리고 2호선의 경우는 노선에 터널이 별로 없었기 때문에 NATM 터널 굴착공법은 아직 도입하지 않았어요.

다른 분들의 이야기들 들어보니까 그 공법은 주로 3·4호선에서 바위층에 터널

6 건축 및 건설 분야에서 사용되는 방수 기술 중 하나로, 고무화된 방수재료를 사용하여 건축물의 표면을 방수하는 과정을 말한다. 이 방법은 주로 지붕, 기초, 벽면 및 지하 공간과 같은 다양한 부분에서 누수를 방지하고 내구성을 향상시키는데 활용된다. 이 방수공법에서 사용되는 주요 재료는 일반적으로 고무나 폴리우레탄과 같은 고무화된 물질이다. 이러한 물질은 탄성이 뛰어나고 내구성이 있어 다양한 기후 및 환경 조건에서도 효과적으로 작동한다.

을 뚫을 때 쓰던 방식이라고 하더라고요.

맞아요. 반면에 2호선은 서소문 터널도 일반 재래식 터널 공법으로 했을 겁니다. 낙성대 터널구간도 재래식으로 뚫었죠. 왕십리에서 한양대 가는 터널도 아마 재래식으로 했을 거예요.

2호선은 강남 지역도 있잖아요. 건설 당시에는 아직 본격적인 개발 전이라 큰 건물도 없어서 편하게 하셨겠다는 생각이 듭니다.

일단 공정은 똑같이 했죠. 큰 건물은 아직 들어서지 않았지만 하수박스도 있고 하거든요. 말뚝 박고 토류판으로 흙무너짐 방지하고, 다 했죠. 테헤란로에서는 하수박스를 건드려서 난리가 나기도 했어요. 그래도 1호선을 한번 해 봤기 때문에 2호선은 상대적으로 쉬웠다고 봐야죠. 일단 지하철 공사의 애로사항은 거의 비슷해요. 흙 무너지는 거 잘 막고, 지하수 잘 다스리는 거죠. 제 경험으로는 신림사거리에서 신대방으로 하천 제방을 따라가는 공사가 어려웠어요. 신림역까지는 지하로 가다가 그다음부터 지상으로 올라가잖아요. 신림천 제방을 따라가면서 점점 더 주택가와 가까워지거든요. 주택지에 영향이 있을까 봐서 조심스러웠죠. 보상 문제도 대두했고요. 어려웠어요.

거기서 더 가면 구로, 합정 쪽으로 가죠. 그럼 결국 당산철교 문제가 나오더라고요.

그렇죠. 결국 당산철교의 문제도 토목구조물의 설계·시공 기술이 발전해 가는 과정의 일부였다고 생각합니다. 당시에는 철강산업이

공사가 마무리 중인 당산철교(1983년)

발전이 일천했죠. 원자재 공급은 원활했지만 철강 구조물의 제작·검사 기능을 체계적으로 할 수 있는 공장이나 전문기능공들이 부족했던 걸로 기억해요. 특히 철강 용접구조물 같은 경우에는 제작·설치 공사가 취약했던 부분이었습니다. 모든 시설이 완비된 공장에서 기계적인 용접과 검사를 거쳐야만 했는데, 일부는 현장에서 제작·검사하는 등의 미비한 점이 있어서 문제가 발생한 것으로 알고 있습니다. 그러했던 당시의 미비점을 보완해서 설계·시공했던 동호철교나 동작철교는 아무런 문제가 없죠.

기술과 인력의 수준 향상 과정

2호선 건설 때 주요 슬로건이 '우리 자본, 우리 기술'이었습니다. 건설은 확실히 국내 기술로 했습니다. 그렇다면 토목 이외에 차량과 신호통신 기술 같은 건 어땠나요?

차량 같은 경우에는 대우랑 현대에서 공급했죠. 대우차량이 기득권을 가지고 있었고, 현대차량이 후발주자로서 지분을 늘리려고 하는 상황이었던 걸로 기억해요. 일단 2호선에서 거의 국산화 단계에 왔죠. 차량신호는 자동화 방식에 따라 ATC Automatic Train Control[7]랑 ATS Automatic Train Stop[8] 방식 등이 있었죠.

1980년대 초반에는 여전히 장비나 자재의 국산화가 어려운 실정이었나요?

포클레인은 국내에서 생산하기 시작했죠. T-4 천공기는 국내 생

7 ATC (Automatic Train Control)는 열차 운행을 자동으로 제어하는 시스템이다. 열차의 위치, 속도, 및 안전을 실시간으로 모니터링하며 안전한 간격을 유지해준다. 자동으로 신호를 제어하고 열차의 운행 속도를 최적화하여 충돌을 방지하며, 긴급 상황 시에는 자동으로 비상 정지를 수행한다. 또한 통신 기술과 데이터 교환을 활용하여 열차 간의 거리를 조절하고, 효율적이고 안전한 철도 운행을 지원한다. 이러한 시스템은 안전성과 효율성을 높이고 운전사의 업무를 보조하는 핵심 기술로 인프라 전반에 적용되고 있다.

8 ATS (Automatic Train Stop)는 철도 운행에서 안전을 강화하기 위한 제어 시스템이다. 특정 구간에서 기차의 속도를 자동으로 제어한다. 허용 가능한 최대 속도를 정하고, 이를 초과할 경우 자동으로 비상 정지 신호를 발생시켜 기차를 정지시킨다. 주로 역이나 복잡한 구간에서 사용되며, 비상 상황에서 충돌을 예방하고 안전한 운행을 보장한다. ATS는 기차 운전사의 조작과 연계하여 열차 간의 안전한 간격을 유지하며 철도 시스템의 안전성을 높이는 역할을 한다.

산이 없으니까 수입에 의존했죠. 물론 나중에는 수준이 올라갔죠. 시공사도, 감독관청도, 설계감리 회사도 모두 전반적으로 기술이나 수준이 올라갔어요. 많이 경험하고 지켜봤으니까요. 심지어 공사현장이 무너지는 것도 봤으니까 그만큼 수준이 올라간 거죠.

하기야 선생님께서는 1971년도에 등짐으로 흙을 퍼 나르던 시절부터 지켜보셨으니까요.

제가 볼 때 안전 시공이란 관점, 구조물을 시방서 대로 튼튼하게 만드는 것, 그리고 지하철을 어떻게 운영해서 시민들에게 최상의 서비스를 제공할 것인가 하는 점에서 봐야 할 것 같아요. 안전 시공은 현저동 사고를 계기로 크게 개선되었던 거죠. 운영은 하다가 보니 자연스레 개선되었던 겁니다. 이제는 매표부터 차량 운선까지 완선 자동화 단계에 이르게 되었죠. 안내 체계도 확실히 좋아졌어요. 어디 외국에 내놓아도 부족함이 없을 겁니다.

네, 오랜 시간 면담해 주셔서 감사합니다. 인터뷰는 이것으로 마치겠습니다.

박계병

1947년 서울시 종로구 예지동 출생
1967년 서울시 도로사업소 근무
1968년 한양대학교 토목과 졸업
1976년 서울시 건설국 치수과 근무
1978년 서울시 지하철건설본부 건설2과 건설계장
1980년 지하철건설본부 설계계장
1985년 도봉구청 건설국장
1986년 서울시 상하수국 치수과장
1989년 서울시 도시개발과 과장
1990년 서울시 지하철건설본부 설계감리실장

면 담 자 이연식(일본 소피아대 외국인연구원)
면담주제 제1기 지하철 건설과 공무원
면담일시 2022년 12월 28일(1차)·2023년 1월 4일(2차)
면담장소 대한콘설탄트 회장실(1차)·(2차)

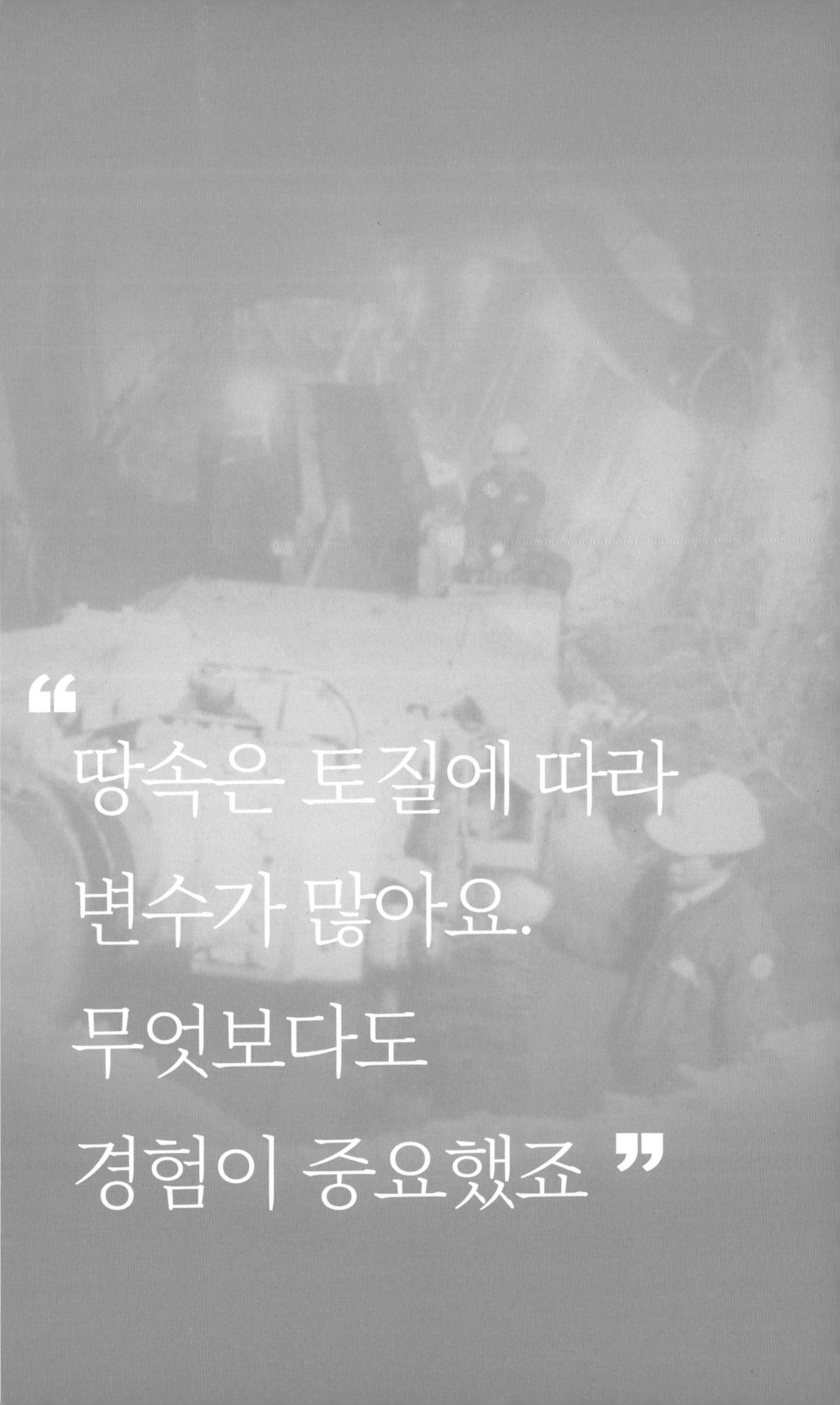

“땅속은 토질에 따라
변수가 많아요.
무엇보다도
경험이 중요했죠”

지하철본부와 인연을 맺다

이번 면담은 '서울의 지하철 건설과 공무원들'이라는 주제로 실시하는 서울역사편찬원의 구술채록입니다. 오늘은 박계병 선생님을 모셨습니다. 선생님께서는 1967년 서울시에서 근무를 시작하셨고, 1978년 지하철본부 건설계장, 설계과장, 1986년 상하수국 치수과장 등을 지내셨습니다. 우선 서울시 지하철 건설 당시에 대해서 말씀 부탁드리겠습니다.

제가 1978년 1월 1일 지하철본부로 발령이 났어요. 그때부터 시작해서 지금까지 온 거죠. 계장으로 발령이 났죠. 저 같은 경우에는 젊은 편에 속했어요. 저보다 나이 많은 직원들도 좀 있었어요. 그래서 처신도 더 조심해야 하고 그랬어요. 결국에는 '일로 승부'하는 수밖에 없었어요.

상대적으로 직급에 비해 나이가 젊었군요.

그렇죠. 그저 남보다 성실하고, 조금 빠르게 판단하고, 조직적인 게 몸에 배어 있어야 했죠. 제가 그렇게 지하철본부 건설2과의 건설계장으로 갔습니다. 그때 2호선 교대역 구간을 맡았어요. 당시는 허허벌판이었죠. 법원 건물도 들어서기 전이죠. 테헤란로에 건물이 하나도 없을 때였어요. 방배동 쪽으로 내려오면 더 심했죠. 그런데 거기서는 공사하다가 사고가 났어요. 원래 흙과 물은 서로 원수지간입니다. 흙이 물을 먹으면 못 견디거든요. 아주 상극관계에요. 교대 공구도 지반이 물을 먹으면 배수를 못하는 점토질이었어요. 토압이 중력으로 인해 위에서 아래로 작용하니까 흙이 빠져나오는 바람에 땅이 푹 꺼졌어요. 다행히도 주변에 건물은 없었어요. 그런데 상수도관이 하나가 있었어요. 그 주변 사람들 다 그걸로 물을 마셨죠. 그때 그 관이 터질까 봐 엄청 긴장했어요.

지하철 건설 현장 모습(1980년)

지하철 공사는 지하 매설물 건드리는 게 참 무섭죠. 큰 사고로 이어질 수 있으니까요.

역설적으로 좋은 경험이었다고 할까요? 나중에 생각해보니까 선로방향으로 경사를 두어 굴착하는 순서대로 했으면 별일 없었을 텐데 어느 한 군데를 너무 깊이 파서 물이 고였던 거죠. 이런 문제가 생길 수 있다는 걸 경험으로 배웠죠.

1호선 종로선 공사 초기 때만 해도 지하상가를 못 만들게 했다고 알고 있습니다. 그런데 2호선 때는 적극적으로 지하상가를 조성하더라고요.

맞아요. 잠실역, 강남역의 상가들이 그랬죠. 그게 다 공개모집으로 추진한 겁니다. 잠실은 동아, 강남은 대우에서 했죠. 그런데 민간회사가 지하철 건설에 참여하려면 지하철 건설 실적이 있어야 해요. 서울

지하철역과 함께 조성된 지하상가(1980년)

시도 유리하죠. 역사를 짓는 비용도 상가를 만드는 김에 같이 부담하라고 하면 되니까요. 그래서 이제 대우가 지하철 건설에 참여하게 되었죠.

이야기를 들어보니 대우가 1977~1978년 무렵부터 지하철 건설에 비상한 관심을 보이더군요.

당시 대우에는 유능한 기술자들이 있었거든요. 유태성 씨가 있었죠. 그분이 박사죠. 미국에서 경력도 있었고요. 그분이 오면서 타당성 조사를 미국의 카이저 회사[1]에 맡겨서 받아놓았어요. 그리고 이제

1 카이저 그룹은 1914년 헨리 카이저(Henry John Kaiser)가 세운 도로포장업체로 출발하였다. 카이저 인더스트리스(Kaiser Industries Corporation)가 지주회사로 있다. 알루미늄, 시멘트, 철강, 조선업, 건축업 등을 주력 사업으로 하고 있다.

대우가 주도해 민간회사들을 모아서 3·4호선을 건설하려고 했죠. 유태성 박사가 그런 역할을 했어요. 그분이 후에 대우엔지니어링을 차렸죠.

그렇군요. 그리고 선생님은 지하철건설본부로 오셔서 교대 공구에서 좋은 경험을 하셨던 거네요.

물론 사고니까 좋은 경험은 아니죠. 개인적으로도 좋은 경험이라고 누구에게 말할 수는 없죠. 어디를 한꺼번에 많이 판 뒤에 오래 두면 거기가 취약해져서 먼저 나가버리죠. 그래서 선로방향 양쪽에 경사를 지게 해서 지반을 살살 안정시키면서 해야 하죠. 한꺼번에 파는 것은 절대로 못 하게 해야 해요. 그래야 안전하게 공사를 하죠. 양쪽에서 토압으로 밀려오는 현상을 막아야 하는 거죠. 어쨌든 그렇게 1년여 동안 현장에서 감독하다가 1980년 무렵에 지하철 설계계장을 맡았어요. 당시 2호선에 남은 구간이 강북 구간이랑 왕십리 구간이었어요.

어려움이 많았던 이대역 설계

2호선은 4번에 나눠서 부분 개통을 했던 걸로 알고 있습니다.

맞아요. 단계별로 했죠. 저는 왕십리 구간과 강북 구간 전체 설계를 맡았어요. 그리고 또 하나가 이대역 설계였죠.

이대역 에스컬레이터

이대역은 땅속으로 아주 깊은 역이지요.

맞아요. 덕분에 아주 욕이 나왔어요. 최고로 깊었죠. 그게 고개 마루터기니까 심도가 깊어질 수밖에 없었어요. 그걸 설계해야 하는데 터널 계산이 참 어려웠어요. 그걸 수치로 해석하기가 당시만 해도 어려웠거든요. 유한요소법(Finite Element Method)[2]을 이용해 설계해야 하거든요. 그걸로 구조물이 받는 힘을 수치로 산출하는 거죠. 그런데 문제는 그게 정확한 지 여부를 판정할 사람이 없었어요. 게다가 워낙에 변수도 많았거든요. 지반 성질을 파악하기가 어려워요. 탄성계수이론으로 지질값은 일단 계산이 가능해요. 그런데 토질에 따라 변수가 많아요. 그래서 무엇보다도 경험이 중요했죠.

2 유한요소법은 편미분 방정식이나 적분을 이용해 근사값을 구하는 방법으로 복잡한 물리적 문제를 해결하기 위한 공학적인 계산법이다. 큰 시스템이나 물체를 작은 조각으로 나눠서 계산하기 쉬운 형태로 변환하는 방식이다.

변수가 많으니까 공학적인 계산이 어려웠네요. 당시 우리나라의 지질학회나 암반학회 상황은 어땠나요?

초기 단계였죠. 3·4호선을 건설하면서 본격적으로 터널공사에 NATM New Austrian Tunnelling Method 공법을 들여오기 시작했어요. 그런데 그것도 경험이 중요해요. 그 공법을 들여오면서 해외 엔지니어를 불러서 옆에서 하는 것을 봤거든요. 수치는 결국 컴퓨터로 처리하더라고요. 물론 실제 시공할 때 경험상 주의할 점도 이야기해주고요. 제가 외국에서 감리자들을 불러와 우리 현장을 많이 보여줬어요. 제2기 지하철도 그렇게 진행했거든요. 그게 많이 도움이 되었죠. 그러고 보면 이대입구역을 설계할 때는 정말 어찌 보면 참 막무가내로 설계한 거죠. 경험에만 의지하면서 말이죠.

거기는 길쭉한 에스컬레이터가 참 인상적이었어요.

공사하면서 라이닝 방수를 너무 잘했어요. 덕분에 수압을 못 견뎌 터지는 바람에 열차가 멈추기도 했어요. 터널은 어느 정도 물이 빠지게 해야 하는데 거꾸로 그렇게 된 거죠. 그런 사고가 몇 군데 더 있었어요.

왕십리 부근에서도 물구멍이 막혀서 사고가 났다는 기사를 본 적이 있습니다.

방수 처리를 하면서 물구멍을 죄다 막아서 생긴 거죠. 나중에 그 구멍을 뚫었더니 물줄기가 쭉 뻗어서 천장까지 올라갔다고 했죠. 그래서 열차 운행이 중단되었거든요. 그것도 지나고 보니 좋은 경험이었다고 할까요? 물론 조금만 더 조심했으면 사실 막을 수도 있는 일이기도 했죠. 어쨌든 자칫 놓치면 그렇게 일이 꼭 생기죠. 당시에 신문기자들이 모여들더니 원인이 뭐냐고 묻고 뭐 난리가 났었어요. 그럴 때는 그냥 솔직하게 말하는 게 편해요. 이건 터널의 물구멍을 막아서 수압이 꽉 차서 그랬다고 자세히 설명했어요. 일단 설득한 뒤에 그저 있는 그대로 사실만 써달라고 부탁하는 거죠. 제대로 설명해야 하는 겁니다.

악의적으로 크게 보도하지는 않았나요?

그때는 기자들이 그렇게 적대적이거나 그러지는 않았어요. 정부가 하는 일에 대해 그렇게 비판적인 기사는 쓰지 않았어요.

당시 신문기사를 보니까 1982년의 현저동 사고 이전까지는 그렇게 비판적인 기사는 없던 거 같더군요.

아마도 그런 사고가 생기니까 신뢰를 잃으면서 기사가 점점 더 세게 나왔던 거 같아요. 물론 공사하는 사람들이 욕심을 부려서 그런 일이 생기기도 했어요.

2호선 부분 개통 때마다 전두환 대통령이 빠짐없이 계속 시승하더군요. 혹시 시승하면서 빨리 완공하라는 압박은 없었나요?

그런 건 없었어요. 물론 요즘은 최소한 시운전을 한 달 이상해야 한다는 규정이 있는데 당시에는 그런 규정이 없었죠. 그리고 예전에는 아날로그 방식이라서 눈으로 보면 문제가 딱 보였거든요. 그만큼 유지보수랑 관리도 수월했죠. 그런데 지금은 다들 자동화랑 집적화가 되었잖아요. 어디가 고장이 난 것인지 당최 알 수가 없어요. IC칩이 많이 들어가 있거든요.

그럼 모듈을 통째로 갈아야 하잖아요?

그렇죠. 대개가 그래요. 주로 계전기繼電器가 그래요. 마그네틱을 일어나게 하는 장치들이죠. 그건 전류가 통해야 고장인지의 여부를 알 수 있죠. 그런데 죄다 IC로 집적되어 있으니 더욱이 더 알 수 없죠.

그럼 잠시 정리하면 교대공구에서 현장감독을 하시고, 다시 1980년도에 본부 설계계장으로 오신 뒤에 2호선의 남은 구간과 이대역 설계를 하신 거죠?

맞아요. 을지로 구간에 지하통로도 만들었죠. 당시에 공사비를 따져보니 구조물로 통로를 만드는 거랑 다시 흙으로 메우는 비용이 거의 비슷했죠. 그래서 조금만 메우고 한 층을 더 두기로 했어요. 지하 주차장을 계획했던 겁니다. 하지만 램프RAMP, 그러니까 진입로를 만들면 그 앞의 상가가 엉망이 되는 구조더라고요. 그래서 진입로는 접기로 했죠. 그 대신에 거기를 그냥 보행자 통로로 만들자고 해서 지금의 모습이 된 거죠. 민방위 시설도 필요했거든요. 시청에서 을지로6가까지 그게 쭉 이어지잖아요. 비 올 때나 더울 때 그 지하통로를 걸어보면 참 좋아요. 지하로 걷다가 필요할 때 지상으로 나오면 되잖아요. 여름에 에어컨도 나오고 참 좋아요. 겨울에는 따듯하고, 바람도 안 불고, 겨울철에는 운동도 부족하니까 을지로6가까지 한번 걷고 돌아오면 좋죠.

을지로 구간 지하상가 통로

지하공간을 말씀하니까 생각나네요. 지하철 관련 논문들을 발표 시기로 정리해 보면 그때부터 지하공간 활용에 관한 논문들이 갑자기 많이 나오기 시작하더라고요.

어차피 지하철을 만들 거라면 최대한 그런 공간을 만들면 비용도 절약되는 거죠. 지하철은 그 아래에 놓으면 되고요. 그 윗부분은 거기로 들어올 사람이 투자해서 조성하니까요. 그럼 예산도 절약되니까 좋죠. 그렇게 자연히 지하상가가 늘었죠.

1호선 건설 초기 때만 해도 지하공간 활용에 관한 논의는 없었던 것으로 알고 있습니다. 심지어 반대하는 여론도 많았고요.

그랬죠. 그런데 언제인가 정부에서 민방위 시설 확대 정책이 나왔어요. '지하 방공호'라는 개념인 거죠. 그 출발이 바로 회현동 지하상가입니다. 그때부터 민방공 시설로 개발된 거죠. 시청 앞에서 소공로 롯데백화점으로 가는 지하상가도 바로 그거예요. 종로선을 건설할 때만 해도 그런 개념이 없었죠. 그건 소공동 지하상가 조성 후에 진행되었으니까요.

그러면 2호선에서 선생님이 현장에서 관여한 곳은 교대 공구 하나인가요?

거기는 이제 현상에서 감독을 했고, 이대역이나 을지로 등의 강북 잔여 구간은 설계계장으로서 그걸 어떤 방식으로 만들지를 고민한 곳들이죠. 그 과정에서 을지로 지하보도 아이디어도 나오고 그런 거죠.

처음 시도한 공사나 공법이 많았던 걸로 알고 있습니다. 당시 엔지니어로서 한 번 도전해보고 싶다는 생각이 드셨나요? 아니면 리스크에 대한 걱정이 먼저 앞섰나요?

저는 한 번 해볼 만하다고 생각했어요. 지하철 역사驛舍 같은 거는 큰 문제 없겠지만 돈을 잔뜩 들여서 어떤 새로운 구조물을 기껏 만들어 놓았는데 아무도 관심을 보이지 않으면 어쩌나 하는 생각도 잠시 들기도 했죠. 하지만 비용을 따져보면 어느 쪽이든지 서울시에서는 손해 볼 것이 없었거든요. 그러다가 후에 3·4호선 건설이 민자로 병행되니까 그걸 따로 관리할 지도계指導係가 만들어졌어요. 애초에 3·4호선이 민자로 추진되었거든요. 서울시에는 그걸 통제할 부서가 아직 없었어요. 그래서 그거를 관리하는 지도계가 하나 더 생겼던 거예요.

서울시에 지하철건설본부라는 조직이 있었고, 민자로 지하철건설주식회사가 지하철 건설을 추진하도록 했습니다. 그런데 그 회사가 서울시 출연기관인 서울지하철공사로 전환되었잖아요. 그때 지하철건설본부에서 3·4호선의 설계나 발주까지 도와주었다고 알고 있습니다.

설계까지는 아니고, 다만 공구는 나눠주었죠. 설계나 발주는 지하철공사에서 했죠. 이미 지하철건설주식회사 시절부터 그쪽에도 설계팀이 있었거든요. 그 사람들이 아주 고생을 많이 했죠. 월남전이 끝나고 사우디 쪽에서 공사 일감이 엄청나게 나왔어요. 그러니까 건설 쪽 사람들이 선급금을 받았죠. 건설회사들은 중동에서 선급금이 들어오니까 다들 부자가 된 기분이었던 거죠. 그렇게 23개 업체가 해외에서 들어온 공사 선급금을 가지고 지하철 건설에 투자해 보겠다는 거였어요. 그런데 이제 해외공사가 부진에 빠졌던 거죠. 두 손을 들 수밖에 없었던 거예요. 그래서 할 수 없이 정부가 해결책을 제시한 게 공사체제로 전환하자는 거였죠. 해외공사가 망한 기업들이 이걸 어떻게 하겠어요? 그래서 공사체제로 바뀐 거죠. 당시 해외공사 계약 경험도 없고, 그걸 경험한 기술자도 얼마 되지 않던 때였죠.

그래서 지하철 3, 4호선 건설을 관리하기 위해서 지하철건설본부 안에 지도계라는 게 잠시 만들어졌다는 말씀이죠?

그렇죠. 그러다가 서울시 본청 교통국 안에 도시철도과를 새로 만들어 지도계 업무를 전부 가져갔죠. 예산이나 재정, 특히 차관 도입 문제도 있었으니까 당연히 본청 교통국에서 처리해야죠. 1984~1985년 정도였을 겁니다.

1985년에 1기 지하철이 완공되고 지하철건설본부는 1989년까지는 이제 할 일이 없었던 거죠?

맞아요. 1985년에 2호선 개통하고 나서 이제 1986년부터는 아시안게임과 올림픽을 해야죠. 거기에도 막대한 인력이 필요했거든요. 운동장도 건설하고, 부대 시설도 만들어야 했죠. 그래서 공백기에는 지하철 인력들이 전부 그런 곳으로 배치되었죠.

현저동 사고 이후 생긴 안전점검반

이번에는 안전 문제에 대해서 질문을 드리겠습니다. 안전점검반이 생긴 경위에 대해 알고 싶습니다.

1982년에 현저동 사고 후에도 지하철 공사 과정에서 사고들이 빈발했잖아요. 그래서 서울시 안에 이동 씨가 단장을 맡은 안전점검반이 생겼던 거예요. 서울시 T/F 조직으로 생겼던 거죠. 그러니까 지하철건설본부 안에도 그에 대응하기 위한 본부 내부의 안전점검반 조직이 만들어졌죠. 그래서 같이 협력해서 안전점검을 했던 거예요. 안전

점검에 걸리면 시장에게 직보가 되었죠. 걸리면 큰일 나는 거예요. 그러다 보니 우명규 지하철건설본부장과 이동 씨 사이에 좀 갈등이 생겨났죠.

건설 조직의 수장과 안전점검 부서장 사이의 구조적인 갈등이네요.

물론 그렇게 될 수밖에요. 이동 씨가 시정연구관을 하시다가 나중에는 종합건설본부장도 하고 지하철건설본부장도 하고 그랬죠. 고건 시장이 맡긴 거죠. 제가 보기엔 합리적인 분이었어요. 혹자는 깐깐하다고들 하는데, 그냥 바르게 일 처리를 하면 문제 될 건 없었어요. 꽤 합리적인 분이었어요. 건축 전공자니까 토목공사에 대해 잘 모르는 부분이 있기는 했어요. 물론 기술적인 부분을 잘 설명하면 존중해 주

1982년 발생한 서대문구 현저동 사고 현장

고 그랬거든요. 예전에는 설계심사가 있었어요. 설계심사관이 기획관리실장 밑에 있었거든요. 그걸 실제로는 이동 씨가 전부 관장했어요. 서울시 설계사업 심사에는 그분이 꼭 들어왔죠. 성심성의껏 설명하면 잘해보라고 그러셨어요. 그분이 막걸리도 잘 드셔요. 빈대떡집 가서 막걸리도 같이 하고 그랬죠.

건축이랑 토목이 다른 분야죠? 일반인들은 잘 모를 것 같습니다.

그렇죠. 다른 분야죠. 물론 건축도 토목이랑 비슷한 부분이 많아요. 대신 건축은 디자인을 포함해요. 예술의 영역도 포괄하니까 다른 부분도 있죠. 강홍빈 씨도 건축 쪽이죠.[3] 그런 케이스라고 봐야죠. 어쨌든 저는 편했어요. 이동 씨나 강홍빈 씨도 일을 가지고 이야기할 때는 허심탄회하게 기술적인 부분이나 정책적인 부분을 설명하면 진지하게 받아줬어요. 그래서 좋은 관계를 유지할 수 있었죠.

당시 이동 씨도 지하철에 관심이 많았다고 들었습니다.

그럼요. 한번은 지하철표를 어떻게 할지 함께 얘기한 적이 있어요. 처음엔 두꺼운 하드보드지로 했죠. 그런데 3·4호선에는 마그네틱 자동발권 시스템으로 결정되죠. 그게 다 차관으로 들어온 거였어요. 당시에 이동 씨가 "뉴욕은 모두 토큰으로 하는데 왜 그걸 못하냐? 개

3 강홍빈은 1945년생으로 서울시 행정1부시장을 지냈다. 부시장 재임기간은 1999년 8월 17일부터 2002년 6월 30일까지이다.

안전점검반의 점검 모습

찰에 드는 인건비만 해도 그게 얼마냐?"라고 하신 적이 있어요. 인건비가 포인트였어요. 지금도 지하철은 인건비가 많이 들죠. 1기 지하철은 차량에 2명, 2기 지하철은 차량에 1명, 신분당선은 무인으로 운전하고 있어요. 물론 기술적으로 요즘 나오는 차량은 전자동 무인운전이 가능해요. 그런데 노사 간의 합의 문제로 직원이 탑승하고 있는 거죠. 무인운전 가능한 차량임에도 불구하고 말이에요.

제2기 지하철 건설을 위해 꾸려진 준비단 직원들

1989년에 제2기 지하철 건설이 시작됩니다. 그런데 선생님은 그 당시 도시개발과장으로 근무하셨습니다. 그러다가 1년 정도 뒤인 1990년 지하철건설본부로 가시게 됩니다. 제1기 지하철 건설에 참여하셨던 다른 분들보다 약간 늦게 합류하신 것 같습니다.

제가 1989년 3월 봄에 도시개발과장으로 갔죠. 바로 그 무렵에 고건 시장이 오시면서 제2기 지하철 이야기가 나왔죠. 그해 정부에서는 '주택 200만 호 건설 프로젝트'가 진행되고 있었어요. 서울시에서도 참여해야 할 것 아닙니까? 그래서 도시개발과장 하던 사람이 거기로 끌려갔어요. 덕분에 과장 자리가 빈 거죠. 당시 김영수 도시계획국장이 저랑 일을 많이 했거든요. 그래서 저보고 오라고 했던 거예요. 그런데 그때 우명규 종합건설본부장이 다시 오면서 "2기 지하철을 건설해야 하니까 준비 차원에서 해외 시찰도 다녀오고 준비팀도 꾸려라."고 했어요. 그래서 2기 지하철 준비단도 꾸리고 해외시찰 출장계획을 세워 고건 시장의 결재까지 받았어요. 물론 거기 명단에 저도 있었어요. 그런데 정작 저는 못 가게 되었어요.

원래는 제2기 지하철 건설준비단 일을 맡기로 하신 상황이었군요.

맞아요. 제가 해외출장계획까지 세웠죠. 시장 방침으로 받아놓고 당시 15명 준비기획단원 멤버도 연락해서 다 꾸렸죠. 그런데 정작 저는 출장을 못 가게 되었어요. 왜냐하면 그때 서울시가 수서지구 문제로 한창 시끄러웠거든요. 정신이 없었어요. 수서지구, 우면산지구, 서울시가 몇 개 지구를 맡았거든요. 제가 방침까지 받아놨는데 갑자기 도시개발과장으로 발령을 받으면서 수서지구 민원인과 매일 같이 싸움하면서 시달리게 되었던 거예요. 다행히 지하철통인 김학재 씨가 미국 연수를 마치고 도시계획국장으로 오셨어요. 그래서 "저 좀 여기서 빼내 달라."고 했죠. 덕분에 도시개발과장에서 빠져나와서 지하철건설본부 설계감리실장으로 오게 된 거였어요. 1990년 9월 1일부로 왔지요. 그런데 그해 12월인가? 다음 해 1월인가? 수서사건이 크게 터졌던 거고요.

선생님께서 1990년 9월에 지하철건설본부로 갔을 때 상황은 어땠나요?

가보니까 3호선 연장구간과 5호선의 설계는 다 끝났더라고요. 그래서 저는 나머지 6, 7, 8호선의 설계계획을 세웠죠. 그때 잘 좀 해보려고 했는데 좀 어그러진 것이 있었어요. 바로 지하철과 버스의 연계시스템입니다. 지금 방화역에 가보면 주차장이 있어요. 거기에 버스 정류소도 만들었는데 버스업체가 이용하지 않아요. 기득권이 걸려 있어서 거길 이용하지 않는 거예요. 심지어는 대합실도 만들어주고 편하게 바꾸어 타라고 환승시설까지 만들어주었는데 말이에요. 정말 아쉬워요.

참조한 외국 사례가 있었나요?

홋카이도의 삿포로에 가보면 거기가 춥잖아요? 그러니까 거기는 버스가 전부 지하로 들어와요. 지하상가 끝에 가보면 버스터미널이 있다고요. 그걸 보고서 시범 케이스로 만들었거든요. 참 아쉬워요. 그걸 방화역에 주차장 특별회계 예산으로 설치했는데 실효를 보지 못했어요. 또 5호선 설계하면서는 잘못하는 바람에 어떤 곳은 멀쩡하게 지어놓고 다시 때려 부수기도 하고 그랬어요.

그래서인지 이야기를 들어보니까 그때 토목학회 쪽에서 설계결함 문제를 제기하기도 했다고 하더라고요.

그게 바로 방화역 사건이에요. 그건 설계자가 잘못한 게 맞아요. 물론 당시의 계산법이나 실제프로그램을 컴퓨터로 돌리려면 최소한 대학원을 나와야 할 수 있는 수준들이었어요. 아무튼 결국 일부 재시공을 하고 보완해서 마무리했지요. 물론 문제를 제기한 감사관에게도 말했어요. "당신이 더 잘 알 것 아니냐? 이게 우리 기술의 실태인데, 이런 부분은 일정 정도 양해해야 하는 거 아냐?"라고 말이에요. 제 의견을 말했죠. 당시 우리나라의 기술 수준을 알아야 한다고 말이에요.

6호선도 문제가 있다고 일부 보도가 되었더라고요.

실은 우리나라의 지적도가 잘 맞지 않아요. 구역마다 달라요. 그래서 부합하지 않는 구역이 반드시 발생해요. 요즘은 좌표로 모두 처리해서 나아졌지요. 하지만 예전에는 바늘로 찍어서 그 위에 지적을 입혔거든요. '불부합 지역'이 나와요. 그래서 문제가 발생하면 담당자가 징계를 먹지요. 마냥 그 사람 잘못만으로 볼 수 없는 것도 있게 되는 거지요. 근본적으로는 지적도가 지닌 문제점 때문이었죠.

고건 시장의 인터뷰를 보니까 서울의 기간 설비와 관련해 어떤 문제점이 제일 눈에 들어오셨냐고 물어보니까 지하 매설물에 관한 정보관리 실태를 개선해야 한다고 했더라고요. 지하에 매설된 공공설비에 관한 체계적 관리가 시급하다고 판단했던 것 같습니다.

맞아요. 그런 설비들은 매설심도가 정말 중요해요. 매설심도로 규정하는데 전선이나 케이블은 가령 60cm를 확보해요. 상수도관은 겨울에 동파를 막아야 하니까 동결 기피를 위해 1.1m 아래로 해야 하죠. 또 하수도관은 물이 흘러가야 하니까 제일 아래에 묻어야 해요. 굉장히 깊어져요. 그런데 흘러가다가 보면 하류로 가면서 하천바닥이 퇴적되어서 물이 잘 빠지지 않아요. 지하 매설물을 제대로 유지보수하려면 엄청난 비용이 들어갈 겁니다. 하상이 퇴적되면 준설을 해서 퍼내야 하는데 그렇지 않으면 물이 넘치게 되죠. 그게 굉장히 중요한 문제입니다.

제2기 지하철 건설과 새롭게 도입된 기술들

이번에는 예산과 관련된 질문을 드릴게요. 지하철 공사는 엄청난 예산이 들어가는 사업이잖아요. 서울시 예산과 지하철 공사의 명목공사비를 비교해 보니까 거의 절반까지 올라가던 시기도 있더군요.

그렇죠. 엄청난 돈이 들어가죠. 1호선 건설할 때는 여의도를 개발한 땅을 팔아서 지하철 건설에 쏟아부었죠. 강덕기 씨가 지하철 재원을 확보하느라 정말 고생 많이 하셨어요.[4] 그분이 1980년경에 지하철본부 차장으로 계셨거든요. 지하철 채권제도를 만들면서 재원확보를 할 수 있었죠. 그리고 지하철을 하려면 여러 공구에서 동시에 진행해야 해요. 설계원칙, 비용산출 방식이 똑같아야 하죠. 그걸 제대로 통제하지 않으면 어느 공구는 똑같은 공사에 더 많은 돈이 들어가게 되거든요. 그러면 곧바로 감사에 걸리죠. 그래서 그걸 강력하게 통제해야 하는데 그 일을 바로 설계감리실에서 해요. 모든 원칙과 기준을 설계감리실에서 작성하면 각 공구는 그것에 맞추어 진행하는 거죠. 지하철 공사는 그런 원칙과 기준을 만들어가는 과정이 어려워요.

제2기 지하철 계약은 턴키turnkey 방식이었어요. 당시 업체의 담합을 어떻게 없앨 것인가 하는 문제였죠. 말하자면 창과 방패의 관계죠. 그래서 턴키 방식을 도입하기로 했어요. 당시만 해도 우리 쪽의 요구조건이나 세부적인 조건은 아주 못 박아서 내야 했거든요. 그러면 관련 서류가 아주 두꺼워요. 서양에서 많이 쓰는 방식이죠. 그래서 제가 민간업자도 부르고, 재무부도 부르고 해서 턴키 방식 도입에 이의가 있는지 물었어요. 특히 7·8호선에는 턴키 계약방식으로 진행한 공구가 많은데 다른 곳과 비교하면 월등하게 뛰어나요. 민간경쟁을 시킨 거니까요.

4 강덕기는 1936년생으로 서울시 행정1부시장을 지냈다. 부시장 재임기간은 1994년 10월 22일부터 1995년 8월 5일, 1996년 12월 24일부터 1998년 6월 30일까지이다. 부사장 재임 중 1997년 9월 9일 조순 시장이 사퇴하면서 1998년 6월 30일까지 서울시장 직무대리를 지냈다. 직무대리 재임기간은 1997년 9월 10일부터 1998년 6월 30일까지이다.

기관사 없이 무인으로 운행하는 신분당선 지하철 모습

관에 있던 사람에게 맡기면 매번 그 틀에서 벗어나지 못해요. 가령 5호선에는 개찰해야만 그 안에서 화장실을 갈 수 있는 곳이 많아요. 그런데 턴키로 했더니 개찰구 안에도 화장실이 있고, 밖에도 또 화장실을 만들더군요. 필사적으로 새로운 아이디어를 내는 거지요. 8호선 가락시장역을 한번 가보세요. 그게 3호선 아래로 지나가야 하니까 깊이도 깊거니와 혁신적인 설비가 아주 많아요. GTX도 민자로 지금 하잖아요. 철도청에 맡겨서 한 것과 비교를 해보시면 잘 보여요. 민자로 한 것이 훨씬 나을 겁니다. 현재 서울의 지하철은 차량이며, 시스템이며, 모두 세계시장에 내놓아도 경쟁력이 상당해요. 지금 신분당선도 무인시스템으로 운행하잖아요.

철도와 1호선은 좌측통행인데, 나머지 지하철은 우측통행이잖아요. 물론 잘 모르는 사람들도 많습니다. 하지만 어떻게 보면 2가지가 섞여 있다는 점에서 본다면 언젠가는 해결해야 할 문제일지도 모른다는 생각이 듭니다.

그것도 조금만 머리를 쓰면 해결이 됩니다. 건설비가 조금 더 들겠지만요. 대륙계 철도는 다 오른쪽으로 다녀요. 영국 식민지였던 인도나 섬나라 일본 등 몇몇 나라만 왼쪽으로 다니죠. 현재 1호선과 다른 노선의 방향이 다르죠? 우리도 2호선을 건설하면서 통상 대륙계는 우측통행이 많으니까 우측으로 결정했죠. 게다가 요즘은 신호체계도 발전해서 양방향으로 전환이 가능해졌어요. 경부고속철도의 경우도 양방향으로 가능하게 되어 있어요. 중간에 고장이 난 차량이 앞에서 선로를 막고 있다면 뒤로라도 가야만 하는 일이 생길 수 있거든요. 예전에는 철도가 맨 앞의 차량이 끌고 갔죠. 디젤기관차 시절에는 그랬거든요. 하지만 요즘 지하철은 양방향으로 움직일 수 있거든요. 기술적으로 가능해요. 고속철을 보면 차량의 양쪽 끝이 모두 뾰족하잖아요. 양방향 운행이 가능하도록 한 거죠.

1호선 종로선 건설할 때는 전기선과 체신선 공동구 문제가 처음으로 논의된 바 있었다고 하더라고요. 2호선부터는 어떻게 되었나요?

2호선 건설할 때는 어느 정도 합의가 되었는데 강전强電과 약전弱電의 차이로 전력구와 통신구를 합할 수는 없었어요. 만약에 강전에서 사고가 나면 약전은 그대로 가거든요. 그래서 그걸 분리한 상태로 공동구를 2호선에 전부 설치했죠. 그런데 이제는 세월이 좋아져서 통신선이 모두 광케이블로 바뀌었잖아요. 그래서 이제는 전력구를 설치할 때 고압만 하고 있죠. 정말 광케이블의 위력이 대단하죠.

1호선을 건설할 때와 비교하면 이렇게 30~40년 지나니까 환경도 바뀌었군요.

그렇죠.

당산철교 같은 경우에는 나중에 철거하고 다시 만들었습니다.

그건 잘 결정한 거라고 봐요. 그건 두면 둘수록 나중에 일만 만들어요. 당산철교 시공사는 남광토건이었어요. 그런데 당시에는 강재를 제작하는 기술자가 거의 없을 때입니다. 용접 기술이 별로 없을 때였죠. 포항제철에서 강재는 나왔어요. 우리나라 전체에서 강구조를 다룰 수 있는 수준, 그러니까 산업화의 수준이 따라주질 못했어요. 그런데 조금 더 엄밀하게 보자면 그 강판이 포항제철에서 나온 지 2~3년 정도, 아무튼 얼마 되지 않았어요. 당시 일본은 그런 강재가 나온 지 오래되었죠. 그때 일본은 조선업계에서 세계 1등이었어요. 우리는 당시 강재를 활용할 기술 수준이 못 따라갔죠. 요즘은 가능하죠. 그런데 일단 강재가 생산되기 시작했으니까 실전에서 만드는 걸 시도하는 거

당산철교 보수현장을 시찰하는 조순 시장(1996년)

죠. 하지만 그걸 활용할 수 있는 기술이 안 되는 상황에서 한 거죠. 시기적으로 조금 성급했다는 생각이 들어요. 당산철교 같은 걸 보면 그걸 참 후회하게 되죠. 산업 수준 전반을 살펴야 하는 거죠. 그런 걸 보면 단계를 뛰어넘는다는 게 참 어렵다는 생각이 들어요. 고급 자동차는 모든 부품의 수준이 올라올 때 가능하죠. 아쉬움이 있죠.

연관 업계의 산업기술이 완전하지 않았던 거라고 할까요?

그걸 다룰 수 있을 만큼 성숙되지가 못 했던 거죠. 사회 전체, 산업 전체의 수준이 올라가야 가능하죠. 포항제철에서 이제 재료가 나오기 시작했고, 또 그것밖에는 쓸 것이 없으니까 그걸로 했던 거였죠. 기술이 뒷받침되지 못했던 산업 전반의 상황과 그 시대적 한계를 같이 고려해야 하는 거죠. 요즘 교량 같은 거는 자동용접을 해요. 산업용 로봇이 다니면서 자기가 다 알아서 용접을 하죠. 지금 눈높이에서 과거의 사고 같은 걸 보면 이해가 안 된다고 하겠지만 당시의 능력은 요즘처럼 높지 않았던 거죠. 당산철교도 결국 용접의 문제가 컸지요. 제일 힘든 게 뭐냐면 위를 올려다보며 용접하는 겁니다. 천장 보고 하는 거요.

맞는 비유인지는 모르겠지만 도배도 벽보다는 천장 도배가 힘들죠.

일단 천천히 떨어지지 않도록 해야 하는 거예요. 기능의 숙달이 필요한 부분인데 좀 시원치 않았던 거죠. 정말 안타까워요.

지하철 건설 현장과 감독관들의 스타일

이번에는 앞에서 말했던 2호선 건설 당시에 대해 질문을 드릴게요. 당시 대한뉴스 같은 영상에서 지하철 기공식 같은 걸 보면 가위로 테이프도 끊지만 현장에서 중장비가 일하는 모습도 같이 보여주더라고요.

일단 상황판을 준비하죠. 또 거창하게 보여야 하니까 현장에 말뚝 박는 거며 장비를 동원해서 리허설도 해요. 각기 공구마다 계약된 회사들이 있으니까 "장비 뭐 뭐 가져와"라고 하는 거죠.

공사개요판이 일단 커야 했네요.

그렇죠. 큰 사업이잖아요. 크레인만 해도 여러 대가 서서 딱 그럴싸하게 보여야 하죠.

당시 선생님들의 말씀을 들어보면 그때는 업무추진비도 없었고, 임시수용비도 없었다고 하더라고요. 관행적으로 돈이 오가기도 했다고 하더라고요. 법으로 걸면 다 걸리는 게 많았다고 하고요.

그 당시 현장의 주감독이 되면 업자가 차를 한 대 빌려줘요. 다니기 편하게 해주는 거예요. 당시의 관례가 그랬어요. 편하게 잘 다녔던 거죠. 통상적으로 업자가 다 해줬어요. 관행이었어요. 이제는 다 지나간 얘기죠. 대신에 우리는 활발하게 움직여 줘야 해요. 혹시 현장에서 일이 생기거나 그러면 불러요. 차가 있으니까 열심히 다녀서 해결

지하철 3·4호선 착공식에 참석한 정상천 시장(1980년)

해주는 거죠. 잘 풀어주는 겁니다. 민원 생기면 가서 또 해결해주고요. 사실 이런 것들이 필요하거든요. 아무튼 서로 일이 잘 되도록 조치해 주면 좋아하죠. 나빠할 이유가 없는 거지요.

회사 쪽에서도 자기들한테도 필요하니까 그랬던 거네요.

그렇죠. 서로 필요성이 있으니까요. 서류 만들어서 "야, 이렇게 좀 해줘."라고 그러면 빨리해주고 그랬죠. 그래야 일이 타이밍이 맞고 그랬던 거예요. 서로 잘 맞춰서 가면 좋아하죠.

사람마다 관리 감독 스타일도 달랐겠죠?

그렇죠. 스타일이 다 있어요. 물론 무조건 원리원칙대로만 하는 경우도 있죠. 물론 그러면 일이 안 되고 잡음이 났던 시절이었죠. 우리나 시공사나 결국 일 때문에 거기에 가 있는 걸 생각해야 한다는 거죠. 초점을 일에다 두면 확실하죠. 우선 일을 제대로 해야 합니다. 일을 시원찮게 하면 결국 일을 망가뜨리는 거예요.

어떻게 보면 축구심판이랑 비슷하다고 할까요? 원리원칙대로 한다고 정말로 레드카드를 9장씩 주면 그날 경기 다 망가지죠.

결과적으로 일이 잘되는지가 중요한 거예요.

아까 선생님도 말씀하셨지만 본인 연배에 비해 직급이 높았던 것 같습니다.

그렇죠. 항상 그랬어요. 그래도 지하철로 가니까 그래도 좀 나아지긴 했어요. 왜냐면 지하철 건설을 위해서 기사보들을 왕창 새로 뽑았거든요. 9급도 있고, 7급도 있었죠. 일단 주무관급이죠. 그러니까 주감독 정도 경력이 되면 대개는 저보다 나이가 서너 살은 많았던 거죠. 그게 6급 주사 정도예요. 저 같은 경우에는 경험도 있고 경력도 있으니까 주감독을 시키죠. 7급, 8급, 9급은 그 밑에서 보조감독을 하고요.

그럼 주감독 1명에 보통 보조감독이 2명 붙나요?

공사에 따라 2명이 있는 경우도 있어요. 보통은 1명이죠.

강북과 다른 강남 지역의 지질구조

이번에는 아까 드렸던 질문을 이어서 드릴게요. 선생님께서 교대 공구를 맡았을 때는 한창 2호선 순환선을 놓을 때죠?

그렇죠. 2호선 순환선이죠. 게다가 거기가 3호선하고 교차하는 지점이에요. 그거를 그렇게 파다가 사고를 냈지요. 물론 바로 원인이 뭔지는 알았어요. 하지만 그때는 이미 늦었죠. 사고가 난 다음이었죠. 보니까 지하철 건설 조건들이 1호선 종로선 때하고는 전혀 다르더라고요. 종로선은 지반 자체가 대개 화강암 지대에요. 아니면 퇴적지대에요. 혹은 마사真砂가 나오던지 해요. 아무튼 화강암 계열의 토사가 나와요. 거기 남산 줄기도 그렇고, 인왕산 줄기도 그렇고, 대개는 마사 땅이 많습니다. 그런데 강남 쪽은 편마지대가 많아요.

지질 자체가 다르군요.

그렇죠. 그런 경험을 거의 해본 적이 없어요. 저도 땅은 많이 파봤지만 그런 걸 인식하지를 못했어요. 그런데 강남으로 가니까 전부 편마에요. 강북은 마사 지반이 대부분인데 말이에요.

강남과 강북이 많이 다른가요?

강남은 거무스름한 암석으로 되어 있어요. 좀 다르죠. 강남도 동작동 같은 데를 가서 보면 거의 편마에요. 암석이 검은색도 있고, 삐죽

NATM공법을 사용한 터널굴착 모습

삐죽하고요. 그런 지질에 대한 인식이 당시엔 아주 약했어요. 지반에 대한 기초지식이 약했어요. 실은 당시에 우리 토목 쪽 사람들이 지질에 대한 거는 대학에서 거의 안 배우고 졸업하거든요. 나중에 NATM 터널공법 같은 걸 하려고 지질구조를 살펴봐야 해요. 그러면서 느꼈죠. '내가 이런 것도 모르고 공사를 했구나!'라고 말이에요.

그러니까 2호선 공사를 막 시작하던 1978년 무렵에는 대부분의 기술자들이 그 쪽 부문에 대해 인식이 부족했다는 거네요.

그렇죠. 그 당시는 NATM이라는 걸 몰랐어요. 그런데 1980년경부터 일본에서 나온 터널 관련 잡지를 봤죠. 《터널과 지하[トンネルと地下]》라는 잡지가 있었어요. 그런 잡지들이 국내에 들어오기 시작했어요. 그런 걸 보고 터널공법이라는 걸 알게 되었죠. 일본에 연락해 자료도 받아보았어요. 3·4호선부터는 거의 다 NATM 공법으로 했으니까요.

교대 공구가 그랬다면 그 옆의 강남역이나 테헤란로, 혹은 서울대입구역 부근도 지질이 비슷했겠네요.

그렇죠. 거기도 비슷한 지역이죠. 강남지구가 다 편마 지대였으니까요.

사진을 보니까 당시에는 개착식으로 파나가는데 옆에 건물도 하나도 없더라고요. 지금의 강남과는 완전히 다르더라고요.

맞아요. 그리고 그 당시는 자재도 귀했어요. 강재 같은 것도 귀할 때예요. 3·4호선을 만들 때도 수입품을 많이 썼어요. 지금이야 국내에서 다 생산되지만요.

1980년에 프랑스 지하철을 보고 오다

포항제철에서 강재를 안 만들었나요?

형강形鋼은 못 만들어요. 그건 2차 제품이기 때문에 원재료를 갖다주면 다시 압연 공장에서 만들어야 해요. H형강 만드는 압연기가 있어야 만들 수 있거든요. 포철에서는 큰 슬라브나 큰 덩어리로만 나왔어요. 그런 건 없었어요.

그럼 수입처는 어디였나요?

보통 일본이나 영국이었어요. 3·4호선은 영국에서 들여왔어요. '브리티시스틸'이라고 있어요. 영국의 국영공장에서 만들었죠. H형강 말뚝을 거기서 수입했어요. 그래서 제가 검수하러 영국에 갔어요. 좋은 경험을 했죠. 1980년 11월이었어요.

제품 검수를 어떻게 하나요?

물론 그건 제품이기 때문에 사실 검수할 것도 없어요. 그네들도 브리티시스탠다드, 그러니까 자기네 기준이 있어요. 이미 인정받은 제품이죠. 괜찮아요. 공장 제품이니까 일률적으로 나옵니다. 관용여권을 받아서 갔죠. 그때는 관용여권의 권위가 대단했죠.

1980년 정도면 해외 출장이나 여행이 쉽지 않았죠.

그랬죠. 그렇게 갔는데 제가 좀 모험심이 강했어요. 검수는 약 사흘 정도 걸렸어요. 공장이 타인앤위어Tyne and Wear 쪽이었던 걸로 기억하네요.[5] 아무튼 북쪽 부근에 있었어요. 그런데 출장은 1주일 정도로 해서 갔죠. 시간이 좀 남았죠. 그래서 단독여행을 했어요. 요새 말로 하면 배낭여행을 다녔지요. 워털루역에서 기차 타고 도버로 열차로 가서 배편으로 프랑스를 갔죠.

5 타인위어주는 영국 잉글랜드 북동부에 위치한 광역대도시 자치주이다. 5개의 자치시로 구성되어 있으며, 북해와 인접해 있다. 주도(主都)인 뉴캐슬어폰타인(Newcastle upon Tyne)에는 해변을 따라 휴양지가 개발되어 있다.

당시엔 지하 터널이 없을 때니까 도버에서 배를 타고 가셨네요.

맞아요. 실은 제가 파리 지하철을 구경하고 싶었거든요. 다른 사람이면 관광을 했겠지만 저는 지하철을 보고 싶었거든요.

가서 직접 보니까 어땠나요?

그 당시에 벌써 고무 타이어로 달리는 열차가 있더라고요. RER Réseau Express Régional 이라고 있어요.[6] 수도권 급행이죠. 도심을 통과하지 못했던 2개의 철도가 급행으로 도심을 통과하는 겁니다. 그 노선이 1~2개 밖에 없을 때였어요. 일단 타 보니까 이런 방식도 괜찮겠다고 느꼈죠. 그리고 라데팡스나 이런 데 가니까 미술하는 사람들에게 개인적으로 갤러리 같은 방을 임대해 주는 곳이 있더라고요. 이것도 쓸 만하다 싶었죠. 좀 수요도 있을 수 있을 것 같고요. 그런 게 우리하고 좀 다르다는 걸 느꼈죠. 공간에 대한 그런 마인드 자체를 거기 가서 보고 느끼고 왔던 거죠. 요즘은 우리 지하철에도 그런 게 많이 되어 있죠.

자료들을 보니까 2~4호선에서 역무자동설비 계약을 프랑스의 CGA사와 했던 걸로 알고 있습니다. 프랑스가 역무자동화 쪽이 많이 앞서 있었나 봅니다.

맞아요. 앞서 있었죠. 그 당시에 차관을 들여왔어요. 물론 그게

6 파리와 일드프랑스(ile-de-France) 지역의 광역급행철도이다. 프랑스 파리 대도시권의 고속 대중교통 시스템으로 지하철과 전철을 통합한 형태를 가지고 있다. 파리와 주변 지역 간의 빠른 이동을 제공하며, 여러 노선을 통해 도심과 외곽 지역을 연결하고 있다.

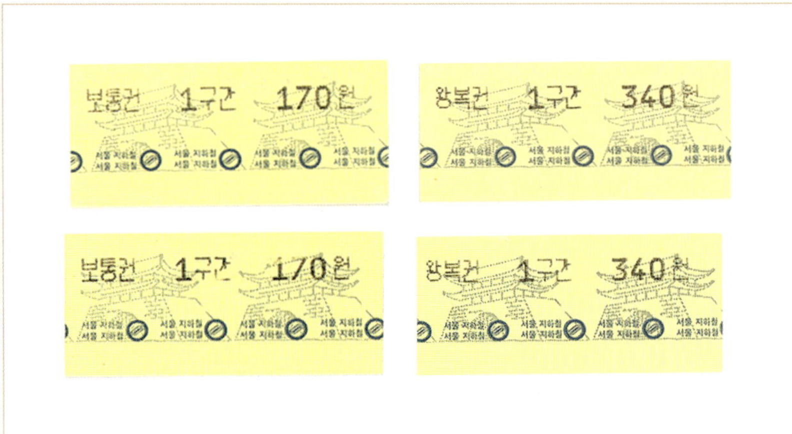

1980년대 중반부터 도입된 지하철 마그네틱 승차권

옵션으로 차관에 포함되어 있었어요. 그 영향이 굉장히 컸어요. 그게 우리나라 역무 자동화의 꽃이라고 봐야죠. 지금의 버스카드까지 연결되어 있잖아요. 그런 고리를 갖고 있었던 거예요.

마그네틱 표도 그때 들어오죠? 1983~1984년 무렵에 들어왔던 걸로 알고 있습니다.

이전에는 표에 다 적혀 있었어요. 어디서 타고 어디로 갔다는 게 말이에요.

1호선 종로선 때는 펜치 같은 걸로 두꺼운 종이의 한 귀퉁이 툭 자르는 방식이었죠?

네, 그랬죠. 커팅 방식이었죠.

지하철 건설의 특징과 구성원들

이번에는 다른 질문을 드릴게요. 서울의 다른 SOC 건설과 비교할 때 지하철은 어떤 점이 다른가요?

속성이 전혀 다르죠. 일단 지하철 건설은 지하의 조건과 싸우는 거예요. 지상에 설치하는 것은 기본적으로 지하 쪽은 기초 정도가 관련되죠. 하지만 지하철은 지상도 있고, 지하도 있어요. 절차가 훨씬 복잡해요. 기존에 매설된 것도 잘 보존하면서 일을 해야 하거든요. 그러면서도 사고 없이 진행해야 하니까 훨씬 신경도 많이 쓰이죠. 그리고 지금은 토목기술자들도 많이 발전했어요. 터널 공법만 해도 지금은 많이 쓰고 있죠. 사실 터널 공사 기술은 우리가 세계적이에요. 요즘은 GTX 공사를 TBM Tunnel Boring Machine 공법[7]으로 해요. 지하 깊은 곳에서 공사를 하는데 소음이 없으니까 공사를 하는 줄도 몰라요. 광화문 아래에 GTX 수직구가 있거든요. 그런데도 사람들은 잘 몰라요. 다 기계화된 장비로 하는 거죠. 아주 획기적인 거죠. 실은 3·4호선 하면서 NATM터널공법을 시작하면서 터널학회도 생겼고, 조금 나중에는 암반학회도 생겼던 거예요.

7 TBM공법은 폭약을 사용하지 않고 터널보링기(TBM)의 회전 커터를 사용해 터널 전단면을 절삭 또는 파쇄하여 굴진하는 공법이다. 굴착면에 상응하는 원형의 단면으로 굴착되기 때문에 역학적으로 안정적이다. 또한 기계화 굴착을 통해 지형의 변형을 최소화할 뿐 아니라 발파를 하지 않기 때문에 안전하고 청결한 갱내작업환경을 유지할 수 있다는 장점이 있다.

지하철 건설에 참여하신 분들은 보니까 1호선에 참여한 분들은 대략 세 갈래로 나눌 수 있더라고요. 철도청에서 오신 분들, 서울시 직원분들, 그리고 건설부 쪽에서 오신 분들, 이렇게 말이죠.

철도청 쪽은 주로 김명년 씨를 따라온 분들이죠. 궤도랑 신호 쪽이 많았어요. 서울시에서는 그런 분야 기술자가 양성되지 않았거든요. 그리고 토목에는 이인호 씨랑 남상하 씨가 계셨죠. 그리고 서울시 쪽은 김병린 씨가 주축이라고 할까요? 도로랑 토목계장을 하셨던 분이니까요. 서울시에서 토목계통의 '왕'이었죠. 그러다가 지하철건설본부 건설과장으로 왔죠. 그다음으로는 김인식 씨, 김영수 씨, 안상영 씨 등이 있었죠. 서울대 출신이었던 유능한 인재들이 지하철에 다 모여 있었죠. 김학재 씨도 있었고요. 대학 1년 선배인데 고시 합격해서 거기에 또 동참했었죠. 건설부 쪽은 많지 않았어요. 지하철 건설하기 전에 경부고속도로에 사람이 왕창 모였는데 그중에 서울시에 있던 사람들이 지하철로 다시 오라고 해서 오신 분들이었죠. 경부고속도로에 사람 왕창 뽑았는데 거기도 고속도로 끝나면 할 일이 없거든요. 이창대 씨나 서무전 씨가 그런 케이스였죠.

지하철 건설에 참여하려던 대기업들

2호선 건설을 시작할 당시였던 1978년의 자료들을 보니까 강남 구간의 예산이

1,692억 원으로 책정되었는데 그중에서 620억 원을 지하철 공채로 충당하겠다고 했더라고요. 그러면서 대상 업종을 핀포인트로 찍어나가는데 식품, 숙박, 유기장, 목욕탕, 자동차등록. 주거형 건물은 평당 4~5만 원, 비주거용 건물은 용도 및 면적에 비례해서 부과하겠다고 말입니다. 사람들이 술렁댔다고 하더라고요.

〈지하철도건설촉진법〉이 1979년 4월 만들어져요.[8] 그러니까 사전에 그런 조치들을 발표했던 것 같네요.

비용을 부담시킨다는 분위기를 1년 전부터 조성해 나갔던 거네요.

그렇죠. 누가 돈을 낼 선시가 중요한 거죠. 촉신법을 보면 자금 조달 방법이 나와요.

1978년의 신문을 보니까 당시 신문수 본부장의 인터뷰 기사가 있습니다. 서울시가 2호선은 그대로 추진하되 3~5호선은 사설철도 형태로 추진하는 것을 검토하겠다고 말이죠. 그러면서 1985년 완공을 목표로 대우, 현대, 율산 같은 회사들과 구두로 논의하고 있다고도 언급하고요. 서울시가 재정적으로 압박을 받고 있었던 것 같습니다. 민간기업 측에서도 적극적인 의사 표명이 있었던 거 같고요.

그렇죠. 대표적인 게 대우죠. 대우가 제일 앞서 있었어요. 좋은 브

8 〈지하철도건설촉진법〉은 1979년 4월 17일 법률 제3167호로 제정되었다. 도시 및 근교 교통의 원활화를 목적으로 하여 지하철도의 건설을 촉진을 목적으로 하고 있다. 해당 법률은 국가 및 지방자치단체, 그리고 지하철도 건설자에 적용되며, 지하철도 건설시 필요한 토지수용, 지원자금 조달, 이주대책 수립, 지하철도공사 설립 등 다양한 내용을 다루고 있다. 또한 국가의 지하철도 건설 및 개선을 위한 토지 이용, 자금 지원, 이주 정착 등도 체계적으로 규제하는 것을 내용으로 하고 있다.

레인들이 있었고요. 일단 지하철은 엄청난 자본이 필요하죠. 그래서 해외건설 선급금이 들어온 회사들이 참여하기 시작했죠. 그런데 처음 해외로 나가서 한 공사들이 하자투성이었거든요. 덕분에 해외건설이 부진에 빠졌어요. 돈도 제대로 못 받고 해서 전부 부도가 날 판이었어요. 지하철에 참여를 못하는 거죠. 그래서 지하철공사로 전환된 거예요.

그랬군요. 그런데도 대우는 적극적인 행보가 보이더라고요.

대우는 제 돈으로 사업하는 게 아니었거든요. 뒤집어 말하면 당시 대우보다 자금조달을 잘하는 회사가 없었다는 거죠. 어쨌든 처음에는 23개 업체들이 모여서 지하철건설주식회사 체제로 가죠. 그런데 엉망진창이었죠. 보통 관에서 발주하는 공사에 민간회사가 입찰을 하면 대략 입찰예정가의 75% 선에서 떨어져요. 그러니까 75%만 받고 공사를 하는 거죠. 그런데 민간주식회사가 직접 공사를 추진하면 그 100%를 다 가져갈 수 있거든요. 25%의 마진도 먹고, 실적도 올리고, 그런 심산이었죠. 너나 할 것 없이 덤벼들었어요. 그런 이점을 노린 거였죠.

그런데 해외공사가 제대로 안 되니까 기업들이 자금난에 빠졌고, 결국 지하철건설주식회사는 공사체제로 바뀐 거였네요.

맞아요. 해외에서 선급금을 받았기 때문에 초기 투자는 가능했죠. 하지만 후속 투자가 불가능해진 거였죠.

구자춘 시장과 김우중 회장[9] 사이에도 이야기가 좀 오갔다고 하더라고요.

정치적으로 보면 박정희 대통령이 김우중 씨를 인정했던 거죠. 한국기계도 1976년 언저리에 대우로 넘어갔잖아요. 딱 그럴 때거든요. 대우가 정치적으로 잘 풀리고 있었을 때였죠. 그러니 구자춘 시장이라고 뭔 수가 있었겠어요?

청와대 라인까지 어느 정도 양해된 사항이었던 거네요.

맞아요. 그 시절의 분위기가 그랬다는 거죠.

1979년 초반에는 지하철 시설 자체는 서울시가 소유하고, 대우는 무상이용권을 취득한다고 이야기가 됐다고 하더라고요.

그게 민자 개발의 기본 방식이에요. 지하철은 도로 안에 시설하기 때문에 민간에서는 등기를 할 수 없어요. 그래서 지하철도 등기 물건이 될 수가 없어요. 그래서 지하철은 기부채납 형식으로 서울시가 소유권을 지니고, 대우는 무상으로 운영권만 갖는 거죠. 투자한 돈을 회수할 수 있을 것인가 하는 것이 포인트였고요.

9 김우중(1936~2019)은 대우그룹의 창업주이다. 1967년 대우실업을 세우고 1981년 대우그룹 회장에 올랐다. 이후 '세계경영'을 내세우면서 그룹의 규모를 확장시켰다. 그러나 대우는 1998년에 급격한 유동성 위기에 빠지면서 1999년 해체됐다. 결국 김우중은 해외로 도피하였고 분식회계와 사기대출 등의 혐의로 징역 8년 6개월, 추징금 17조 9,000억 원을 선고받았다. 이후 2008년 사면을 받아 베트남 등지에서 거주하였고, 2018년 건강 악화로 귀국하여 치료를 받다 2019년 12월 9일 사망했다.

박정희 대통령과 김우중 회장(좌측)(1977년)

그렇군요. 당시 신문 기사에 "적자 보전을 위해 역사 부근에 백화점이나 위락시설 유치를 허락한다."라고 나왔던 것도 그것과 관련이 있었나 보네요.

민자사업을 하면 그런 부대사업을 허가하죠. 그런데 막상 그걸 하려면 자금력이 있어야 비즈니스를 할 수가 있거든요. 지하철에도 투자하면서 또 그런 부대시설을 유치하기 위해 추가 투자도 해야 하죠. 실제로 업체들을 보면 그럴 여력들이 안 됐어요. 결과적으로 그런 부대사업이 된 곳이 거의 없어요. 그래서 2호선 강남역에 그걸 먼저 시도했어요. 강남역 지하상가 말입니다. 대우는 그때까지도 지하철 실적이 없어요. 그런데 지하상가 사업을 한 거죠. 정치적으로 해결된 거라고 봐야죠. 그 2호선 지하상가 실적을 가지고 3·4호선을 맡게 된 셈이니까요.

아까 말씀하신 대로 1979년 3월 무렵부터 교통부와 국회에서 〈지하철도건설촉진법〉을 추진한다는 움직임이 보도되었던 것도 이런 것들과 연관이 있었던 거군요.

그걸 뒤집어서 복기해 보면 그렇게 아귀가 맞는 거죠. 1978년부터 차차 분위기를 만들어갔던 거였고요. 일본도 메인 역에는 쇼핑센터가 있죠. 미국도 대륙 간 철도를 만들 때 그랬거든요. 업자들한테 '너희가 철도를 개발하면 몇 에이커 개발할 권리를 주겠다.'라는 식이었죠. 그게 원조에요.

철도역 주변의 개발권을 주었군요. 미국 같으면 괜찮은 개발방식이네요.

그렇죠. 네가 알아서 하라고 했던 거죠. 링컨이 제안한 대륙 간 철도의 개발방식이에요.

땅을 놀리느니 차라리 그렇게 하는 게 좋은 거네요.

그런 거죠.

구자춘 시장 다음에 정상천 시장이 오면서 3·4호선 건설과 주택단지 건설을 매치하라는 이야기를 했다고 하더라고요.

서울시가 지하철을 건설해도 단지 조성은 마땅치가 않았어요. 새로 만드는 지하철이 기존 주택단지 앞으로 지나가는 게 아니라 새로운 단지를 조성하면서 같이 짓는 거니까요. 투자금을 언제 회수할지 막막했죠. 물론 주택공사 같은 곳에서 단지 건설을 맡아서 했죠. 그때는 그

제작 중인 지하철 차량

랬어요. 지금은 강남이 별세계가 되었지만, 그때는 구획정리를 다 해 놓은 상태였는데도 체비지가 안 팔리던 때였어요. 그래서 애먹었어요.

버스 업체들한테도 강남 지역 좀 가라고 했더니 영업이익 떨어진다고 손사래를 치던 시절이었다고 하더라고요.

그런 과거도 있죠. 요새도 민자사업에 그런 옵션들을 주기도 해요. 하지만 그게 쉽지는 않아요.

이번에는 전동차량과 관련된 질문을 드릴게요. 1979년 중반 자료들을 보니까 2호선 전동차 구매 문제가 주된 이슈로 떠오르더라고요. 대우차량과 현대차량의 구매 문제죠. 서울시에서 일단 2호선 전동차 차량 44량을 발주했는데 1983년

도까지 연차로 총 230량을 구매하려고 합니다. 그런데 입찰 조건이 3년 이상의 차량 제작 경험을 내걸었다고 합니다. 당시 대우에서는 우리는 전동차 납품 경험이 있다면서 연고권을 주장했고, 반면에 현대에서는 왜 대우가 독점하느냐고 하면서 우리 같은 후발주자도 기회를 달라는 입장이더라고요.

후발주자는 항상 그런 불리함이 있죠. 그래서 실적관리가 문제가 되죠. 대우도 지하철에 차량 납품 실적은 있었지만 건설 실적은 없었어요. 그래서 2호선 강남역 지하상가에 참여해서 건설 실적을 만든 다음에 3·4호선 건설에 참가한 겁니다. 결국 실적이 입찰 자격과 직결되니까요.

진입장벽을 어떻게 넘을 것인지가 문제였네요.

그래서 입찰 자격의 옵션이 중요해요. 대우도 지하상가 건설로 자격을 얻었으니까요.

지하철과 터미널 연계를 구상하다

지하철 초기에도 도심구간에서 지하도가 중요한 이슈였다고 알고 있습니다. 일단 육교로 오르내리기가 불편하니까요. 을지로입구 롯데백화점 부근은 을지로 지하도, 소공동 지하도를 통해 지하철을 탑승하도록 했잖아요. 청량리도 교통체증 완화를 위해 지하로 탑승하도록 했고요. 처음 만들었을 때부터 지하철과 지

하도는 매우 밀접한 관계가 있었던 것 같습니다.

2호선의 을지로구간은 시청 앞에서 을지로6가까지 지하통로로 연결되었죠. 그게 처음에는 주차난을 완화하기 위해서였어요. 지하 주차장을 계획했던 거죠. 비용을 따져보니 파낸 땅을 다시 전체를 메우는 것보다 파낸 부분에 구조물을 앉히는 게 더 낫겠더라고요. 또 당시에는 의식적으로 민방공 대피시설이 필요하다는 생각이 있었거든요. 그러니 핑계를 대서 지하주차장을 계획했던 겁니다. 그런데 일단 지하주차장을 만들려고 보니까 인근 점포들한테 엄청난 영향을 주더라고요. 그래서 민방공시설 겸 지하보도 통로로 사용하는 게 맞겠다고 위에다가 진언했죠. 그렇게 해서 지하보도로 만들게 된 거죠. 지금도 가보면 사람들이 지상보다는 지하로 많이 다녀요. 종로와 비교하면 을지로가 특히 그렇죠. 여름이나 겨울에 얼마나 좋아요? 당시에는 엉성한 생각으로 어쩔 수 없이 만들었지만, 결과적으로 잘했다는 생각이 들어요.

신문들을 보니까 터미널도 지하철 근처로 이전할 계획이었나 봅니다. 동마장터미널, 용산남부터미널, 불광동의 서부터미널을 3·4호선 예정지로 옮기라는 이야기도 나오더군요.

그게 아니고 터미널 때문에 노선이 그렇게 틀어진 거였어요. 3호선 같은 경우에는 노선이 압구정동에서 똑바로 내려가야 했거든요. 그런데 틀어서 터미널을 경유해서 내려가게 만들었지요.

광역버스터미널과 지하철 연계를 위해서 그랬던 건가요?

그렇죠. 그리고 우리가 여기까지 지하철을 끌어왔으니까 터미널 쪽에다가 "너희가 건설비는 대라."고 했어요. 안 내겠다고 버티는 걸 다 받아냈지요. 물론 제가 받아낸 건 아니고 지하철공사에서 했죠.

지하철건설본부에 있던 분들이 지하철공사로 많이들 가셨나요?

그랬죠. 이수복 씨도 거기 공사부장으로 가셨지요.

공무원 신분이던 서울시지하철건설본부에서 지하철공사로 이동한 분들은 월급이나 근무환경 등을 고려해서 가셨을 것 같습니다.

일단 지하철공사는 민간 베이스의 월급체계였어요. 서울시 공무원일 때보다 월급이 훨씬 많죠. 또 거기는 현장에서 일하면 기술수당 등 각종 수당이 있었어요. 물론 그 수당은 현장공사가 마무리되면 없어지는 거죠. 또 서울시 공무원들은 기술수당 제도가 없었는데 지하철공사는 기술사 자격증이 있으면 매월 20만 원인가 더 받았어요. 그래서 공사에 아는 친구들한테 항상 말했어요. "20만 원이면 한 달 기름값이야. 기술사 자격증 따면 공부해서 전문성 생기니 좋고, 기술수당 받아 좋고, 빨리 공부해."라고 말이죠.

3·4호선이 약간 늦게 시작했지만 2호선과 거의 비슷한 시기에 건설되었다고 할 수 있잖아요. 갑자기 지하철공사에서 인력을 충원하려면 인력을 끌어올 곳이 뻔

했을 것 같습니다.

그래서 서울시지하철건설본부에서도 데려갔고, 시공업체에서도 끌어오고 그랬죠.

선생님께도 스카우트 제의가 있었나요?

그런데 저는 그때가 워낙 바쁠 때였어요. 일복이 많았어요. 아무튼 지하철공사가 이제 막 시작할 때이니까 기초적인 일들은 도와주기도 했죠. 나중에는 지하철공사 3·4호선을 관리하는 서울시지하철건설본부 내에 지도계장이 생기면서 제가 그걸 맡았어요. 그래서 한동안 거기 가서 앉아있었죠. 당시에 3·4호선은 건설되고 있는데 서울시 안에 그걸 관리할 조직이 없었거든요. 그래서 지하철건설본부 안에 그거 관리하려고 급하게 기획조사과에 지도계장 자리를 하나 만든 거였어요.

지도계장은 어떤 일을 했나요?

행정을 하다가 보면 서울시를 경유해야 하는 일들이 있어요. 도시계획과 관련해서 보상을 한다든지, 일이 생길 수 있거든요. 그럼 누군가는 그런 행정적인 것을 처리해 줘야 해요. 지하철공사는 그런 법적, 행정적 처리를 단독으로 할 수 없거든요. 서울시 조직에서 그걸 처리해 줘야 해죠. 지도계장이 그런 걸 도와주는 창구였죠. 거기서 서류를 만들어오면 처리해 주는 거죠. 〈도시철도법〉에 따르면 지방자치단체에 그걸 관리하는 공식적인 부서가 있어야 하거든요. 그런데 그때는 초기라 그게 없어서 급한 대로 지도계장을 두어서 처리했던 거예요. 그런데 그런 법이 있으면 그것에 대응해서 '과課' 정도가 만들어지거든요.

그러네요. 근거법대로 하려면 그걸 관리하는 부서가 대략 '과課' 정도의 조직은 필요하겠네요.

그렇죠. 그런데 그런 조직이 서울시에 없었다니까요. 엉터리였죠.

지하철건설본부 안의 그 '지도계'도 급한 대로 만든 조직이었네요.

맞아요. 1984년 언저리였거든요. 다들 처음이니까 건교부에도 없었어요. 서울시에도 없었고요. 도시철도의 대응 행정조직을 제대로 꾸리지 못했죠. 과도기였죠. 그러다가 얼마 후 서울시 교통국 안에 도시철도과가 생겨요.

그래야죠. 행정의 주관자인 본청 내에 조직이 생기는 게 맞겠네요. 그전까지는 임시로 선생님께서 그걸 처리하신 거네요.

그렇죠. 그 후로 지금까지 서울시 교통국에서 다 하죠. 그래서 저도 처음에는 본청 행정 사람들에게 막 뭐라고 했죠. "이건 따로 주관하는 과課가 있어야지. 그냥 이렇게 내버려 둘 거야?"라고요. 건설인가증도 서울시장한테 나와요. 또 준공하면 영업 개시하라는 인가증도 나오거든요. 서울시장이 갖고 있어야 하는 거죠. 그걸 지하철건설본부에서 갖고 있었던 셈이에요. 좀 이상했던 거였죠.

시대가 변하면 기술도 생각도 바뀌어야 한다

당시 뉴스를 보니까 "일본 신칸센과 같은 가스 압접식 공법, 빙판을 지나듯 쾌적"이라고 하면서 가스압접을 해서 레일을 매끈하게 만들었다고 하더라고요. 곡선구간은 1호선과 같은 이음매만 연결식으로 유지하고, 나머지는 압접을 해서 기존의 1호선 같은 덜컹거림을 많이 줄였다고 합니다.

쉽게 말하면 장대레일을 깔았던 거예요. 그 당시 레일은 운반을 위해 대략 25m 정도로 끊어서 보관했어요. 화차에 대략 25m까지 실을 수 있거든요. 대개 철도로 수송해 와요. 그래서 지하철을 건설할 때는 어딘가에서 기존 철도와 연계를 해야 해요. 왜냐면 공장에서 자재가 나오면 철도로 운송해서 지하철 현장까지 와야 하거든요.

운송을 위해 기존 철도에서 인입선을 연결해야 하는군요.

그렇게 해서 25m짜리 레일이 들어오면 그걸 가스로 달궈서 압력을 가해 꽉 물리도록 여러 개를 연결하는 거죠. 그럼 그게 딱 붙거든요.

뉴스에서 말했던 일본 신칸센에서는 그렇게 했다는 거네요.

신칸센만 그랬던 건 아니에요. 당시 다른 나라들도 다들 그렇게 했어요. 문제는 처음부터 레일이 길게 나오지 않았다는 거예요. 다 이어 붙였던 거죠. 매끈하게 연결하도록 가스압접을 해야 했던 거예요. 압접을 하면 살짝 이음새가 튀어나와요. 그럼 그걸 그라인더로 매끈하게 갈아내죠.

신문에서도 기사 제목을 "1호선은 덜컹덜컹"이라고 하면서 2호선은 뭔가 획기적인 기술로 승차감을 더했다고 보도하더라고요.

1호선은 25m짜리 레일을 이어서 볼트로 조여서 꽉 물려놓았거든요. 압접한 게 아니고요. 그래서 '덜컹덜컹' 소리가 나왔던 거죠.

그런 의미였군요.

예전에 '칙칙폭폭' 시절의 '덜컹덜컹'이 가스압접으로 개선되었다는 것이죠.

이번에는 버스나 택시와의 연계에 대해서 질문을 드릴게요. 2호선은 순환선이잖아요. 서울시 교통사에 큰 변화를 가져오고요. 버스나 택시에 의존하던 대중교통이 이제는 지하철로 중심이 옮겨오고요. 교통 분담률도 변화를 가져오는 결정적인 계기가 되잖아요. 당시 버스나 택시 등 다른 운수업계의 반향은 어땠나요?

일단 교통분담률이 변하기 시작했죠.

아까 앞에서 전철역에 버스 환승시설을 마련했는데 운수업체에서 이용하지 않았다고 아쉽다고 하셨죠?

맞아요. 잘 활용하면 좋은데 업계의 생각은 다르더라고요. 제가 그걸 제대로 못 맞추었어요. 물론 일부는 잘 되고 있어요. 대표적인 게 지금 저기 잠실환승센터입니다. 거기는 광역버스가 지하로 들어와요.

지하철 잠실역과 연계된 광역버스환승센터

거기서 구리시나 성남시로 가는 버스를 갈아탈 수 있죠. 그게 아까 말했던 홋카이도 삿포로 방식과 비슷해요. 물론 꼭 지하가 아니더라도 그런 환승센터가 생기면 교통연계 차원에서 좋은 거죠.

다른 신문들을 보니까 2호선 부분 개통 즈음해서 "종합운동장역-신설동역 구간은 순수 우리 자본과 기술로 건설했다. 또 차량은 대우와 현대에서 약 40%가량을 자체 제작했다. 그리고 종합운동장역은 관람객을 염두에 두어 시청역의 2배 규모로 신설했다."라고 합니다. 당시 2호선에서 유독 확장을 강조했던 역이 있었나요?

종합운동장역은 구자춘 시장이 특별히 크게 확장하라고 지시했죠. 야구 경기가 끝나면 쏟아져 나오는 그 인파를 고려하면 보완이 필요했죠. 아직 열차는 오지 않았는데 승강장에는 사람이 꽉 차 있고 중간에 왔다 갔다 못 하잖아요. 그런 밀집상황에 대비해야 합니다. 밀집상황을 어느 위치, 어느 포인트에서 통제를 해야 하는지, 심도 있는 연구를 통해 빨리 보완하는 게 좋습니다. 역사만 넓게 확장했다고 그게 해결되는 것은 아니거든요. 잠실운동장역은 대합실 폭이 70m예요. 신도림역도 처음에는 철도청 지상철 관할구역에서 갈아타는 사람들한테 돈을 받겠다고 게이트를 만들었어요. 그러다가 사람들이 워낙에 많이 몰리니까 나중에 다 없애버렸죠. 대신 그런 경우에는 영업이익을 배분을 둘러싸고 서울시와 철도청 사이에 문제가 생기기도 했어요. 철도랑 연계되는 구간이 있으면 복잡했죠.

그런 것 같습니다. 1호선 종로선을 건설할 때부터 수도권 전철구역으로 연계되는 부분에서 발생하는 수익 배분을 놓고 서울시와 철도청이 옥신각신했다고 하더라고요.

밖으로 공표는 안 했죠. 하지만 일단 서울시나 철도청이나 결국 국고보조도 받으니까 원만하게 넘어가자고 했죠.

수도권 승객이 서울 도심으로 들어갔다가 다시 나오면 철도청과 서울시가 수익을 반반으로 나누자는 식으로 이야기가 된 것으로 알고 있습니다. 가령 청량리역에서 수원이나 인천으로 가는 표를 끊어주려면 결국 수도권 철도청 구역 손님의 표를 끊어주기 위해 역무원의 업무가 늘어나는데, 결국 수원이나 인천을 가려면 서울시 구간을 지나가야 하고요. 그런데 그 업무가 철도청 구간 승객을 위해서만 하는 일도 아니라는 모호한 상황이 발생하니까 말들이 오가고요. 지금은 역무자동화로 그럴 일이 없어졌지만요.

예전에는 역무원들이 손으로 했으니까 그게 민감한 문제였어

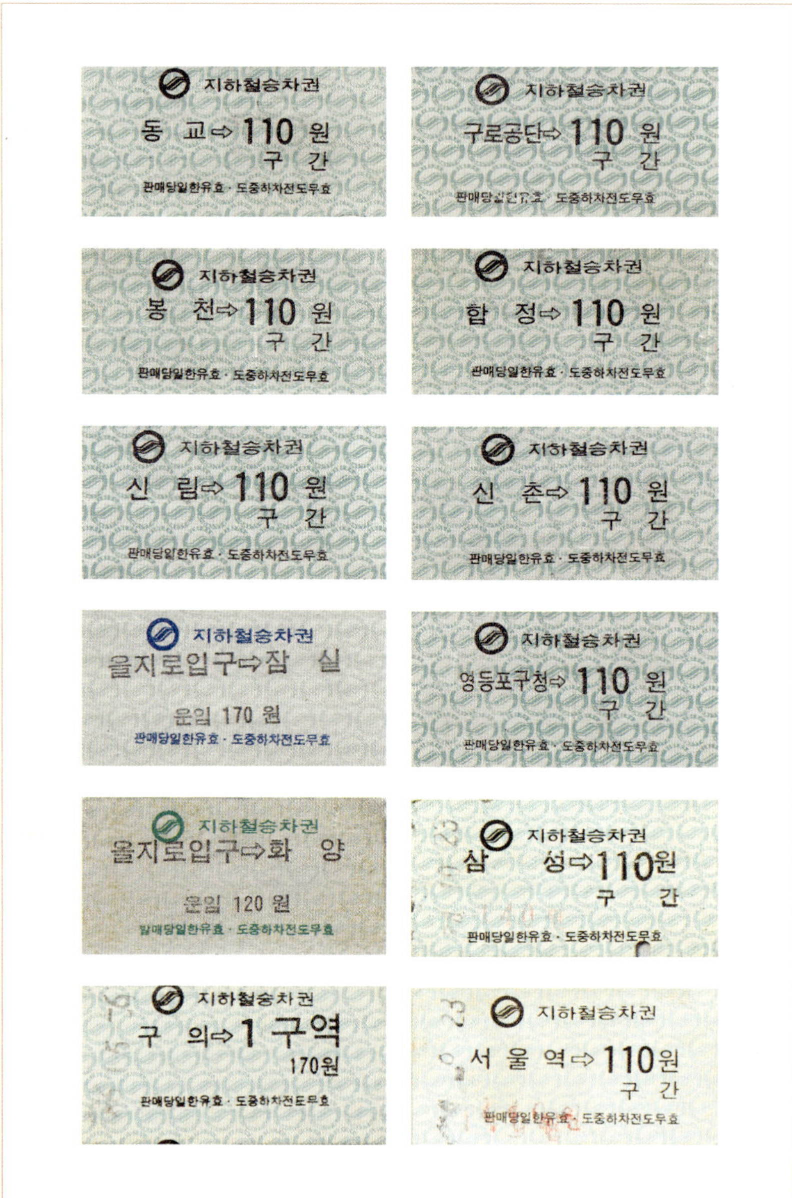

1980년대 초중반까지 사용되었던 지하철 승차권

요. 창구 밖에서 손님이 행선지를 말하면 그 창구 안에서는 거기 가는 표를 빨리 골라서 꺼내줘야 했거든요. 그래서 그것만 전문적으로 하는 역무원이 또 있어야 했죠. 구역별로 표들이 칸별로 나뉘어 있었죠.

숙달되지 않으면 그 짧은 시간에 표 찾기도 어려웠다고 하더라고요.

뒤에 승객들 차표 사려고 줄 서 있는데 빨리 못 찾으면 등에서 식은땀이 나는 거죠.

이번에는 야간공사에 관해서 질문을 드릴게요. 거의 밤낮으로 팠다고 하더라고요.

맞아요. 밤에도 계속했죠. 대신에 할증은 다 해줬어요. 야간에 작업하면 능률이 주간에 비해 0.8배 정도로 떨어지거든요. 하지만 임금을 1.5배 줘야 합니다. 그렇게 단가를 냈기 때문에 시공사와의 어려움은 크게 없었어요.

통금이 1981년에서 1982년으로 넘어가면서 해제되었는데요. 그전까지는 야간 통행증을 가지고 다녔다고 알고 있습니다. 선생님도 갖고 다니셨나요?

저는 없었어요. 야간에 일이 생기면 수습하는 사람들은 가지고 다녔어요. 우명규 시장님 같은 경우에도 당시 본부장이었으니까 가지고 있었고요.

네, 오랜 시간 면담해 주셔서 감사합니다. 인터뷰는 이것으로 마치겠습니다.

백영현

1947년 전라북도 부안 출생
1971년 서울대학교 토목공학과 졸업
1974년 서울시 도시가스사업소 근무
1977년 서울시 지하철본부 건설2과 근무
1983년 서울시 지하철본부 안전점검반장
1986년 서울시 종합건설본부 공사4부 공사3과장
1993년 서울시 지하철건설본부 설계감리실장
2002년 청석엔지니어링 사장
2011년 도화엔지니어링 부회장
2019년 유신엔지니어링 부회장

면 담 자 이연식(일본 소피아대 외국인연구원)
면담주제 제1기 지하철 건설과 공무원
면담일시 2022년 12월 23일(1차)·2023년 1월 6일(2차)
면담장소 서울역사편찬원

"지하 구조물의 깊이를 확보하는 것이 중요해요"

단가산출서 등을 작성하면서 지하철 공정을 파악

이번 면담은 '서울의 지하철 건설과 공무원들'이라는 주제로 실시하는 서울역사 편찬원의 구술채록입니다. 오늘은 백영현 선생님을 모셨습니다. 선생님께서는 1974년 서울시에서 근무를 시작하셨고, 1977년 지하철본부 건설2과, 1983년 지하철건설본부 안전점검반, 1989년 지하철건설본부에서 근무하셨습니다. 우선 서울시 지하철 건설 당시에 대해서 말씀 부탁드리겠습니다.

제가 지하철본부로 발령난 것이 1977년 10월이었어요. 지하철본부 건설2과였지요. 그때가 2호선을 건설하기 위해 준비하던 때였어요. 착공을 준비하던 단계였습니다. 저는 지하철을 전혀 모르는 상태였어요. 일단 제가 가서 처음으로 맡은 일은 현장조사랑 공사 발주를 위한 단가산출서 등을 만드는 것이었어요.

지하철본부로 가셨을 당시에 건설 파트는 어떤 일을 했나요?

1977년 하반기에는 2호선 착공을 위한 준비로 한창 바쁠 때였습니다. 건설 파트는 설계랑 계획을 담당하는 기획조사과, 토목을 담당하던 건설1과와 건설2과, 그리고 궤도 쪽 건설 일을 담당하는 공무과가 있었지요. 그렇게 4개 과가 있었어요. 남상하 씨가 공무과장, 건설1과장이 이평재 씨, 건설2과장은 이신영 씨, 기획조사과장은 김영수 씨였어요. 일단 제 직급은 기사보였어요. 지금으로 치면 7급이었죠. 일단 제가 2호선에서 처음에 한 일이 현장조사와 공사 발주를 위한 단가산출서 등을 만드는 작업이었어요. 처음에는 왜 저한테 그걸 시켰는지 이해가 잘 안 갔어요. 저는 지하철을 한 번도 안 해봤고, 기술자 생활도 얼마 하지를 않았거든요. 그래도 뭐가 뭔지도 잘 모르는 상태였지만 아무튼 지시를 받았으면 해야죠.

실무 경험이 별로 없었는데 당황하셨겠네요.

그렇죠. 그저 '초심자'였죠. 하여튼 지하철본부에 있던 공사 관련 자료들을 다 모아서 공부를 많이 했어요. 모르면 선배들한테 물어보고 그랬죠. 그 과정에서 자연스레 공사에 대해서도 이해가 깊어졌어요. 공사를 어떻게 진행하는 것인지도 알게 되었죠. 공사에 돈이 얼마나 나오는지 뽑아내려면 일단 공사 진행 과정을 잘 알아야 합니다. 예산서의 견적도 뽑아야 합니다. 그리고 그것을 하려면 결국 도면을 들여다봐야 합니다. 그다음에 그것들이 어떤 순서로 이루어지는지, 또 각 공정은 어떤 작업인지, 그런 것들을 이해하게 되죠. 그래야만 예산이 적정한가를 판단할 수 있으니까요.

실은 초반까지만 해도 저는 공사 현장을 거의 안 나갔어요. 하지만 지난 자료들을 거꾸로 복기하면서 지하철 공사가 어떤 순서로 이뤄지는 건지를 대강 알게 되었죠. 그때서야 선배들이 왜 저에게 그걸 시킨 것인지 감이 오더군요. "너는 초짜이지만 머리는 조금 있는 것 같으니 이것을 공부해서 좀 고칠 건 고쳐 봐라."는 의미로 시키지 않았나 싶어요.

단가산출 서류 같은 거를 정리하면서 공사 진행 과정에 대해 전반적인 감을 잡으셨군요.

맞아요. 현장에 한 번도 안 가봤지만 지하철 공사의 전체적인 흐름을 개관할 수 있는 능력이 생겼다고 할 수 있습니다. 그때 제가 계산한 것 중에는 이런 것도 있었어요. 일단 굴착을 위해 아스팔트를 깨는데 어떻게 깨느냐 하는 것이 있었어요. 물론 그 당시에도 그런 작업은 포클레인을 썼지요. 그런데 당시에는 윗부분은 인력으로 굴착하도록 되어 있더라고요. 그렇게 계산을 하니까 의아한 거죠. 이미 기계가 있는데 이거를 왜 인력으로 굴착하는지 의문이 들었습니다.

포클레인 등의 중장비가 사용되는 모습(1980년)

기계가 있으면 기계로 하면 되잖아요.

그런데 과거의 관행은 밑부분은 기계로 하되 지표 윗부분은 인력으로 하게 돼 있었어요. 왜냐하면 지표 아래에 상수도 같은 지장물이 있다고 해서 그런 거였어요. 하지만 그건 매설정보가 없던 예전 시절의 관행인 거죠. 상수도 관이 있는 곳은 위치 정보를 조사해서 피하고 윗부분만 조심스럽게 파면 되거든요. 그게 불가능하면 그 부분만 인력으로 하면 되는 겁니다. 그래서 제가 품을 쭉 검토하고 정리하면서 이제 나머지도 기계로 하는 걸로 다 바꾸었죠. 또 몇 가지 불필요한 관행이나 시대와 맞지 않는 관행도 개선했고요.

말씀을 들어보니 2호선부터는 1호선 종로선 놓을 때와 상황이 많이 바뀐 거네요?

그렇죠. 지금 생각해보면 저 같은 완전 '초짜'를 시켰기 때문에 그게 가능했던 거 같아요. 조금이라도 현장 일을 아는 사람이면 "일은 자고로 이렇게 하는 거야. 관습적으로 이렇게 해왔어, 이렇게 하는 거다."라고 하면서 넘어갈 수 있거든요. 한데 선입견이 없는 초짜를 시켰잖아요. 그러니까 "이거는 좀 이상하나, 이건 왜 이렇게 하지?"라고 하면서 겁 없이 고친 거죠. 역설적으로 제가 아무것도 몰라서 가능하지 않았나 싶어요.

기존의 용어와 단위를 개선하다

어떻게 보면 선배들의 훌륭한 후배 교육이라고 하겠네요.

후배 교육도 시키고, 동시에 '너 어떻게 하는지 한번 보자.'라는 생각도 있었겠죠. 어쨌든 그런 식으로 해서 몇 가지를 개선했어요. 개착식으로 하면 굴착 예정지 양쪽에 말뚝을 박아요. 보통 H빔이라고 하죠. 옛날에는 I자로 생긴 것도 많이 있었어요. 일단 그 말뚝을 굴착하는 땅의 양쪽에 박아요. 말뚝의 생김새가 원형이냐, H형인지, I형인지,

토류판으로 공사장 양 옆을 지지하고 있는 모습

모양에 따라서 각각 용어가 달라져요. 그런데 우리식으로 정확하게 표현하면 그냥 말뚝을 박는 거죠. 시트파일도 그래요. 시트sheet는 결국 판이란 뜻이거든요. 종이 모양이라고 해야 할까요? 아무튼 이 시트파일은 물결무늬로 연결되었어요. 60cm 길이로 된 것이죠. 철판이 쭉 연결되어 있으니까 물이 안 새죠.

1호선 공사 현장 사진들을 보면 나무판을 벽처럼 쌓았더라고요. 흙이 무너지지 말라고 말이죠.

그게 토류판이라고 하는 겁니다. 개착 단면을 보면 H형 파일을 양쪽에 쭉 박죠. 그럼 그 중간에 있는 흙이 무너지지 않게 하려고 판자를 대는 거지요. 땅을 파면서 밑으로 점점 더 깊이 판자를 대고요. 흙을 머무르게 만드는 판이라고 해서 토류판이라고 하는 겁니다. 그리고 이걸 무너지게 않게 버텨주는 걸 버팀보라고 해요. 그리고 말뚝을 띠처럼 연결해 주는 띠장이 있고요. 그 띠장에 버팀보을 설치해서 말뚝이 밀려 나오지 않게 만들고, 토류판이 밀려 나오지 않게 말뚝을 박아주면 전체 흙이 안 밀려 나오죠. 이 버팀보도 옛날에는 '스트러트strut' 라고 했어요, 띠장도 '웨일wale'이라고 그러고요. 그런데 우리말을 두고 굳이 왜 그랬는지 모르겠더라고요. 그냥 버팀보나 띠장이라고 하면 되겠더라고요. 그래서 용어도 바꾸고 했죠.

한글로 바꾸셨네요.

이런 용어는 어떤 한 사람이 바꿀 수 있는 것이 아니고 당시에 참여했든 기술자들이 같은 마음으로 우리 말로 쓰다 보니 자연스럽게 바뀐 것이지요. 그리고 버팀보 수량을 '단미터' 단위로 셈하고 있더라고요. 토목공학을 공부한 저도 전혀 이해가 안 갔어요. 단미터를 어떻게 정의해야 하는지를 도통 모르겠더라고요. 설명을 듣는데도 수량을 도저히 셈하기 어려워요. 그러니 새로 오는 직원들한테 어떻게 설명할 수가 없더라고요. 그래서 '이참에 이것도 바꾸자. 산출 방법 자체를 바꾸자.'라고 생각했어요. 간단하게 버팀보 개수로 그냥 세자고 했죠. 그러면 쉽지요. 개수를 단미터로 환산해서 공연히 복잡하게 하지 말고, 그냥 개수를 세는 거죠. 그럼 초등학생도 알 수 있어요. 물론 대신에 개수는 길이에 따라 다르게 설치하니까 결국에는 품에 올라가는 금액이 달라질 수 있죠. 그래서 길이를 8~10m, 10~12m, 12~14m, 이런 식으로 나누는 방식을 썼어요. 그러니까 이 길이의 버팀보가 몇 개고, 길이는 몇 미터니까 1개당 3만 원, 혹은 1개당 5만 원, 이런 식으로 계산하는 거죠. 누구나 쉽게 이해할 수 있어요. 초등학생도 다 할 수 있지요. 그렇게 바꾸었죠. 그전까지 그런 복잡한 관행들을요.

그러네요. 오히려 예전의 단미터로 환산하는 방식 자체가 일이었네요.

그렇죠. 단미터로 계산하니까 이해가 잘 안 가는 거예요. 이제는 바꾼 방식이 정착됐죠. 또 지하에서 공사를 하려면 컴컴하니까 전등불을 켜야 하잖아요. 그런데 그 전엔 전등불 켜는 돈을 안 줬어요. 그래서 임시조명 항목을 품을 새로 만들었어요. 기획조사과장이었던 김영수 과장님이 조명 품이 없으니까 저보고 좀 만들어 보라고 했어요. 그런데 제가 뭘 아나요? 아무것도 모르잖아요. 일단 조명공학 책을 사다가 봤어요. 책을 보고 전기 조도照度 를 어떻게 할 것인지 정해서 조도 표준을 먼저 만들었어요. 그리고 조도 표준을 달성하려면 전등을 어떻게 설치하는 게 효과적인지를 살폈어요. 큰 거를 달면 듬성듬성 달 수가 있더라고요.

혹시 그러면 조도의 편차가 생기지 않을까요? 전등과 전등 사이의 중간 지점은 좀 어두울 것 같은데요.

그렇죠. 그럴 경우에는 편차가 많이 생기죠. 그래서 어떻게 하면 효과적일지 나름대로 생각해서 조명계획을 세우고 그 돈이 얼마나 드는지, 전력비는 얼마나 드는지, 전구 가는 비용은 얼마나 드는지 계산했어요. 그리고 전력비용은 총 얼마나 들어가는지 일당으로 계산했죠.

그러면 공사 기간을 계산해서 총 얼마가 든다는 걸 산출할 수 있잖아요? 그것도 제가 만들었죠. 아무것도 모르면서 했죠.

선배들이 선생님한테 그 작업을 시킨 이유를 생각해보니까 1호선에 참여했던 분들도 뭔가 이거를 체계화했으면 좋겠다고 생각해서가 아닐까요? 1호선 때는 시간의 압박이 있었을 테니까요. 그때는 1974년 광복절로 확정시켜 놓고 공사를 했으니까요.

아마 그런 생각도 좀 있었을 거예요. 2호선 때는 조금 시간적인 여유가 있으니까 천천히 한번 해봐라는 의미로 그렇게 한 것 같아요.

종합운동장역 크기가 커진 이유

2호선 건설 당시에 선생님이 현장감독직을 종합운동장역부터 시작했다고 알고 있습니다. 그런데 종합운동장역이면 2호선에서 제일 큰 역사였거든요. 그때 구자춘 시장이 무조건 역사를 크게 만들라고 지시했다고 하더라고요.

지금은 2호선이 차량 10량을 달고 다니잖아요. 그러면 역사의 길이가 210m 정도가 됩니다. 그런데 처음에 계획할 때는 8량이었어요. 그러면 정거장 길이가 170m가 됩니다. 그런데 1호선 때 지하철건설본부장을 하셨던 김명년 씨가 건설국장에서 부시장이 됐거든요. 부시장이 되면서 지하철건설이 자기 업무 소관에 된 거죠. 그 분이 부시

지하철 2호선 건설 계획을 점검하는 구자춘 시장(1978년)

장이 되자마자 "철도에 8량짜리가 어디 있냐? 10량으로 늘려라."고 지시하셨어요. 지금 돌이켜 보면 정말로 크게 잘한 결정이죠. 그런데 당시 저 같은 직원들은 "10량으로 왜 하라는 거지? 철도가 10량으로 다닌다고 해서 지하철도 그렇게 길게 다녀야 하나?"라는 그런 불만이 생기더라고요. 저는 한참 땅을 팔 때니까요. 땅을 파고 공사를 할 때니까 힘들거든요. 우리끼리 모여서 불평했어요.

2량을 늘리면 길이가 얼마나 늘죠?

1량이 약 20m니까 결국 40m를 더 파야 해요. 말뚝도 다시 더 박고 파야 하니까 힘들었지요. 그렇게 해서 아무튼 지금처럼 10량으로 되었어요. 어쨌든 제가 당시에 종합운동장역 공사감독을 했는데 그때 종합운동장역에서 2호선 착공식을 거행했어요. 그런데 실은 착공식을 2번 했어요. 왜냐하면 박정희 대통령 시절에 2호선 착공한다고 예산 지원을 받기 위해서 성수동 하천 복개를 하면서 그 위에서 착공식을 했거든요. 하천 복개공사를 하면서 동시에 지하철을 기초를 올렸던 거죠. 물론 상부의 눈치를 봐야 했어요. 그래서 "이거는 지하철 공사가 아니고 복개 공사다."라고 했죠. 그래서 복개공사 착공식이라고 했어요. 실제로는 지하철 착공식이라고 봐야죠. 어떻게 보면 편법이었죠. 예산을 받아야 했으니까요.

그래도 2호선 건설 때 박정희 대통령한테 하사금도 받았어요. 본부로 격려금을 보내왔어요. 추석과 설 때 보내주면 그걸 전 직원에게 머릿수만큼 나눠서 주고 그랬어요. 아무튼 정식 2호선 착공식은 1978년 3월이었어요. 제가 공사감독이었던 종합운동장역에서 거행했지요. 제가 준비한 행사였죠. 그때는 2호선이 아니고 순환선이라고 불렀어요. 처음에는 대통령이 참석할 예정이었다가 취소가 되고 총리가 오게 되었어요. 행사의 격이 달라졌죠.

총리가 대신 참석했군요.

그랬죠. 그런데 재미있는 일화가 있어요. 아까 물어본 것과도 연관이 있어요. 당시 구 시장 딸이 종합운동장역 옆에 있는 정신여고를 다녔었나 봐요. 공사하는 직원들은 전혀 몰랐지요. 저도 그랬고요. 구자춘 시장 딸이 다닌다는 걸요. 그런데 당시 종합운동장역을 크게 지었어요. 그래서 사람들이 뭐라고 했죠. 시장이 자기 딸 학교 다니기 편하게 종합운동장역을 넓히라고 명령을 내렸다고 말이죠.

저도 구자춘 시장 딸이 정신여고에 다녔다는 얘기를 들은 것 같아요.

실은 소문과는 달라요. 당시에 하루는 제가 현장에 있는데 구 시장님이 연락도 없이 딱 오셨어요. 그런데 원래 현장에 가면 거의 모든 현장에는 상황실이 있어요. 상황실에는 전체 공사현황과 공법은 어떻게 되는지 등 공사상황을 적어 놓는 상황판이 있습니다. 외부 인사가 오면 이 상황판을 가지고 브리핑을 합니다. 구 시장님이 거기에 딱 앉는 거예요. 공사가 어떻게 되고 있냐고 물어요. 그래서 답변을 했죠. 그랬더니, "야! 그게 아니고 여기에 대규모 운동장이 들어오는데 이렇게 작게 해서 되겠어? 훨씬 커야지. 사람이 한 번에 10만 명이 쏟아지는데!"라고 그러셔요. 제가 직접 구자춘 시장한테 소명을 했죠. 그랬더니 "10만 명이 경기장에서 한꺼번에 쏟아지는데 역을 그렇게 만들어서 되냐? 여기 도로가 몇 미터야? 지도 가져와 봐. 도로들 이거 다 키워."라고 즉석에서 지시했어요. "얼마나 키울까요?"라고 물어봤더니 "얼마를 키우고 말고 할 것 없이 자 갖고 와!"라고 그러셔요.

그분도 불도저에요. 긴 자를 대고서 "여기 잡아 봐."라고 하더니 지도의 도로에 대고 줄을 쫙 긋는 거예요. 컬러펜으로요. 그리고 "이쪽도 다 이만큼 키워. 정거장도 다 키워. 알았어?"라고 그러셨어요. 그래서 종합운동장역의 구조가 지금처럼 커졌어요. 대합실도 넓잖아요. 상황판에 잘 그려줬던 거죠. 이튿날 사무실을 들어가, "어제 시장님이 다녀가셨는데 이렇게 키우라고 상황판에 그렸다."라고 구체적으로 이야기를 전했지요. 결국 설계를 고쳐서 지금의 종합운동장역의 역사가 엄청나게 커진 겁니다.

구자춘 시장이 군에 계실 때 포병이었잖아요. 그러면 각도 재고 그런 거는 감각이 있으셨겠네요.

제가 느끼기에는 확실히 그랬어요. 거리나 공간 감각이 엄청 좋았죠.

강남역 상가 공사장에 나타난 대우 김우중 회장

2호선 건설이 시작되었을 당시 강남 지역은 보면 허허벌판이었는데요. 덕분에 방해물이 없어서 공사하기가 쉬웠다고 하더라고요.

옛날에는 테헤란로는 교통량이 적었죠. 주변도 개발이 안 됐기 때문에 중앙의 2차선만 포장 상태였고 나머지는 그냥 비포장 흙길이었어요. 강남역 있는 데가 호박밭이었으니까요.

강남역 지하상가는 대우건설이 맡았다고 알고 있습니다.

맞아요. 지하상가는 대우건설에서 민자로 만들었어요. 그래서 지하상가 공사 때는 김우중 씨가 현장을 두 번이나 왔어요. 대우로는 상가 건설이 상당히 큰 사업이었죠. 그 당시 김우중 회장이 뭘 했냐면 3·4호선을 민자로 하겠다고 했거든요. 그래서 민자로 건설하는 상가와 강남역 지하철 공사에 관심이 많았어요. 그래서 3·4호선은 대우에서 민자 건설 기본설계를 했어요.

대우가 지하철에 관심이 많았더라고요.

김우중 회장이 지하철 공사에 관심이 많았던 거지요. 그래서 여기 현장도 두 번씩이나 와서 봤던 거죠. 현장 감독실까지 왔거든요. 처음에는 제가 있을 때 왔어요. 악수도 하고 금일봉도 주고 가더라고요. 어쨌든 받기는 했죠. 하지만 그거를 함부로 쓸 수가 없잖아요. 그래서 지하철건설본부에 가서 보고를 했지요. 김우중 회장이 왔다 갔는데 금일봉을 주고 갔다고요. 그때 50만 원인가, 70만 원 정도 됐을 거예요. 지금으로 치면 거의 1,000만 원쯤 될 거예요.

당시 관행으로도 그냥 쓰기에는 많은 돈이네요. 인부들하고 같이 회식하기에도 많은 돈이고요.

감독에게 준 것이니까 시공사 인부들은 우리와는 관계가 없지요. 시공업체는 따로 있었으니까요. 아무튼 본부에 가서 계장님, 그러니까 나성수 사무관에게 보고했죠. 그랬더니, "야, 너 쓰라고 준 건데 뭐 그런 걸 이야기하고 그럴 거 있냐? 너희들끼라 그냥 알아서 써."라고 했어요. 그래서 일단 과課 전체 회식을 했지요.

과 전체면 한 몇 명쯤 되나요?

그 당시에 30명쯤 됐지요. 그런데 그래도 남더라고요.

한우 굽고, 술 한잔을 해도 남았군요.

맞아요. 그러고도 많이 남았어요. 그래서 직원들하고 '돔바'를 하나씩 사 입었지요. 너무 많은 금액이었으니까 그래도 공적인 용도로 써야 했지요. 겨울철이니까 방한 코트를 사 입었지요.

오리털 패딩이 나오기 전에 '돕바'라고 부르던 두툼한 방한용 외투 말씀이신가요?

맞아요. 그리고 두 번째 올 때도 금일봉을 두고 갔어요. 그때는 제가 직접 안 받았어요. 제가 없을 때 다녀갔더라고요. 그거도 비슷하게 처리했을 것 같네요. 두 번째는 기억이 없어요. 아마도 그런 일이 처음이었기 때문에 첫 번째 기억이 생생하게 남지 않았나 싶어요.

그게 참 애매해요. 당시에는 일종의 관행이 있었으니까요. 차라리 이렇게 과 회식을 하는 게 낫겠네요.

물론 회식하고 돕바를 샀던 것도 법을 엄격하게 해석한다면 위반한 거예요. 그래도 개인적으로 착복한 것은 아니었죠. 제3자 뇌물이라는 것도 있잖아요? 엄격하게 따지면 위반이겠지만 그렇게 처리하고 넘어갔던 거지요.

패딩은 마음에 드셨어요?

덕분에 한동안 잘 입고 다녔죠. 다른 현장에서도 부러워했어요.

1호선 건설에 참여한 선배들에게 배운 것

1980년대 신문 기사를 보니까 지하철 1호선의 도면이 일부 없어져서 다시 그렸다는 내용이 나오더라고요.

철도청에서 왔던 이인호 씨가 그 일을 담당했어요. 지금은 작고하셨죠. 철도청 설계사무소에 계시다가 오셨어요. 그런 쪽에는 굉장히 해박하시고 현장도 많이 아시고요. 1호선 건설할 당시에 일본의 지하철 관계자들을 많이 아시기도 했어요. 필요하면 일본에 전화해서 필요한 자료들을 부탁해서 받기도 했던 분이었어요. 일본 사람들이 귀국할 때 선물도 간단한 거 보내서 자료들을 더 얻어오고 그랬죠. 그런데 그 양반이 진급을 못 하고 6급으로 55세에 정년을 하셨어요. 지금은 61세가 정년이지만 그전에는 6급 이하는 55세, 5급 이상은 61세였어요. 하여튼 그때 우명규 본부장 시절이었는데 계약직 사무관으로 다시 모셨죠. 우리들은 직급에 상관없이 우리가 그냥 이인호 선생님이라고 불렀죠. 나이도 많고, 지하철에 관해서도 많이 아셨죠.

군대에 비유하면 주임원사 같은 위치라고 할까요?

비슷하네요. 일단 그 양반이 퇴직 후 계약직으로 근무하게 됐죠. 계장 자리를 만들어 근무했지요. 그분이 왜 사무관을 못 달았는지 저도 잘 이해가 안 되더라고요. 머리도 좋고 그러셨거든요. 역학도 잘 알고 그러니까 승진 시험을 보면 충분히 될 것 같았어요. 본인이 느지막

롯데백화점과 연결되어 있는 잠실역 통로

하게 시험공부하고 후배들하고 경쟁하기가 싫어서 안 했을지도 모르죠. 잘 모르겠지만 아무튼 사무관이 안 되고 6급으로 퇴직하셨어요.

2호선 건설 당시 1호선 건설한 선배들에게 2호선을 건설하면서 배운 점이 있다면 뭐가 있죠?

저의 경우에는 지하철에 관한 모든 걸 선배들에게서 배웠지요. 예를 들면 그 당시에 제가 했던 일 중의 하나가 지하철과 인접 건물을 지하로 직접 연결하는 연결통로로 만드는 거였어요. 지하철에서 내려서 밖으로 나가지 않고 바로 건물로 들어갈 수 있도록 하는 거죠. 당시 외국에 가보면 참 많았거든요. 필요하다는 인식은 있는데 어떻게 만들어야 할 것인지에 관해서는 의견이 분분했어요. 그래서 이인호 선생님한테 자문을 구했죠. 그랬더니 일본에 그런 자료가 많을 테니 구해서 주겠다고 하셨죠.

그 사이에 저는 대법원 등기과에 가서 법적인 문제를 검토하고요. 그렇게 해서 연결통로건설에 대한 방침을 정했어요. 그런식으로 많은 도움을 받았어요. 또 터널을 어떻게 파야 할지도 고민이었어요. 2호선 건설 후기에는 NATM New Austrian Tunneling Method 터널공법을 도입했어요. 이 공법은 지반이 갖고 있는 지지력을 최대한 활용하면서 굴착으로 인해 부족해진 지지력을 보충해주는 공법으로 어느 지반에나 적용이 가능하고 경제적으로도 아주 유용한 공법이지요. 아까 말했듯이 지금은 대부분 이 터널공법으로 하고 있죠. NATM공법 이전에는 ASSM American Steel Support Method 터널공법[1]으로 공사했어요. 미국 같은 나라에는 철이 많잖아요. 그러니까 철제 지보재로 지지하면서 터널을 만드는 공법이죠.

그런데 NATM공법은 2호선 말기에 일부 도입됐지만 주로 3·4호선에서 활용을 했죠. 그런 터널공법을 어떻게 활용할 것인지, 지하철 선형을 어떻게 만들어야 하는지, 우리가 잘 모르는 점이 있으면 이인호 선생님에게 물어보고 큰 도움을 받았죠. 우리가 요청하면 일본에 연락해서 자료를 구하고 번역해서 우리에게 주셨지요. 그러니까 우리뿐만 아니라 직급이 높은 선배들도 '이인호 선생님'이라고 불렀을 정

---

1 ASSM은 일반적으로 산악지형 등에 갱구를 설치하고 암반이나 토사 등의 지반을 강지보재에 의해 지지하면서 굴착하고 최종적으로 라이닝을 설치하여 완성하는 공법을 의미한다. 많은 국내 철도 터널이 이 공법으로 시공되었다.

도였죠. 그분이 얼마나 근무에 열정적이었냐면 따님 결혼식 날이었는데도 결혼식을 마치고 오후에 나와서 근무를 했을 정도였어요.

정말 지하철 건설의 숨은 공로자셨네요.

맞아요. 2호선 건설하면서 뭐든지 모르는 것은 그분에게 전부 여쭤봤으니까요.

그럼 다시 앞서 말했던 신문 기사 내용에 대해서 질문을 드릴게요. 그 기사를 보니까 도록 총 3권을 기초로 설계 도면을 그리고 있다고 하면서 "당시 종로선《공사지 工事誌》원고가 1m 높이로 세 뭉치가 있었다. 약 10여 명이 토목, 전기, 건축 분야별로 일지를 기록한 귀중한 자료라고 한다."라고 보도하고 있습니다.

거기에서 언급한《공사지》는 지금 우리가 이야기하는 공사를 쭉 개관할 수 있도록 만든 그런《공사지》는 아니고 공사와 관계된 여러 가지 서류나 도면을 모은 것을 가리키는 것 같아요. 서울역에 창고가 있었어요. 그곳에 자료를 보관했다는 얘기를 들었어요. 그걸 직접 보지는 못했고요. 그리고 우리가 참조한 것은 도록 3권으로 표지 색깔이 청색으로 된 것인데요. 표지가 하드보드지 재질로 A3 크기의 축소 도면이죠. 거기에 모든 도면이 다 있었어요. 오로지 도면만 있는 거죠. 지하철 건설의 배경이나 비용, 예산 같은 거는 없고요. 그게 세 권짜리로 딱 있었어요.

후배들한테는 보배 같은 거죠. 정거장을 만들면서 기능배치를 어떻게 해야 하는지 궁금하거나 이런 곳은 예전에는 어떻게 했는지 찾아보고 싶을 때 도움이 되는 귀한 자료였죠. 기사의 내용은 대체적으로 맞는 거 같네요. 그런데 그 양반이 그거를 다시 그렸는지는 잘 모르겠어요. 아무튼 그분이 지하철에 대해서는 최고로 많이 아는 분이라고 할 수 있었어요. 이인호 씨 이외에 철도청에서 오셨던 분으로 김명년 씨, 우제범 씨, 여용원 씨, 남상하 씨, 나성수 씨 등이 있었어요. 지금 기억나는 건 이렇게 6명이네요.

1990년대 초반까지도 지하철공사 입찰 자격을 갖춘 설계회사는 손에 꼽아

서울시 쪽을 보면 1호선을 시작할 당시에는 본청 내부에 지하철 건설 조직이 없었으니까 토목이나 도로공사를 하시던 분들이 차출되더라고요. 몇몇 분들을 보니까 공사과장으로 온 김병린 선생님 같은 경우에는 토목과 도로계장이었고, 기획계장으로 온 손홍구 선생님은 도시계획과 종합계획계장이었습니다. 그리고 설계계장으로 온 안상영 선생님은 토목과 계장이었더라고요.

크게 보면 지하철 건설도 토목공사 원리와 비슷해요. 현대 정주영 회장이 조선소를 처음 시작할 때 현대건설 직원을 일본에 파견했거든요. 그다음에 갔다 온 직원한테 정 회장이 물어보니까 "조선소는 결국 큰 도크입니다."라고 했다지요. "땅 파고 콘크리트 쳐서 크게 물을 가두기만 하면 됩니다."라고요. 지하철 역시도 열차가 지나가는 길을 만드는 거죠. 레일이 지상이면 레일웨이, 지하라면 서브웨이가 되죠.

아무리 복잡해 보여도 기본적인 이해가 가장 중요하다는 거네요. 결국은 같은 길이라는 뜻이네요.

그렇지요. 그런데 그것을 파서 만들면 개착이죠. 아니면 터널공법으로 하는 거고요. 개착도 보조공법을 뭘 쓰는가에 따라서 여러 가지로 나뉘긴 하지만 크게 보면 이렇게 나눠져요. 개착공법은 땅을 파고 안전장치도 하면서 콘크리트를 치고 덮는 겁니다. 자동차 도로 같은 경우에는 여유가 많으니까 선형이 조금 비뚤어져도 크게 문제가 없어요. 도로의 커브를 적당히 만들어도 되죠. 그런데 지하철은 밀리미터 단위로 그걸 정밀하게 따져야 해요. 높이는 3mm 이상 틀리면 보수를 해야 해요. 좌우로는 5mm 이상 틀리면 보수해야 합니다. 굉장히 세밀하게 공사를 해야 되는 거죠.

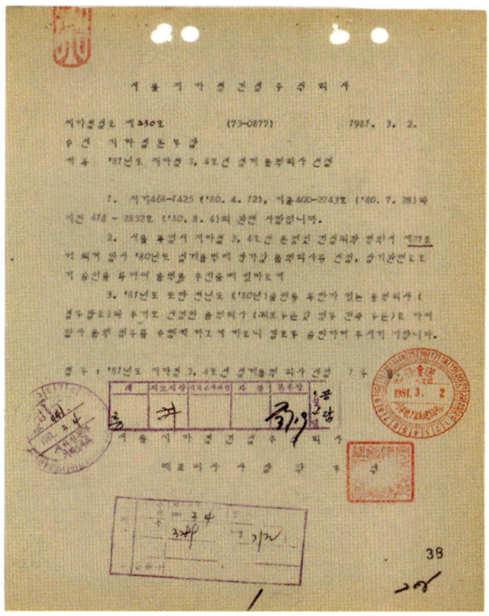

지하철 건설 설계업체 선정 공문(1981년)

또 전철이니까 거기에 전기선을 넣어야죠. 결국 같은 토목공사지만 조금 더 정밀하게 해야 하죠. 그리고 또 레일의 선형 작업이 들어가야 됩니다. 구배(경사각도)도 굉장히 제한적으로 해야 합니다. 법으로 규정이 정해져 있거든요. 물론 감각이 있는 사람이면 조금만 훈련하면 할 수 있어요. 도로 공사하는 거랑 똑같아요. 도로 건설을 실제로 해본 사람이면 조금만 훈련하면 되요. 당연히 서울시에서 그런 쪽 사람이 많이 올 수밖에 없죠.

당시 기술자들의 실력은 어느 정도였나요?

1호선 건설 시에는 지하철에 대한 지식이 없던 시절이라 우리 기술만으로는 건설할 수가 없어 일본의 기술지원을 많이 받았고, 2호선을 건설할 때는 1호선 건설경험을 갖고 건설할 수가 있었지요. 그래서 2호선 건설공사의 현장에는 '우리 자본, 우리 기술, 우리 지하철' 이라는 건설구호가 많이 붙어 있었어요, 그렇지만 많은 부분에서는 외국 자료를 많이 참조해야 했지요.

1989년 제2기 지하철 건설을 시작할 당시에도 우리나라에 철도기술사를 보유하고 있는 회사가 3곳밖에 없었다고 알고 있어요. 지금은 엄청 많아요. 저도 철도기술사를 갖고 있어요. 그런데 당시에는 유신설계공단, 철도기술공사, 대우엔지니어링, 이렇게 3개밖에 없었어요. 당장 1989년부터는 2기 지하철을 설계해야 하는데 말이죠. 어떻게 할까 고민했죠.

철도기술사 자격증을 기준으로 하니까 설계가 가능한 업체가 3개밖에 없다는 거네요.

하지만 지하철 공사도 넓게 보면 토목이죠. 그래서 도로분야, 구조분야, 토질 및 기초, 이 세 가지 자격증을 가지고 있거나 철도 면허를 갖고 있으면 입찰 참가 자격을 주기로 했어요. 그렇게 완화하니까 입찰 자격을 가진 업체가 13개로 겨우 늘더라고요. 물론 지금은 뭐 수십 곳이 넘어요. 그때 우리나라 업체들이 지금에 비하면 굉장히 영세했어요. 기술력도 떨어졌고요. 그런데 3·4호선 건설은 1985년까지 했지만 설계 같은 경우에는 몇 년 전에 끝내야 하거든요. 설계하는 인력도 굉장히 부족했죠. 딴 데로 빠져나가서 다른 일을 하고 있거나, 그전에 실무를 하던 사람들은 진급해서 임원이 되고, 은퇴해서 집에 가 있거나 했어요. 초기에 기술자를 모으는 데에 상당한 어려움이 있었어요.

1989년 제2기 지하철 당시 조직을 재건하는 과정에 그런 문제가 있었군요.

공무원 조직뿐이 아니고 민간설계업체도 그랬던 거죠. 모두 어려움이 있었어요.

세대교체도 맞물리고, 중간에 공사도 없으니까 공백이 있었던 거네요.

설계 파트만 보면 일단 그렇게 됐죠.

당시에는 현장감독에게 차량을 배정

예전에는 현장감독을 하면 차량이 지급되었다고 하더라고요.

현장감독을 하면 옛날에는 승용차를 한 대씩 내주었어요. 1970년대 말에서 1980년대 초였죠. 기사 딸린 승용차를 한 대씩 내주었어요.

그 당시라면 현대 포니 자동차였나요?

처음에는 코로나, 코티나였던 것 같아요. 신진자동차 같은 회사에서 외국차를 조립한 거죠. 나중에는 국산차인 포니, 르망이 있었죠. 기사까지 딸려서 주었어요. 현장감독이 사용한 차는 임대한 차인데 당시에는 '모찌코미차[持入車]'라고 칭했어요. 개인이 차를 사서 임대했지요. 지입이죠. 현장감독한테 안전 점검이랑 현장을 돌라고 하면서 줬던 거죠. 바쁘니까요. 현장을 돌아다니는데 대중교통도 불편하고 택시 잡기가 어려워 제때 갈 수도 없었고요. 그러니까 편의를 위해 준 거죠.

1호선 건설 당시 담당하셨던 분들의 이야기를 들어보니까 종로선 건설하면서 수도관 등의 매설물 정비 등을 고려한다면 최소한 일정 거리 이상의 토피고 土皮高 를 확보해야 하는데 위에서는 땅을 무조건 얕게 파고 빨리하라고 해서 애를 먹었다고도 하셨고요.

지하 구조물에서 지표까지 거리를 토피라고 해요. 그 깊이를 확보하려면 결국 땅을 얼마나 깊이 파는가가 중요해요. 깊이는 공사비 문제로 이어지거든요. 깊이 판다면 공사비가 많이 들고 구조물도 하중을 더 견디도록 단단하게 해야 합니다. 결국 공사비와 연결되지요. 그래서 예전에 건설부령으로 〈도시계획시설기준〉이라는 규정이 만들어졌어요.[2] 거기에는 지하시설물은 토피고 4m를 표준으로 하게 했어요. 다만 도시기반시설이 완료된 지역은 그 높이를 줄일 수 있도록 하고 있어요. 지하철이 완공되었다고 본다면 토피고를 줄일 수 있는 거죠. 1호선은 대략 2~3m 정도였죠. 그런데 서울은 계속 성장하고 있었잖아요. 향후 매설물 증가에 대비해서 여유 있게 토피를 확보해야 하니까 좀 더 깊이 파자고 했던 거죠. 그리고 윗선에서는 예산 마련이 어려웠으니까 재정난을 생각해야 했고요. 빨리 완공해야 한다는 입장도 있었을 거고요.

지하철본부와 지하철공사의 관계

2호선 건설은 서울시에서 맡았는데, 3·4호선 건설 같은 경우에는 지하철공사가 담당했습니다. 그렇다면 서울시와 지하철공사가 서로 협의할 일들이 많았을 것 같습니다.

초기에는 서울시 지하철건설본부 기획조사과의 설계계設計係 에서 3·4호선의 지하철 설계를 맡아서 해줬지요. 지하철공사가 주식회사였던 시절에는 공사 발주도 해줬고요. 게다가 지하철공사의 공사부장으로 계셨던 이수복 씨나 신정부 씨도 서울시에서 같이 일하던 분

2 건설부령 제225호 〈도시계획시설기준에 관한 규칙〉은 1979년 5월 21일 제정되었다. 이 규칙은 도시계획법 제12조 제3항 및 제16조 제2항에 따라서 도시계획의 결정, 구조, 및 설치에 관한 기준을 정하는 것을 목적으로 한다.

이었죠. 다들 형님, 아우 하는 사이였지요. 그래서 협의나 소통에 어려움은 없었던 것 같아요.

나중에 서울시 교통국에서 지하철본부와 지하철공사 양 조직의 소통을 매개했다고 들었습니다.

방금 말했듯이 초기에는 지하철건설본부의 설계계에서 3·4호선의 설계 일을 좀 봐줬고, 교통국 교통기획과에서 행정처리를 도와줬지요. 저도 안전점검반에 있을 때 초기 소속은 교통기획과였어요. 교통기획과로 파견을 갔던 것이죠. 또 교통국 안에 지하철과地下鐵課를 만든 적이 있어요. 3·4호선 관리도 하고 일부는 2호선에도 관여하고 그랬어요. 그러다가 교통기획과 안에 있던 도시철도계에서 그런 일을 했죠. 도시철도계는 지금도 있어요. 거기서 일부 지하철공사의 예산이나

서울시 지하철공사 신청사 준공식에 참석한 김재명 지하철공사 사장과 김성배 시장(1983년)

인사에 관여하기도 했어요. 그러니까 지하철건설본부와 지하철공사가 서로 부딪힐 일이 없었어요.

다만 준공할 때 부딪히게 되죠. 하나는 건설조직이고, 하나는 운영조직이 되었으니까요. 한쪽에서는 기껏 여러 가지를 고려해서 만들어 놓았는데, 다른 한쪽에서는 인수인계를 받으려고 하지 않고 자꾸 개선을 요구해서 옥신각신하게 되죠. 뭘 자꾸 고쳐달라고 하면 아무래도 입장이 나뉘게 되죠. 서울시에서 나간 사람들로 서로 잘 아는 사이지만 기관이 달라지면 자기 일을 하게 되니까요. 물론 개인적인 차원에서는 양해를 할 수 있지만요.

잠시 시설을 인수인계할 때 문제가 된 적이 있었어요. 1990년대 초반이었죠. 이동 씨가 지하철건설본부장을 하던 시절이었어요. 시설은 다 만들어 운영을 하는 단계인데 인수인계를 안 하겠다고 해서 잠시 시끄러웠죠. 그래서 이동 씨가 공사에 시설물 인계서를 공문으로 보내고 인계 후의 요구사항은 서면으로 요구토록 공사 측에 요구했어요. 그 뒤로는 공문으로 처리하도록 바뀌었지요. 실무자끼리도 잘 협의하도록 했고요. 덕분에 잘 처리했죠.

그런 문제가 있기도 했군요.

제가 설계감리부장을 할 때 도시철도공사 유지관리 담당을 초대해서 직원들에게 강의를 한 적이 있어요. 운영 당사자로서 유지 관리를 해보니 어떤 점이 불편하니까 건설할 때 이런 점들을 고려해주면 좋겠다는 내용의 강의였죠. 그리고 각 분야별로 설계 개선 요구사항을 공문으로 받아 검토 후에 반영하도록 했어요. 대신 공문으로는 알 수 없는 내용도 있으니까 그럴 경우에는 초대해서 자세히 말씀을 할 수 있도록 자리를 마련했던 거죠. 평소에는 문제가 없다가도 준공 후 인수인계 국면에서는 문제가 발생하거든요.

모든 건설에는 규정과 재량의 측면이 있어요. 가령 구배(커브)라든지, 길이는 얼마 이상인지, 또는 얼마 이하면 되는 규정이 있죠. 반면 규정에는 맞는다고 해도 어느 정도 여유가 있으면 운행이나 시설의 유지관리 보수가 더 원활해지거나 편리해진다고 하는 주관적 측면이 공존해요. 그러니까 건설하는 측에서는 규정을 지켰다고 해도 운영관리 측에서는 규정 이상의 무언가를 요구하게 되는 거예요. 가령 곡선을 만들 때 곡선반경을 너무 작게하면 일단 규정은 지켰다고 해도 자꾸 소음이 나고 밖으로 힘이 쏠려요. 유지 관리하는 측에서는 상당히 어려움이 있거든요.

종점역에서 운행을 마치면 밤 12시가 넘죠. 운행 종료후 전기를 차단하고 현장에 출동하여 보수하고 다시 복귀해야 하니까 대략 4시간 안에 현장이동, 점검, 문제가 발견된 설비 보수, 현장에서 철수 등 모든 작업을 해야 합니다. 그래서 가급적 곡선반경이 크고 여유가 많을수록 유지관리가 용이해져요. 그러니까 준공 후 인수인계 단계에서 무슨 문제가 없는지 더 꼼꼼히 보게 되고 자꾸 유지관리가 편리하도록 요구하게 되는 거죠.

우리가 안전하게 지하철을 이용하기 위해서는 안 보이는 곳에서 고생하는 분들이 많아요. 구조물, 궤도, 신호통신도 그렇고, 전기도 그렇고요. 만약에 그것들을 제대로 관리하지 않으면 어떻게 되겠습니까? 수천 명의 승객이 타고 다니는데 어디에서 탈선하거나 앞차를 추돌하면 어떡합니까? 그분들의 노고로 안전하게 도시시설물을 이용할 수 있고 이 도시의 기능과 각종 설비가 유지되고 있는 거죠.

1호선과 2호선의 건설환경 차이점

1호선 종로선 건설 당시에는 철근 파동이 나서 자재난은 물론이고, 장비까지도 부족했다고 합니다. 또한 1호선과 2호선 착공은 대략 7~8년 차이밖에 나지 않지만, 당시 우리나라의 변화 속도를 보면 정말 많은 것들이 바뀌었습니다. 1호선과 2호선 건설기의 장비 차이는 어느 정도였나요?

제가 1호선에 직접 참여한 적은 없죠. 하지만 선배들 말을 들어보면 말뚝을 박을 때 종로선 건설 시에는 해머를 위에서 낙하시키는 항타기를 주로 썼다고 해요. 이 공법은 진동과 소음이 많이 발생했죠. 실은 2호선 초기에도 그랬어요. 하지만 얼마 뒤에 로터리보링rotary boring 기계라고 구멍을 뚫는 보링기가 도입되었죠.[3] 물도 옆에서 주입

3 로터리보링은 지하에서 토양이나 암석을 굴착하는데 사용되는 기계로 회전하는 비트를 이용하여 대상을 굴착하고 제거한다. 이 기계는 터널 건설, 지하 파이프 설치 및 광산 작업과 같은 건설 및 광업 프로젝트에서 효율적으로 활용된다. 회전식 헤드에 다양한 비트를 장착하여 다양한 지반 조건에 대응할 수 있다.

천공 장비를 이용해 지표를 뚫는 모습

하면서요. 이렇게 뚫은 구멍에 말뚝을 박죠. 이 로터리보링기는 자갈층이나 암석층에는 잘 안 들어가요. 그래도 토사구간에서는 유용하고 경제적으로는 좋죠. 그러다가 2호선 후기에 바위도 뚫는 T-4 기계가 도입되었죠. 그래서 바위도 뚫어서 필요한 깊이까지 말뚝을 안전하게 박았죠.

덤프트럭도 1호선 때에는 6톤 정도였어요. 지금 시점에서 보면 아기만한 것들이었죠. 그게 2호선 건설기에는 점점 더 8톤, 10톤 이상으로 커지죠. 지금은 20톤이 넘어가요. 장비도 대형화되었죠. 또 1호선 때는 포항제철에서 제대로 된 강재가 나오기 이전 시기였거든요. 강재가 매우 귀했죠. 현장에서는 아주 금덩이처럼 아꼈죠. 민간에서 살 수가 없으니까 수입해서 관급했어요. 귀하다 보니 강재를 자를 때 절단보고서를 내고 승인을 받아야 했어요. 맘대로 했다가는 큰일났죠.

영국이나 일본 제품이죠?

신일본제철[4] 쪽 물건이 많았어요. 실은 제가 1980년에 강재검수鋼材檢收를 위해 일본에 출장 간 적이 있어요.

해외 출장이 어려웠던 시절이죠?

그랬죠. 그래서 강재비 속에 지하철본부 직원의 출장비를 포함시켰어요. 검수라는 명목으로 출장을 가서 우리에게 필요한 정보나 기술을 빨리 보고 활용하도록 하려고 했죠. 그러다가 1990년대에는 공식적으로 예산을 편성해서 가도록 했거든요. 그전에는 그렇게 강재가 귀해서 조금만 써도 금방 품귀 현상이 벌어지고 그랬어요. 2호선 초기만 해도 강재는 관리를 엄격하게 했어요. 다른 자재도 그랬지만 강재는 특별히 관리했어요.

공사과정에서 '이런 장비가 있었으면 좋겠다.'라고 했던 현장의 목소리는 어땠나요?

2호선은 제가 현장에 주로 있었잖아요. 현장에서는 말뚝을 안전하게 박는 게 중요했죠. 을지로구간 공사 때에는 T-4 기계가 들어와

4 신일본제철은 1970년 3월 당시 일본 내 업계 1위인 야와타제철[八幡製鐵]과 2위인 후지제철[富士製鐵]이 합병하여 발족시킨 철강 생산업체로 일본의 최대 철강 생산업체이다. 이외에 엔지니어링, 재료, 화학 부문의 자회사가 있다.

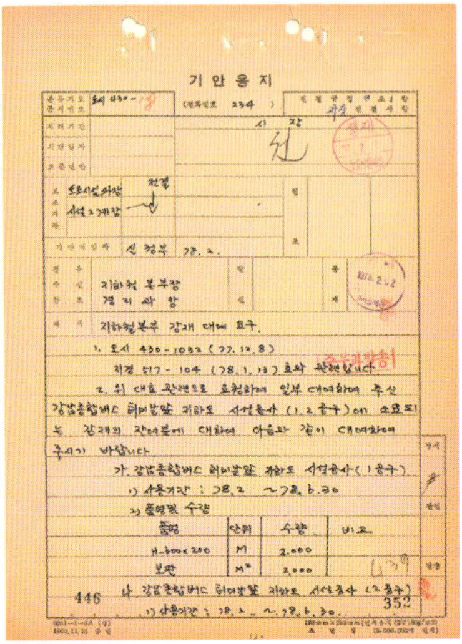

기안용지

수신 지하철 본부장
참조 경리과장

기안책임자 신정부 78. 2.

제목 지하철본부 강재 대여 요구.

1. 도시 430-1032 (77.12.8)
지경 517-104 (78.1.13)호와 관련입니다.

2. 위 대호 관련으로 요청하여 일부 대여하여 주신 강남종합버스 터미널앞 지하도 시설공사 (1.2공구)에 소요되는 강재의 잔여분에 대하여 다음과 같이 대여하여 주시기 바랍니다.

가. 강남종합버스 터미널앞 지하도 시설공사(1공구)
1) 사용기간 : 78.2 ~78.6.30
2) 품명및 수량

품명	단위	수량	비고
H-300×200	M	2,000	
보판	M²	2,000	

나. 강남종합버스 터미널앞 지하도 시설공사 (2공구)
1) 사용기간 : 78.2. ~78.6.30.

공사용 철강재 대여 공문(1978년)

서 밑에까지 박을 수 있었죠. 그래도 구경의 제한이 있었어요. 특히 터널을 뚫을 때는 좋은 장비가 아쉬웠죠. 흙을 파내다가 무너지면 안 되거든요. 암반구간은 바위에 구멍을 뚫고 폭약을 터뜨려서 깨트리고 실어내죠. 예전에는 사람이 레그 드릴로 직접 압착해서 뚫었죠. 이 과정에서 소음과 비산飛散 먼지가 많이 발생했죠. 힘도 많이 들었고요.

말씀하신 드릴은 예전에 탄광에서 보던 장비 같은 거죠?

맞아요. 먼지도 많이 나고 잘 파지지도 않아요. 진동으로 온몸에 무리가 오죠. 어쨌든 제가 처음 할 때도 천공 장비가 절실했어요. 또 주변에 병원이나 그런 것들이 있으면 발파할 수도 없어요. 결국 2호선 터널은 레그 드릴로 파냈죠. 정확히 원하는 만큼 천공을 하려면 발파 기술도 개선되어야 했죠. 더 크게 파지면 결국 콘크리트로 메워야 하니까요. 또 물도 많이 나와요. 그걸 잘 막아야 해요. 물만 나오면 모르겠는데 흙을 약하게 해서 침하가 되거나 무너지게 되거든요. 그러다가 상수도관이나 하수도관의 연결부가 어긋나면서 터지죠. 그럼 대형사고로 연결돼요.

1호선 때는 그런 것을 방지할 기술과 장비, 예산이 부족했죠. 그래서 1호선 공사 때는 주변 주택이나 건물에 금이 많이 갔죠. 그건 결국 안전에 관한 투자와 연결되는 부분인데 돈을 아끼다 보니 안전조치가 미비할 수밖에 없었고요. 또 기계를 활용할 수 없어서 사고도 많았죠. 안전보다는 공정이나 품질을 중시하던 시대였죠. 현장관리의 핵심은 비용, 공정, 그리고 안전입니다. 그러니까 코스트cost, 프로세스process, 세이프티safety 관리가 핵심인데 안전은 후순위로 밀렸던 거죠.

신문을 보니까 1981년 광복절 언서리에 선누환 내통령도 비슷한 지시를 했더라고요. 신촌역 공구에 전 대통령이 시찰을 나왔는데 박영수 시장이랑 우명규 본부장한테 이렇게 지시를 했다고 합니다. "공사비 아껴라. 공기를 단축해라. 그리고 안전도를 높여라. 이 세 가지를 만족시킬 만한 새로운 공법을 개발해라."고 말이죠. 그게 가능할까요?

결국은 밸런스를 잘 맞추는 게 중요합니다. 그런데 그게 어디 쉬운가요? 안전을 강조하면 결국 돈이 들어가니 코스트가 상승하죠. 공기도 더 늘어지니까 시간에 쫓기게 되고요. 처음부터 공기를 잡을 때 절대적으로 필요한 기간을 산출한 뒤에 어떤 요소를 더 투입할지도 고려해야 합니다. 코스트, 프로세스, 세이프티, 이 세 가지를 잘 고려하도록 해야죠. 예전에는 무작정 목표 날짜를 설정하고 공사를 진행해서 무리가 많이 따랐죠. 또 사람 목숨에 대한 관념도 달랐어요. 안타깝지만 안전을 소홀히 한 측면이 있었죠.

시대가 변하면서 바뀌었던 안전 의식

안전 말씀을 하셨으니 이번에는 그쪽과 관련된 질문을 드리겠습니다. 이야기를 들어보니 1982년에 지하철 건설이 '대수난'을 겪었더군요. 서대문구의 현저동 공사 구간에서 큰 사고가 나고 이후에도 사고가 이어지면서 그해에는 내내 시끄러웠다고 합니다.

현저동 사고 이외에도 상수도가 파손되고 집에 금이 가고 하는 작은 사고도 부지기수였어요. 일단 현저동 때부터 안전 이야기가 많이 나왔죠. 그런데 그전에도 많이 무너졌어요. 역삼동에서도 공사장이 무너져 교통이 전면 차단된 적도 있고요. 종합운동장역의 대림산업이 맡았던 구간에서도 비슷한 사고가 있었죠. 당시 강남은 강북에 비해 교통량도 적었고 관심도 적었거든요. 때문에 그냥 슬쩍 넘어갔죠. 하지만 현저동은 사람도 죽었잖아요. 심지어 서울 북쪽에서 도심으로 내려오는 교통의 중요한 축이 완전히 막혀버렸던 거였죠.

결국 안전에 투자를 덜 했기 때문이었습니다. 지금 같으면 말도 안 되는 이야기죠. 그래서 안전관리를 엄격하게 하기 시작했습니다. 먼저 서울시에는 시정연구관 밑에 서기관을 과장, 사무관을 반장으로 하는 3개 안전점검반을 만들었고, 지하철건설본부에는 사무관을 반장으로 자체안전점검반을 만들어 활동하기 시작했죠. 그 후에 공사가 진척되면서 축소 운영하였지요. 저는 지하철점검반에 있다가 사무관 진급 후에는 이동 시정연구관 밑으로 가서 서울시 안전점검반장을 하다가 1986년 아시안게임 끝나고 종합건설본부로 갔던 거죠.

현저동 사고가 나고 3개월 후에 서소문에서 사고가 나니까 신문에 '안전불감증'이란 말이 나오기 시작하더군요. '풍화된 바위를 방치했다.' 또는 '철기둥이 부실했다.'라는 이야기도 나오고요. 또 국회에서도 사고가 나니까 성토를 합니다. '외국과 비교할 때 지하철 건설 속도는 3배가 빠른데 공사비는 절반에 불과하다. 그러니까 사고가 나는 거다.'라고 말입니다.

아까 말했듯이 공정, 비용, 안전이 균형을 맞추어야 해요. 비용을 줄이려고 하면 결국 다른 부분이 약해질 수밖에 없죠. 비용을 낮추거나 공정을 빨리하다가 보면 결국 희생되는 것은 안전이죠.

당시 언론에서는 안전을 위해 야간작업을 줄이고 주간작업 시간을 늘려야 한다고 주문을 하더라고요.

그랬죠. 당시에 중동건설붐이 있어 많은 기술자, 기능공들이 해외로 나가서 국내에는 유능한 기술자, 기능공을 구하기가 어려웠지요. 현장에서 공사를 감독하다가 보면 인력을 구하기가 어렵더라고요. 아무나 기술 없는 사람들을 동원한다고 공사가 진행되는 게 아니거든요. 예전에는 자재가 귀하니까 만약에 철근 하나 잘못 시공하면 큰일이거든요. 그게 일당보다 비쌌어요.

아, 그랬군요. 당시에는 인건비가 저렴했지만 기술을 가진 사람은 적었군요.

제가 아현동 굴다리 밑에서 감독할 때가 기억나네요. 시공사가

지하철공사 안전대책회의(1982년)

공영토건이었죠. 회사의 연세가 지긋한 임원분이 그러더라고요. "실력이 시원찮은 목수를 쓰면 임금이 문제가 아니라 우리 자재를 다 망가뜨린다."라고 하소연을 하더라고요. 각재나 판재 같은 나무로 된 자재를 다 망가뜨린다는 겁니다. 값싸게 쓴 사람들이 산슨카쿠[3寸角, 9×9cm의 각목] 몇 개 버리면 그게 노임보다 더 비싼 거예요. 그래서 어떻게 자르는지 잘 봐야 한다고 합니다. 그런 시절이었으니까 아이러니하게도 사람이나 안전에 대한 관념이 희박했죠. 그래서 일했던 분들이 많이 다치기도 하고, 돌아가시기도 하고 그랬죠.

지하철에서 안전 문제를 뽑는다면 조순 시장[5]기였던 1995년에 철거하기로 결정한 당산철교를 빼놓을 수 없을 것 같습니다.

당시 당산철교는 철도기술공사(KRTC)의 박길수란 분이 설계했어요. 철도에서는 유명한 분이죠. 이미 작고하셨고요. 지금 관점에서 본다면 잘된 설계는 아닌 듯해요. 그리고 당시에는 구조설계를 다 손으로 했어요. 로그함수표에 슬라이딩이 되는 움직이는 자가 있었어요. 계산척計算尺이라고 일제였어요. 계산자라고도 해요. 그거를 학교에서 잃어버리면 큰일이었죠. 그런 걸 가지고 계산을 했어요. 그런 수작업으로 계산을 하니까 약간씩의 오차가 생겼죠. 당시는 다 그렇게 했죠.

또 힘이 쏠리는 부분에 대한 분산·완화장치가 부족했다고도 해요. 그게 오래되면서 균열이 생기고 깨졌던 거죠. 설계나 큰 뼈대의 문제는 아니었다고 들었어요. 명품도 작고 사소한 것이 가치를 훼손한다고 하잖아요. 그렇게 균열이 확산되었던 거죠. 그러다가 김영삼 정부 때 성수대교랑 삼풍백화점 등등의 대형사고가 있었잖아요. 그래서 결국 철거를 결정한 거죠.

만약에 또 사고가 난다면 정말 아찔한 일이겠죠.

그렇죠. 그리고 2호선 차량 1량에 정원이 160명이거든요. 당시에는 보통 200~240%의 승객을 태운 채로 운행했어요. 200%를

5 조순(1946~2022)은 제30대 서울시장으로 첫 번째 민선 시장이다. 재임기간은 1995년 7월 1일부터 1997년 9월 9일까지이다.

태웠다면 1량에 320명이고, 10량이 움직이니까 3,200명을 태우고 당산철교를 건너는 거죠. 그게 2~3분 간격으로 열차가 지나가잖아요. 그런데 철교 양쪽으로 차량이 지나가니까 그때는 2배인 6,400명의 무게가 가해지는 겁니다. 그러니 만약에 그럴 때 철교가 무너지면 어떤 일이 벌어지겠어요? 당시 철교를 보강하자는 논의도 있긴 했어요. 하지만 조순 시장이 불안요소를 없애자고 결단을 내린 거죠. 시민들의 불편이 있었지만 안전이란 관점에서 보면 역시 철거하는 게 옳았다고 봅니다.

안전 부분에 관해서 약간 다른 질문을 드릴게요. 당시 2호선이 4개 구간으로 나누어 부분개통을 했는데요. 혹시 공구에 따라 균일화된 공사의 질을 유지하기가 어렵지는 않았나요? 나중에 안전관리에도 각각의 어려움이 있었을 것 같습니다.

품질과 안전확보를 위해 감독의 교육이나 견학 같은 걸 많이 해서 일정 품질과 안전을 유지하도록 했죠. 그리고 안전점검반 활동을 통해 일정수준을 확보했고요. 안전점검을 할 때는 시민의 불편과 위험요소를 집중적으로 관리했습니다. 점검반은 공사 중지 명령권도 있었어요. 점검반의 지적사항은 지하철공사의 사장에게 시공사 측에서 보고를 해야 하죠. 또 공사현장에서 문제가 있는 경우는 스티커를 발부하고, 공사현장 감독과 소장을 불러놓고 수정의견을 제시하고 사인을 하도록 했어요.

지하철공사 사장 입장에서는 공사를 중시시키면 참 곤혹스러웠겠습니다.

꼭 그렇지만은 않았어요. 어찌 보면 우리가 도와주는 거죠. 사고를 미연에 방지하도록 하는 거니까요. 궁극적으로는 시민이 이용할 시설을 안전하게 제 때에 건설하도록 함께 노력하는 입장인 거죠. 염보현 시장 주재로 김재명 사장, 그리고 이동 씨가 회의를 했는데 이동 씨가 회의석상에서 안전의 불안요소를 마구 지적하면 김재명 사장이 속으로 삭히곤 했다고 해요. 그걸 염보현 시장은 은근히 즐기는 눈치였다고 합니다. 그럼 김 사장이 공사로 돌아가 부장들을 혼내고 말이죠. 물론 김재명 사장님도 공사가 명확한 분이에요. 그런 분이 계셨기에 급조한 건설조직을 가지고 3·4호선을 잘 건설했다고 생각합니다. 3·4호선 부분 개통할 때마다 저희한테 감사패를 보내주셨어요. 안전점검을 꼼꼼하게 해줘서 고맙다고 말이죠. 그분도 국가관이 확실한 분이라서 잘 이해해 주셨던 것 같습니다.

2호선은 약 50km 가까이 되니까 1호선의 5배 길이죠. 게다가 강남과 강북으로 나눠져 있고요. 한강도 건너는 노선이기도 하고요. 아까 말씀드렸듯이 공구마다 작업환경이 달랐을 듯합니다. 아마도 현장감독들이 함께 모여서 협의하는 일들이 많았을 것 같습니다.

제가 지하철건설본부에서 처음 한 일이 품의 자료 검토였다고 했잖아요. 공구마다 작업환경이 다르다고 똑같은 양의 흙을 파냈는데 품(공사비)을 다르게 할 수는 없거든요. 그래서 단가를 통일해야 했어요. 그래서 기획조사과, 건설1과, 건설2과의 감독들이 모여서 작업마

공사에 필요한 설계도면을 그리는 모습

다 적정 금액을 산출하는 작업을 했죠. 또 공구별 균일한 품질 관리를 했죠.

관리 직원들의 작업 방식도 어느 정도 비슷해야 할 것 같습니다.

이신영 과장님 같은 경우에는 직원 교육을 정말 철저히 시켰어요. 지금은 컴퓨터로 도면작업을 하죠. 하지만 예전에는 트레이싱 페이퍼에 그려서 청사진을 뽑았어요. 각 공구의 현장감독을 다 불러놓고 불경을 필사하듯이 도면을 그대로 그려서 본인에게 와서 검사를 받도록 했어요. 직원들 불만이 많았죠. 하지만 그 단순작업으로 인해 감독들의 도면 이해력이나 안목이 많이 향상되었어요. 그분이 또 사람들한테 공부도 강제로 시켰어요. 주요사항을 직접 프린트해서 나눠주면서 외우도록 하고, 현장에서 브리핑하는 것도 하나하나 가르쳤어요. 2호선 건설 당시 현장감독은 대개 신참이나 젊은 사람들이었거든요. 당시에는 물론 귀찮았죠. 나이 먹어서 도면을 기름종이에 그대로 베끼는 것을 시키고 그러니까요. 하지만 그런 강도 높은 교육이 결과적으로 큰 도움이 되었죠.

대단한 분이네요.

고집이 대단했어요.

네, 오랜 시간 면담해 주셔서 감사합니다. 인터뷰는 이것으로 마치겠습니다.

김대성

1952년 서울시 성북구 돈암동 출생
1976년 서울시 지하철건설본부 통신소 근무
1982년 서울시 지하철운영사업소 근무
1985년 서울시 민방공경보통제소 운영계장
1992년 서울시 지하철건설본부 신호통신부 통신과장
1999년 서울시 전산정보관리소 정보통신과장
2001년 서울시 정보통신담당관
2005년 방송통신대학교 일본어과 졸업
2013년 동국대학교 국제정보대학원 석사 졸업
2013년 문엔지니어링 기술고문

면 담 자 이연식(일본 소피아대 외국인연구원)
면담주제 제2기 지하철 건설과 공무원
면담일시 2023년 11월 21일
면담장소 서울시 서초구 서초동 아르고연구소

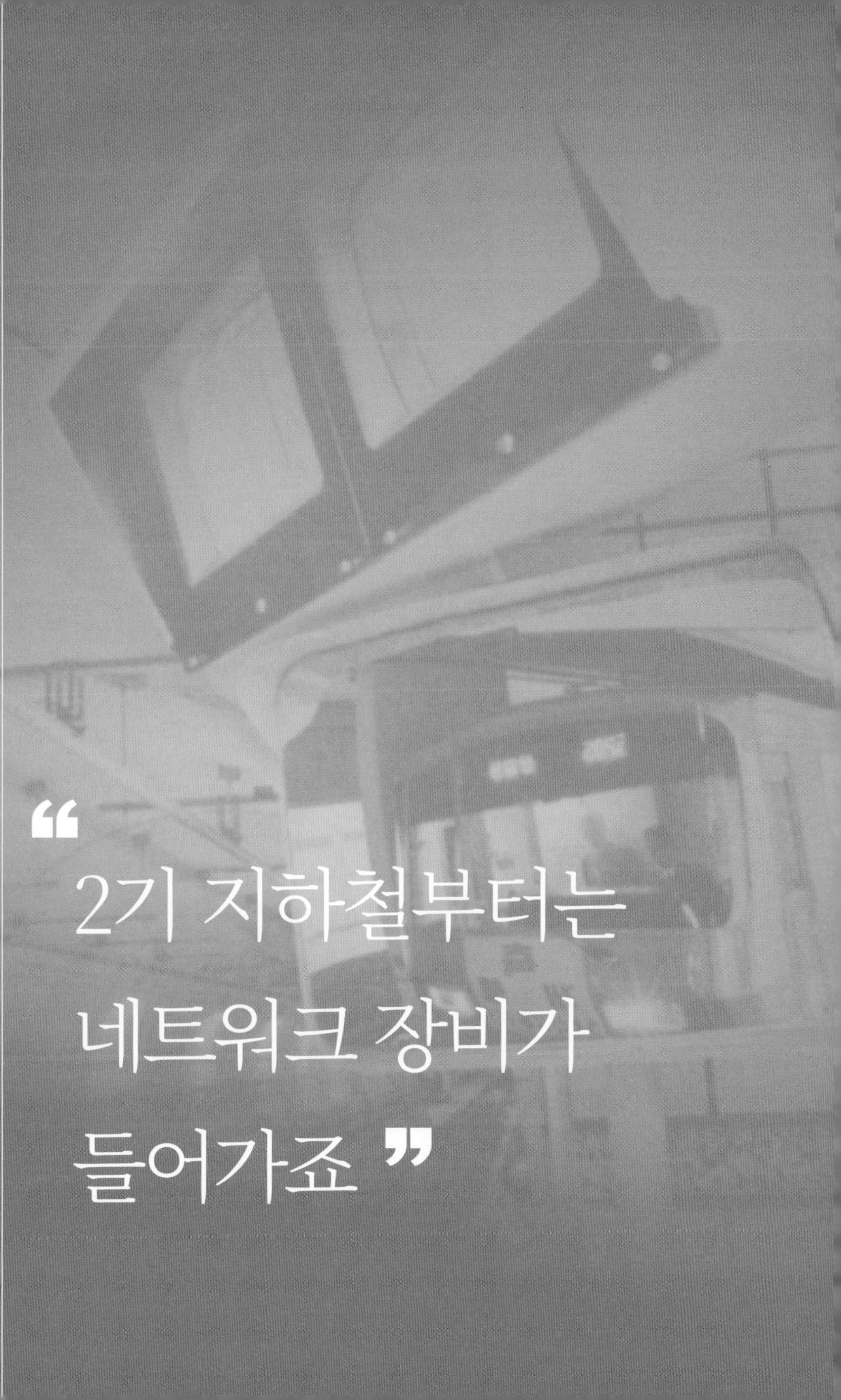

"2기 지하철부터는
네트워크 장비가
들어가죠"

서울시 지하철 통신요원이 되다

이번 면담은 '서울의 지하철 건설과 공무원들'이라는 주제로 실시하는 서울역사편찬원의 구술채록입니다. 오늘은 김대성 선생님을 모셨습니다. 선생님께서는 1976년 서울시 지하철 건설본부 지하철 1호선 운영요원으로 근무를 시작하셨고, 서울시 지하철건설본부 신호통신부 및 본청 기획관리실에서 근무하셨습니다. 우선 서울시 지하철 건설 당시에 대해서 말씀 부탁드리겠습니다.

김대성입니다. 서울시에서는 1976년 7월 1일부터 근무를 시작했습니다. 이전에는 한국방송에서 근무하다가 군대를 갔습니다. 제대 6개월 정도 남기고 서울시 지하철 운영요원 통신기술직을 모집한다는 채용공고를 보고 서울시로 오게 되었지요. 지하철 운영요원으로 발령이 나서 지하철과 인연을 맺게 된 거죠.

지하철 중에서 발령받은 부서는 어디였나요?

통신소였어요. 지하철 1호선 개통을 앞두고 1974년 3월에 직제 개편을 해요. 운영담당관 밑에 지하철건설본부에 전기소, 신호소, 통신소, 설비소 등 1호선 운영을 위한 운영사업소를 만들었어요. 저는 통신설비 운영요원으로 시험을 봤으니까 거기로 배정받았던 거죠. 제가 운영요원 3기였어요. 1기는 벌써 1974년 3월에 개통요원으로 모집을 했더라고요. 1974년 8월 15일에 개통하잖아요. 그래서 3월에 개통요원을 모집했죠. 처음 1기들은 대우를 해야 한다고 기능직 8등급을

통신소 시험실에서 근무하는 구술자(1977년, 구술자 제공)

줬어요. 당시 기능직 맨 아래가 10등급이거든요. 잘 대우해 줘야 좋은 인재들이 온다고 8등급을 준 거였습니다. 그런데 그때 1기생들은 이제 막 고등학교 졸업한 8명이 들어온 거예요. 군대도 안 갔다 온 청년들이라 현장경험이 전무했죠. 발령 전 철도청 근무경력자로부터 지하철 운영에 대한 2개월 남짓 운영교육 받은 것이 유일한 지하철 운영지식이었습니다. 그래서 잘 모르죠. 결국 2차 모집부터는 나이도 제한하고, 군필자로 하고, 임용등급도 10등급으로 내렸어요. 그래서 제 앞에 온 2차 모집자 중에서 3명이 그만두고 나갔지요. 그래서 T.O가 생기면서 3차 모집을 하게 되었던 거고요.

선생님 기수인 3기랑 2기가 실질적으로는 1기 몫을 했을 것 같네요.

그랬죠. 시행착오였던 거죠. 실질적으로는 그 2기와 3기들이 운영을 했어요. 그러다가 제가 국가기술자격증 무선설비기사 2급을 땄어요. 그런데 그때 2호선 건설이 시작했고 건설요원을 일반직 7급으로 특채한다고 해요. 그런데 자격 기준을 보니까 무선설비기사 2급 면허가 있으면 특채가 되요. 그리고 저는 통신분야 경력이 있었으니까 바로 붙었죠. 실은 그때 국정원(중앙정보부) 시험도 붙었어요. 그런데 그쪽은 김재규 사건이 나면서 뒤숭숭해지면서 대기가 길어지더라고요. 그래서 지하철로 오게 된 거죠.

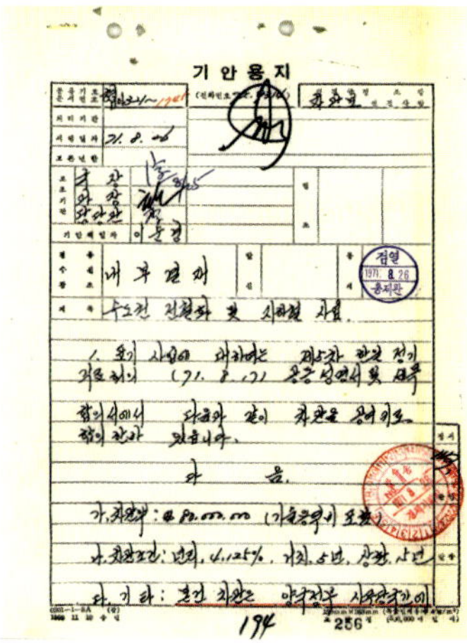
기안용지

내부결재

다음.

194

256

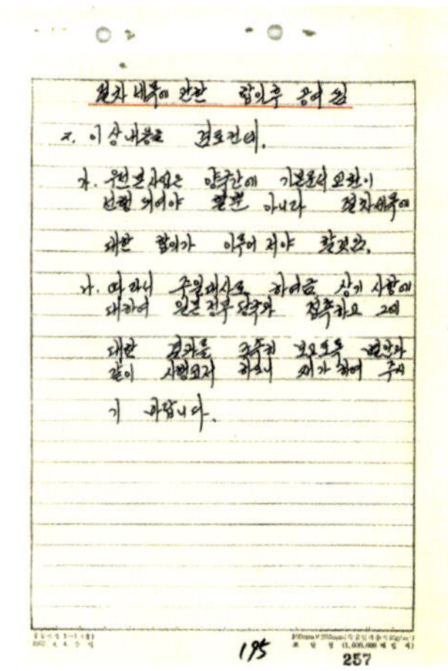
195

257

OECF 차관 관련 문서(1971년)

10•26 사건이 그때 무렵이었죠. 어쨌거나 그렇게 지하철로 오시면서 신호통신 분야를 맡게 되셨네요.

그때 통신 분야에서 일했던 사람들이 나중에 지하철공사의 핵심 간부가 되요. 그리고 공항철도로도 가고, 대구지하철, 인천지하철,

다른 쪽의 통신 분야로 가게 되었죠. 처음에는 일본 차관으로 건설되었지만 설비도 국산화되고, 운영요원의 기술력도 쌓여서 오늘날 세계적인 지하철이 된 거죠. 되돌아보면 그때의 OECF자금[1] 3,500만 달러를 가지고 변전, 전기, 신호, 통신설비, 그리고 차량, 전철선 기술을 도입하게 된 거죠. 차량은 당시에 돈이 없어서 현물 지원 형태로 부산항에 일본 차량이 들어왔어요.

저도 부둣가에서 크레인으로 차량을 쭉 내리는 사진을 봤습니다.

우리는 그때 아무것도 없었던 시절이었죠. 간단한 시스템도 일본철도해외기술협력협회라고 JARTS[2]에서 작성한 기본설계서나 도면을 들여왔죠. 그게 하나의 기본틀이거든요. 지금도 엔지니어링회사들이 그걸 가지고 있어요.

---

1 OECF은 일본이 1961년부터 개발도상국에 공여하고 있는 차관, 혹은 이를 담당하고 있는 기관을 말한다. 해외경제협력기금이라고도 한다. 개발도상국의 산업개발과 경제안정에 기여하고 해외경제협력을 촉진시키는 것을 목적으로 하고 있다. OECF의 주요임무는 개발도상국 정부나 정부기관에 대한 차관융자, 일본기업이나 현지기업이 개발도상국에서 실시하는 사업에 대한 자금융자업무 등이 있다. 우리나라도 3기에 걸쳐 91건 5,960억 엔의 OECF를 제공받았다. 현재는 우리나라는 개발도상국 단계를 벗어남에 따라 더이상 OECF를 들여오지 않고 있다. 그리고 일본에서는 1987년부터 이와 비슷한 '대외경제협력기금'을 운영하여 나이지리아, 인도네시아, 필리핀 등에 지원하고 있다.

2 일본해외철도기술협력협회(Japan Railway Technical Service, JARTS)이다. 해외철도건설, 개량 및 운영 등에 관한 철도깃루의 종합컨설팅을 제공하는 것을 목적으로 한다. 일본의 도카이도 신칸센이 개통한 다음 해인 1965년 설립되었다. 해외철도에 관한 연구, 해외철도에 관한 정보 수집 및 분석, 일본 철도산업 및 기술에 관한 정보 보급, 정보 자료의 출판 및 배포 등을 주요 사업으로 한다.

일본철도해외기술협력협회에서 자국 이외에 해외 철도 공사에 관한 보고서도 펴내더라고요.

맞아요. 그리고 통신 같은 경우엔 지하철 역사 내의 배관이니 뭐니 다 도면으로 그렸어요. 케이블이 뭐가 들어가는지까지 다 도면에 그렸어요. 그거를 몽땅 한국 용역설계사무소에 다 넘겼어요. 그리고 엔지니어링 설계사에 "야, 이거 보고 그대로 그려!"라고 한 거죠. 그래서 지금 문엔지니어링이나 그런 유수의 용역회사들이 일본 도면을 보고 그리면서 관련 기술을 배운 거예요.

신호·통신시스템의 중요성

지하철을 크게 4토막으로 쪼개서 보자면 먼저 노선을 정하고, 터널도 뚫고, 선형 결정을 하는 그런 큰 줄기는 토목에서 결정합니다. 그다음에 각각 역사가 만들어지는 과정에는 건축이 결부가 되고, 그다음에는 신경회로를 엮어야 하는데 그 역할을 통신 전문가로서 선생님이 하신 거죠?

네, 통신은 지하철의 신경입니다.

일본의 지하철건설 보고서나 우리나라 각 지하철 호선별 《건설지》를 보니까 토목이나 건축 파트는 우리나라 기술이 이미 많이 올라왔다고 합니다. 그래서 국내 기술로 대체할 수 있는 것이 대부분이었다고 하는데요. 딱 하나, 일본의 도움

을 받을 수밖에 없었던 부분이 바로 '신경파트'였다는 얘기가 나옵니다.

맞아요. 신경, 그러니까 통신이죠. 그리고 전력설비도 그랬고요. 신호 설비도 경험이 없었죠. 그냥 철도만 있었어요. 일본 기술을 배웠죠. 옛날에는 '조역助役'이라고 있어요. 역장 밑에 계장이나 뭐 이런 사람들을 '조역'이라고 불렀습니다. 그게 다 일본식 용어죠. 철도문화에도 일본문화가 많이 스며들었죠. 그런데 일본 사람들은 뭐 기록하고, 규정 만들고, 그런 걸 잘하잖아요? 1호선의 〈지하철운영규정〉도 그 사람들이 만들어줬어요. 데일리daily 점검, 위클리weekly 점검, 월별 점검, 연간 점검, 그리고 다 통합한 종합 점검 등등, 그리고 왼쪽부터 장비명, 점검항목, 점검주기, 이렇게 딱 짜줬어요. 유지보수하는 엔지니어들은 그 핸드북을 가슴주머니에 딱 넣고 다니면서 점검했어요.

그때 계셨던 분들이 1세대였다는 거네요.

엄기수, 안계용, 유응길 선생님 등이 계셨죠. 지금은 다 돌아가셨어요. 유응길 선생님은 특이하게도 안기부(중앙정보부)에서 넘어온 분이에요. 인프라가 이렇게 늘어나니까 아마도 정부에서 그런 분들도 요소요소에 보낸 것 같아요. 이분은 특이하게 엔지니어 경력도 없었어요. 그런데도 통신기좌였어요. 원래 지하철 건설은 토목과 건축이 중심이었어요. 통신이나 시스템은 쳐다도 보지 않았지요. 당연히 직제도 안 만들어 줬어요. 그런데 이 양반이 그 어려운 틈바구니에서 저녁마다 관련된 사람들과 술 마셔가며 노력해서 간신히 통신쪽 T.O를 만들었던 거죠. 그래서 1974년에 지금의 사무관 자리 하나를 처음으로 만들었지요. 이 분야의 중요성이나 조직의 안정성을 어필하기 위해서는 누군가 총대를 메야 했습니다. 그리고 그분이 밑에 고등학교 이제 막 나온 오합지졸들을 모아놓고 집에 안 보냈죠. 매일 아침마다 비번인 날에는 아침부터 라면 끓여 먹고 11시까지 자체 직무교육을 해요. 공부를 시켰어요. 이런 식으로 각자 맡은 걸 공부해서 발표해요.

지하철 2호선 건설을 시작한 이후에는 1호선 때보다 통신 분야가 더 중요해졌을 것 같습니다.

물론 우리 통신 쪽은 인력이 없었어요. 그러니 일이 많았죠. 왜냐하면 토목이나 건축은 규모도 크고 돈도 많이 줘요. 공구마다 한 사람이 감독을 하죠. 만일 역이 10개면 거기는 10명이 감독하는 거죠. 하지만 우리는 한 명이 10개를 맡아요. 그럴 수밖에 없죠. 지금이야 IT가 발전해서 시스템이 중요하다고 하지만 그때는 "지하철은 토목구조물 만들고, 건축구조물 앉히고, 차선 깔면 그냥 가는 거야."라고 했던 식이었거든요.

아, 그때 인식은 토목 위주였군요.

그리고 당시에는 장비가 다 일제였어요. 고장 나면 예비품도 없었어요. 그러면 커맨드command를 받지 못하니까 열차 운행을 못 하죠. 물론 신호는 파란 불, 노란 불, 이렇게 바뀌니까 운행은 되요. 하지만 귀가 막힌 셈이죠. 위험하죠. 그러면 우리가 무전기를 들고 열차에 타서 그걸 고치면서 가는 거죠. 고장 나면 예비품이 없으니까 골치가 아팠지요. 그래서 어떻게든 이걸 국산 기술로 바꿔보자고 했는데, 무선부는 워낙 수위가 높은 기술이라서 안 되더라고요. 전원부는 그나마 그때 국산화를 할 수 있었어요.

아이러니하게도 덕분에 선진기술을 받아서 빨리 우리 기술로 만들어야 한다고 생각했겠네요.

그렇죠. 2호선부터는 불가능한 핵심기술 외에는 국산 기술을 대대적으로 도입했어요.

당시의 뉴스 같은 걸 보니까 2호선 홍보 영상에는 '우리 기술, 우리 지하철'이라고 하는 표어가 붙어 있더라고요.

1호선 할 때는 심지어 배터리 통까지 일본제였어요. 그게 차관이었으니까요. 우리가 그 꼴을 보고 '이건 안 되겠다.'라고 생각했던 겁니다. 그래서 2호선부터는 가능한 것은 모두 국산으로 바꾸자고 한 거예요. 특히 시스템 분야, 그러니까 통신 분야는 ITV industrial television를 비롯해 토크백 Talk Back[3], 배선반, 안

ITV 모니터를 확인하는 승무원

3 운전실, 신호실, 역무원실과 운전정보 교환을 위하여 신호기, 전철기 부근에 설치된 장치이

내게시기, 집중전화, 개별전화기, 연선전화, 정류기 등 고급 장비가 많거든요. 가령 ITV가 뭐냐면 곡선 승강장에 보면 차량에 멈추면 곡선으로 정차해서 승객의 승하차을 볼 수가 없거든요. 그 상황을 CCTV로 기관사에게 보여주는 장치입니다. 이런 통신 분야의 수입 장비들은 메이저 장비들인데 다 일본에서 턴키turn key 베이스 차관으로 들여온 외자 설비들입니다. 이것들이 국산화되고 고도화 과정을 거치면서 지금의 우리 지하철이 첨단화가 된 거죠.

1호선의 통신설비는 다 일본에서 들여온 장비들이네요.

열차무선은 히타치[日立], ITV는 NEC, 토크백은 니혼신호[日本信號], 배선반 가스관은 료쿠호산업[緑邦産業], 이런 식이었죠. 물론 이제는 거꾸로 우리나라가 외국에 수출하죠. 지금은 우리가 일본보다 잘 만들어요. 그때는 우리가 경제력도 없고, 산업화도 안 되어 있잖아요. 일본 쪽에 매달릴 수밖에 없었죠. 그래도 우리가 유선은 강했기 때문에 전화케이블이나 교환기, 이런 것은 1호선 때부터 내자 설비로 했어요. 우리나라 것으로 했어요. 지금도 지하철이 지연되면 안내방송을 하잖아요. 그런 방송 장치는 기쁜소리사[4]에서 만든 걸로 했어요. 기

다. 신호를 담당하거나 열차 운전지시를 하는 관계자와 열차를 조성하는 관계자가 현장과 사무실 사이의 운전정보를 신속히 교환할 수 있도록 신호기를 비롯해 전철기 부근에 설치한 마이크 및 스피커를 같이 사용할 수 있는 통신장비를 말한다.

4 기쁜소리사는 1949년 창업하였고, 전자제품 유통 및 수리를 담당하던 업체였다. 신세계백화점 본점 맞은편의 서울중앙우체국 근처에 위치해 있었다. 업체는 전축, 라디오, 진공관 앰프, 스피커, 확성기, 텔레비전, 냉장고 등 거의 모든 가전제품을 취급했다. 또한 유통 및 수리

술력이 좋았거든요. 교환기는 금성통신에서 만들었고요. 물론 통신 쪽 전체는 아니었죠.

그래도 문제의식을 느꼈으니까 그 짧은 시간에 국산화를 했던 거네요.

맞아요. 그리고 1970년대 초에 교환기 시설은 벨기에나 외국에서 용산공고에 아예 무상차관으로 줬거든요. 기술을 키울 수 있었어요. 그런 차관사업 덕분에 이런 전화나 교환기 쪽은 일찌감치 기술이 발달했죠. 그래서 금성통신에서 국산장비 개발에 착수했던 겁니다. 지금의 LG그룹이죠. 지금 우리나라 스마트폰이 다양하잖아요? 이게 바로 그런 기술의 근간이었어요. 1호선 건설에 들어간 EMD교환기가 금성통신에서 만든 거예요. 원래는 독일 기술이었어요. 그걸 들여와서 만든 거지요. 지하철 운영을 위한 조그만 교환기죠. 규모는 조그만 교환기지만 가령 2500번이면 종로5가역, 2501번은 매표소, 이렇게 각 노선에 구내전화번호를 배선해서 그 안에서는 아주 편하게 사용하도록 전화망을 만들어 주는 장비였죠.

2호선 순환선을 만들 당시에 소속은 어디셨나요?

그때도 일단 발령은 통신소였어요. 당시에 그런데 운영사업소 조직은 복잡했어요. 왜냐면 나중에 잠깐 지하철주식회사가 생겼다가 얼마 후 지하철공사로 바뀌잖아요. 그 과정에서 이 운영사업소를 통합

이외에 일부 스피커 시스템과 인터폰도 생산했다.

했다가, 어떨 때는 분리했다가, 정신이 하나도 없었어요. 또 1984년 1월 1일자로 지하철운영사업소가 폐지되면서 지하철공사로 통합이 되요. 그때 저는 지하철공사로 안 갔죠. 지하철공사 급여가 공무원의 3배였어요. 그런데 일단 저 같은 경우에는 '안정요원'이라고 서울시 직원으로 지하철공사에 파견을 나간 케이스였죠. '기능직 운영요원'들은 공사 쪽으로 전환이 되었지만, 저 같은 일반 기술직은 공사로 가든지, 서울시 직원으로 남든지, 선택을 할 수 있었어요. 저는 그냥 서울시에 남아서 공무원을 하고 싶더라고요.

서울시 내부에 통신 관련 부서가 많았나요?

그때 통신기술직이 서울시에서 일할 수 있는 곳이 본청 총무과 통신계, 도로과 가로등통제소, 그다음에 민방공경보통제소, 이 정도밖에 없었어요. 그런데 난 대기발령이라도 좋으니까 안 간다고 했죠. 그래서 6개월 동안 지하철공사로 파견 나가는 형태로 있다가 서울시로 다시 복귀했죠. 그런데 제가 운이 좋았어요. 그때 북에서 이웅평이 내려왔어요. 미그기를 타고 날아왔는데 우리가 경보를 못 울렸잖아요.[5]

그때가 1984년이었죠. 비행기가 떴다고 난리가 났었죠. 그리고 긴급 상황이었

5 1983년 2월 25일 북한 공군 상위였던 이웅평이 미그19기를 몰고 귀순한 사건이다. 이웅평은 귀순 후 대한민국 공군 소령으로 임관되었다. 이후 공군대학 정책연구위원 및 교관으로 활동하였고, 1996년 대령으로 진급하였다. 2002년 간기능부전증으로 사망하였고, 그의 유해는 국립현충원에 안장되었다.

는데 사이렌이 안 울려서 그것 때문에도 난리가 났었죠.

서울시도 난리가 났죠. 조사과랑 감사과에서 조사를 했죠. 결론은 담당하는 전문직 직원을 두지 않았다는 거예요. 그래서 저를 찾았죠. 무선설비기사 2급이랑 경력 등등, 그러니까 저를 부른 거였죠. 덕분에 민방공경보통제소에 특명을 받고 운영계장으로 발령을 받았어요. 그게 1985년 1월이었어요.

난리가 난 덕분에 그렇게 됐네요. 아이러니하다고 할까요?

그렇죠.

이번에는 아까의 질문을 이어서 드릴게요. 2호선부터는 최대한 우리 기술로 대체하자는 인식이 있었잖아요. 실제로 2호선 건설할 때는 통신 분야에서도 기술이나 장비의 국산화가 많이 이루어졌나요?

그럼요. 많이 이루어졌죠. 신호 분야의 계전기도 국산화되었고 많이 국산화되었죠. 그러나 통신의 경우 열차무선 같은 몇 개는 아직 안 되었죠. 그리고 사령실의 종합설비 같은 것들은 아직 어려웠죠. 2호선 때까지는 아직 그쪽 기술들을 국산화하지 못했어요. 물론 1호선과 2호선은 통신방식이 달라요. 하지만 그건 주파수가 다른 정도였어요. 지하철공사 사람들도 2호선 만들 때 1호선을 철저하게 '컨닝'했죠. 결과적으로 다 똑같아요. 3·4호선의 시스템 분야도 1·2호선이 모태가 되었죠. 대신 3·4호선 같은 경우에는 재원이 미국에서 도입한 차관 펀드였어요. '양키펀드'라고도 그랬어요. 기자재나 무전기도 미제였어요.

역무자동화 설비를 점검하는 염보현 시장(1986년)

일단 건설이 끝나면 건축이나 토목은 유지보수 인력만 있으면 되는데요. 통신 분야 같은 운영시스템은 오히려 사람이 더 필요해질 것 같습니다.

그래서 지하철공사에서 시스템 분야 직원들을 대거 스카우트 했던 겁니다. 시스템 분야는 모든 프로토콜은 똑같아야 하거든요. 시스템 분야는 다 이어져요. 돈도 많이 준다고 했고요. 덕분에 서울시에서 몇 명이 넘어갔어요. 통신 분야에서는 이장훈 씨가 지하철주식회사로 갔죠. 신호 쪽도 그렇고요. 전기도 그렇고요.

서울시에 남을지, 지하철공사로 갈지, 혹시 사모님과 상의하지는 않으셨어요?

그런 일은 없어요. 그 당시는 남자가 업무와 관련된 일을 아내랑 협의하던 시대가 아니었어요. 남자가 하면 하는 대로 갔죠.

월급이 3배가 뛰는데도요?

그건 좀 그렇죠. 약간은 안타까웠죠. 운영사업소 전기직, 통신직, 차량 담당 기계직 등등, 일반직 직원들이 있었는데 대략 지하철공사로 넘어간 사람이 1/3 정도였어요. 그 사람들 중에는 고위직으로도 간 사람들도 많았어요. 그렇게 넘어가서 자기 역량을 발휘하기도 했죠. 어떻게 보면 좋은 일이죠. 운영사업소의 직원들이 공사로 넘어가서 주요 간부직 역할을 했다는 것이 중요한 부분이죠.

신호통신부 조직이 생기다

이번에는 고건 시장 때부터 시작되었던 2기 지하철에 대해서 질문을 드리겠습니다. 88서울올림픽이 끝나고 고건 시장님이 오십니다. 그때부터 2기 지하철을 건설이 추진됩니다. 그런데 지하철공사가 아니라 지하철건설본부를 만들어서 건설을 시작합니다. 어떻게 보면 지하철공사에서 도맡을 수도 있었을 텐데요.

그건 중요한 배경이 좀 있어요. 원래는 지하철공사에서 5호선에서 8호선까지 건설기본계획을 세웠어요. 그리고 양재에서 수서, 상계동에서 당고개 구간의 3·4호선 연장공사 계획도 추진했어요. 지하철공사에서 다 하려고 했지요. 그리고 연장공사는 실제로도 건설을 착수했죠. 그런데 1986년 아시안게임과 올림픽 기간까지 억눌려 있던 노동운동이 1989년부터 엄청나게 터지잖아요. 지하철공사도 파업이 크

신규 승무원들의 현장교육 모습

게 일어났지요. 지하철 운행이 전면 중단된 일도 있었어요. 매스컴에 어마어마하게 보도되었죠.

서울시에서도 생각을 한 거죠. 만약에 지하철공사 쪽에 2기 지하철 건설을 맡기면 건설하는 과정에서도 난리가 나겠다고 말입니다. 또 건설 후에 운영을 맡겨도 그런 일이 벌어지면 어떻게 할지 고민했던 거죠. 지금은 양쪽이 통합되었지만 처음에는 도시철도공사를 이원

화했잖아요. 그런 배경에서 그랬던 겁니다. 파업 때문에 도시가 마비되는 상황을 미연에 방지하려고 했던 거죠. 아마 다른 선배들도 얘기했을 겁니다. 결국 1989년 초에 고건 시장의 결단에 의해서 시장 특별지시 사항으로 2기 지하철 건설 임시조직이 생겨요. 건설준비기획단이죠. 1989년 6월 무렵일 겁니다. 그리고 12월에는 정식으로 건설본부가 조직되고요.

선생님은 언제부터 2기 지하철건설에 참가하셨나요?

저는 그해 8월부터 임시준비단에 들어갔어요. 민방공경보통제소 운영계장을 하다가 성광일 선배가 지하철 쪽으로 오라고 했죠. 그때부터 2기 지하철의 신호통신분야 설계를 몽땅 하게 되었던 겁니다.

지하철건설본부 조직도를 보면 신호통신 부서가 있더라고요. 1기 지하철 때는 없었는데 말이죠.

처음에는 신호통신이 전기부 아래에 '계係' 조직으로 있었어요. 그러다가 '신호통신부'로 독립되었죠. 전기부에서는 신호통신을 그냥 '계'로 갖고 있으려고 했어요. 그러다가 저를 데리고 왔던 성광일 부장님이 신호통신부를 만들었던 겁니다. 전기 파트에서 신호통신 시스템을 특화시켜서 독립된 부로 만들었던 거죠. 덕분에 저도 만년 6급에서 5급 사무관 시험도 보게 되었고요. 서울시에서도 처음으로 7급 통신기술직 공채를 시작하게 되었어요. 무려 23명을 뽑았어요. 경쟁도 80대 1이었죠. 그중에서 13명이 나중에 5급 사무관으로 승진도 했죠.

대단하네요. 원래 기존 부서에서 무언가 새로운 부서를 만든다는 게 어려운 일인데 말이죠.

말도 못 해요. 지금과는 달리 그때는 신호통신을 아주 하찮게 알았어요. 물론 21세기에는 거꾸로 IT가 각광을 받죠. 완전히 역전되었죠.

이번에는 다른 질문을 드릴게요. 지하철 건설 방법이 크게 2가지라고 합니다. 하나는 땅을 다 헤집었다가 다시 덮는 개착식이 있고, 다른 하나는 NATM 방식이라고 해서 터널을 노선 방향으로 뚫어나가는 방식입니다. 이런 개착식과 터널식 구간에 따라 신호통신도 영향을 받나요?

신호통신 쪽은 문제가 없어요. 지하철 건설에는 공정단계의 순서가 있어요. 제일 먼저 토목구조물이 완성돼요. 그다음에 궤도가 깔려요. 바로 그즈음에 우리 시스템 부서가 들어가서 레일 양편에 작업용 레더(사다리)를 쭉 이어서 가설해요. 그런데 이 복합무선통신을 위한 누설동축케이블은 차량의 사람 눈높이에 맞춰서 균일한 높이로 가야 되거든요. 기둥이나 벽에 매달아요. 'SSG'라고 해서 케이블을 붙잡아주는 클램프를 달아요. 그걸 공중에 매달죠. 그러니까 일단 토목구조물이 일단 완성이 돼야 우리 작업을 시작할 수 있죠.

그러니까 그 토목구조물을 개착식으로 하든, 터널식으로 하든 구조물이 완성되지 않으면 우린 일을 할 수 없죠. 즉 개착이나 터널이나 상관은 없죠. 토목구조물의 완성 여부가 더 중요하죠. 물론 아까 말했듯이 그 케이블 1km를 둘둘 말아놓으면 집채만한 크기가 됩니다.

일단 그걸 지상에서 레일이 있는 지하로 내려야 하잖아요. 그러면 지상에서 심도가 얼마나 되는지가 중요하죠. 도심부 구간은 지상에서 20~30m 아래로 내려가거든요. 그 케이블 실어나르는 차는 정말 대형 트럭이거든요. 집채만한 케이블을 실어와야 하니까 큰 트럭 여러 대를 공사장으로 들여보내야 하죠.

그럴려면 교통 통제를 해야죠. 또 육중한 케이블도 지하로 내려야죠. 케이블을 가설한 지하 현장으로 옮기는 게 전쟁이에요. 그래서 우리 작업은 교통기관의 승인을 먼저 받고 밤 12시 이후나 주말에만 할 수 있었어요. 그 케이블을 250m나 감았다고 생각해 보세요. 얼마나 크겠어요? 그걸 몇 덩이 끌고 와서 지하로 내려야 하니까요. 공장에서 감았을 때 크기나, 무게, 이동성을 고려하면 딱 250m가 적당해요.

토목이나 레일 부설이 끝난 다음에야 작업을 시작할 수 있다면 시간에 쫓기는 경우가 많았을 것 같네요.

맞아요. 지하철 건설은 선행 공정과 맞물려 돌아가기 때문에 순서에 대한 이해가 필요해요. 제일 마지막에 이루어지는 공정이 AFC 역무자동화, 신호통신, 방송 장치입니다. 그래서 설움이 많았어요. 말씀하신 대로 전체 공정에서 우리가 할 공기를 후려치는 겁니다. 그러면서 "야, 토목공사비 하루에 이자가 얼마인 줄 알아? 개통 하루 늦어지면 비용이 얼마가 더 드는 줄 알아?"라고 하면서 선행 공정에 기간을 배분하거든요. 덕분에 우리는 막바지에 맨날 밤샘 작업을 하게 돼요. 시간에 쫓기니까요. 토목이나 건축은 맘대로 공기 다 쓰고 말이죠.

공정회의에 들어가면 그래요. "어려운 토목공정, 건축공정 다 끝냈어. 빨리 마무리해!"라고요. 그렇게 번갯불에 콩 구워 먹듯이 작업을 하니, 개통하고 2~3일 만에 무슨 문제가 터지기 마련이죠. 그걸로 위에 불려가서 깨진 일이 한두 번이 아니에요.

억울하셨겠네요.

맨날 뭐 잘못했다고 했죠. 시스템이란 게 그래요. 땅속에서 전파를 보내는 건 어떻게 보면 기술적으로 보자면 일도 아닐 수도 있어요. 하지만 그렇게 공정상 쫓기듯이 열악한 조건에 있었으니까요. 어떻게 보면 어쩔 수 없는 일이었죠.

2기 지하철, 이렇게 달라졌다

그렇다면 신호통신 시스템에서 1기 지하철과 2기 지하철의 차이점은 무엇이라고 생각하시나요?

1기 지하철은 구조상 인력이 많이 필요했어요. 예를 들어 차량도 앞에는 기관사, 뒤에는 차장이 있어야죠. 사람이 꼭 탔죠. 그다음에 매표소도 있고요. 왼쪽 게이트, 오른쪽 게이트에 표 파는 사람이 있었어요. 물론 86아시안게임이랑 88올림픽을 전후로 자동화가 이루어졌지만 역무원이 많았어요. 심지어 방송실이나 승강장에도 방송요원을

개찰구에서 승차권을 받는 역무원

배치했어요. "지금 열차가 들어오고 있습니다."라고 방송 멘트가 나갔잖아요. 사람이 직접 다 했죠. 그렇게 1기 지하철은 인력 위주로 운영을 했어요. 그때는 인력을 그렇게 다 배치해야 하는 걸로 알고 있었죠. 일자리 창출도 해야 할 시기였고요. 덕분에 1기 지하철 때는 인력이 굉장히 많았어요.

예전에는 기차역에서는 일본 철도의 영향 때문인지 승강장에서 깃발로 신호를 보냈던 걸로 알고 있습니다.

신호수라고 하죠. 복창도 하게 돼 있어요. 그렇게 승강장에도 꼭 배치했죠. 안전 때문이었죠. 1호선도 그랬어요. 지금은 안전을 위해서 러시아워 시간에만 무전기 들고 하고 있거든요. 어쨌든 그렇게 인력 위주로 운영하다가 보니 노조가 생겼던 거 같아요. 또 AFCAutomatic Fare Collection (역무자동화)[6]설비도 있어요. 역무자동화를 하기 전까지는 부정이 그렇게 많았어요. 차표를 찍어주는 척하면 되판다든지 하는 그런 일도 있었죠. 그런데 2기 지하철은 운영인력을 축소하는 쪽으로 나갔죠.

그렇게 하려면 우선 시스템이 받쳐줘야 할 것 같습니다.

맞아요. 3·4호선을 보면 개찰구가 삼발이 식으로 밀고 들어가는 거 있죠? 그걸 밀어야 승강장으로 갈 수 있잖아요. 턴스타일turn style이라고 하는 거예요. 86아시안게임 전에 지하철공사가 프랑스에서 도입한 거죠. 나중에는 차단막이 '찰칵' 열리는 방식으로 바뀌죠. 2기 지하철들은 그런 여닫이로 되어 있어요. 그게 처리 승객 효율을 보면 1분당 40~45명 정도예요. 삼발이보다 더 빠르죠.

그러네요.

그런데 그거 하나 바꾸는 것도 엄청난 이권이 걸려 있어요. 고건

6 역무자동화시스템(Automatic Fare Collection, AFC)은 철도역이나 교통 허브에서 업무 효율성을 향상시키기 위한 자동화 시스템을 가리킨다. 역무를 자동으로 처리하거나 인간의 노동을 최소화함으로써 역무 흐름을 최적화하고 승객 서비스를 향상시키는 것을 목적으로 한다. 이를 통해 전자 티켓 발급, 열차 운행 스케줄 관리, 실시간 여행 정보 제공, 시설물 관리, 그리고 안전 및 비상 대응을 자동으로 수행하게끔 한다. 이러한 역무자동화시스템은 승객 서비스의 향상과 함께 업무 효율성을 증가시키는 핵심 기술 중 하나로 인정받고 있다.

시장님께서도 그걸 한동안 사인을 안 하고 고민했어요. 소문에는 청와대 쪽에서 압력이 엄청나게 들어왔다고 할 정도였어요. 그래서 자문회의랑 공청회랑 많이 열어서 바꾸게 되었죠. 그런데 원래 신호통신 분야는 너무나도 전문적인 내용이 많아요. 내부 검토만 하고 외부에 의뢰하는 일은 크게 없었어요. 하지만 중요한 결정 사항은 반드시 외부 자문회의를 개최했죠. 그래서 우명규 지하철건설본부장님이 그래도 외부자문회의를 거치라고 했던 거죠.

이야기를 들어보니까 통신망을 설치할 때 아날로그로 할지, 디지털로 할지에 대해서도 꽤 많은 논의를 했다고 합니다.

맞아요. 그때 논의가 많았죠. 통신망을 깔 때 아날로그랑 디지털 중에서 어디로 기야 할지를 정해야 하거든요. 저는 소신을 굽히지 않고, "이건 디지털로 가야 합니다!"하고 끝까지 밀었어요. 그 당시에는 아무리 '광통신'의 중요성을 설명해도 사람들이 몰랐거든요. 모르니까 이런 일도 있었어요. 광통신이란 게 머리카락 굵기의 케이블 한 가닥이 엄청난 정보를 전달해요. 보통은 광섬유 코어Core라는 개념으로 설명해요. 그런데 그때 위에서 감사를 받으면 안 된다고 했어요. 그래서 여기는 두 가닥, 저기는 세 가닥, 그리고 또 저기는 한 가닥, 이런 식으로 나눠놨죠. 덕분에 풍족하게 코어를 사용할 수 없었어요. 이게 무지에서 비롯된 것이죠. 일단 "돈 많이 쓴다."라는 이야기를 듣지 않으려고 한 결과였어요. 통신이란 건 적어도 수십 년 앞을 내다보고 시공해야 해요. 그런데 만날 "돈, 돈, 돈" 절약하라고 해서 이렇게 옹색하게 해놨더니 나중에 용량이 늘어나니까 그걸 늘리려고 해도 예비 코어가 없는 거예요. 그래서 결국 20년 정도 쓰다가 전면적으로 다 갈았죠. 지금은 광케이블을 풍족하게 해놨죠. 왜냐하면 그 사이에 자재값이 엄청나게 싸졌거든요. 지금은 제일 싼 소재에요.

게다가 지금은 국산 품질도 너무 좋죠.

맞아요. 그리고 또 디지털은 전송장비가 필요해요. 그때는 우리가 그걸 만들지 못해서 유럽의 알카텔Alcatel의 장비를 들여왔어요.[7] 거기 디지털 전송장비가 상당히 고가였어요. 그리고 20년 이상 사용하면 먼지구덩이가 되요. 통신장비를 교체해야 하죠. 다행히 그 장비가 20년 동안 별다른 사고 없이 잘 작동이 되었죠. 이게 고장 나면 5~8호선 전동차량이 동시에 서버려요. 얼마 전에 정부24의 온라인 민원서비스 전산망이 올스톱되었잖아요. 지하철이 그렇게 되어버리는 거예요. 이게 바로 신경망이잖아요. 그러니까 이게 고장 나면 그냥 멈추는 거죠. 이 장비를 선정하느라고 엄청 고생했어요. 다행히 옆에서 보시더니 우명규 당시 본부장님이 실무자들의 노력과 고충을 이해해주시더라고요.

---

7 알카텔은 1898년에 프랑스에서 설립되었다. 초기에는 전화기 및 전기 통신 장비를 생산했다. 현재 통신 기술을 중심으로 다양한 사업 분야에서 활동한다. 고정 및 이동통신 인프라, 네트워크 솔루션, 클라우드 서비스를 비롯해 스마트폰, 태블릿, 기타 소비자 전자제품을 생산하고 있다.

2기 지하철에 들어가는 외국 통신설비 검사 모습(구술자 제공)

2기 지하철 때 디지털 광통신망을 도입한 게 1기 지하철과의 결정적인 차이라고 할 수 있겠네요.

그렇죠. 1기 때는 통신구를 보면 굵은 케이블 묶음 안에 전화선이 한 가닥씩 들어가요. 200P (Pair의 약자)나 되는데 그걸 통으로 묶으면 직경이 커요. 그 200가닥 케이블에서 한 가닥씩 뽑아 유선으로 연결해 전화에도 쓰고, 다른 곳에 나눠 쓰고 하죠. 그런데 2기 지하철에서는 그 두꺼운 선들이 이 머리카락 굵기로 축소되었던 겁니다. 게다가 그게 빛의 속도로 전송되니까 이건 뭐 천지 차이죠. 광통신이 쉬운 말로 빛에다 디지털 신호를 실은 거잖아요. 우리가 지금 소리 내서 말하는 건 아날로그죠. 파장으로 전달해서 그걸 0과 1로 바꾸어 전달하는 건 디지털이잖아요. 그 디지털 신호를 빛에 실은 거니까요. 덕분에 안전하고, 정확하고, 고장도 안 나는 신호통신 시스템을 구축할 수 있었죠. 그 과정에서 LG전선이랑 LG기공 쪽에서 우리한테 교육을 참 많이 시켜줬어요.

LG기공이 예전 금성통신이었죠?

맞아요. 금성통신이었죠. 안양에 연구소가 있었죠. 물론 금성도 우리 덕을 엄청나게 봤죠. 정확하게 1993년 3월 10일이었어요. 종로5가 통신구에서 대형화재가 났거든요. 종로5가 통신구가 몽땅 불탔어요. 그래서 서울 시내 통신망이 아무것도 안 되었어요. 김영삼 대통령 때죠. 그런데 그때는 우리 지하철건설본부장이 이동 씨였어요. 그 양반이 저를 불러서 광케이블에 대해서 물어봐요. "이거 불에 타는 거야?"라고요. 그래서 "현재 설계로는 '난연'이 아닙니다"라고 했죠. 그런데 그 양반이 해군 장교 출신이었어요. 그래서 "내가 미국의 해군 애들에게 배운 게 있어. 미국 잠수함 케이블은 다 난연으로 돼 있어."라고 하시더라고요.

'난연'이라면 불이 붙기는 하지만 번지지는 않는 소재인 거죠?

그렇죠. 그걸 계기로 2기 지하철에는 불이 나도 번지지 않는 난연케이블을 사용하게 되었죠. 마침 LG전선에서 난연케이블을 생산하려고 하고 있었거든요. 재료는 수입했고요. 공장은 구미에 있었어요. 그때 제가 난연케이블 시험하는 걸 봤어요. 트레일을 만들어서 3m인가, 6m인가, 전선을 세로로 세워놓고 밑에서 불을 붙이더라고요. 600℃ 이상으로 가열하는데 그 불이 안 번져야 '난연'이더라고요. 그게 미 해군 기준이었어요. LG전선 측에 미국 자료를 번역해서 보내줬어요. 공장에 가봤더니 정말 그렇게 만들어 놨더라고요.

그렇게 해서 2기 지하철부터는 난연 소재를 사용한 거네요.

그때부터 사용한 거죠. 그런데 종로5가 사건 이후에 감사원에서 전국 지하터널 공동구의 전수조사에 들어간 겁니다. 보니까 난연 처리가 전혀 안 되어 있었어요. 종로5가의 케이블이 왜 탔냐면 먼지가 찌들어서 기름 성분이 들러붙었기 때문이었거든요. 그게 불길로 옮겨붙으면서 활활 탄 거죠. 그래서 그 케이블을 전부 청소하고 그 위에 난연재를 도포하라고 감사원에서 지시를 내렸어요. 그런데 2기 지하철은 케이블 자체를 난연케이블로 쫙 깔았어요. 그랬더니 감사원에서 정말 그게 난연케이블인지 그걸 만들었던 구미공장을 찾아갔어요. 저도 같이 따라갔죠. 보니까 안 타요. 그러니까 감사원이 시비를 걸어요. 글쎄, 세관에 전화를 해요. "이러이러한 재료가 수입되었는데 용도가 뭔지 자료를 확인해 달라."고 말이죠. 그렇죠. 꼼꼼하다고 할까요? 어쨌든 그랬더니 "지하철 건설용"이라고 세관에서 답신이 온 거죠. 그랬더니 갑자기 태도가 확 바뀌더니, "일 잘한다."라고 하면서 칭찬하더라고요. 비하인드 에피소드 같은 일이었죠.

아까 광케이블이 지금은 싸졌다고 했는데요. 그렇다면 그때는 가격이 비쌌을 것 같은데요.

그때는 난연재가 굉장히 비쌌어요. 희토류 성분이 들어갈 겁니다. 지금은 범용화되었지만요. 대구지하철 화재 이후로는 지하철 차량

시트도 전부 난연재로 되어 있죠. 일단 그때는 비쌌거든요. 결과적으로 1993년의 종로5가 통신구 화재 사건이 2기 지하철의 신호통신 시스템을 발전시키는 중요한 계기가 된 거예요.

1기 지하철과는 완전 딴판이네요.

1기 지하철은 뭐든지 아날로그잖아요. 사실 일본이 자기네들 옛날 기술을 그냥 우리에게 전수한 거죠. 2기 지하철 시스템부터 새로운 것에 눈을 뜬 셈입니다.

이번에는 다른 질문을 드릴게요. 자동화에 관한 것입니다. 당시 고건 시장도 자동화를 언급하더라고요. 신문 기사에서도 자동화에 관한 이야기가 많이 나옵니다. 사람이 없어도 자동으로 지하철이 움직이는 시대가 왔다고요. 그렇다면 신호통신부서의 역할이 커졌을 것 같습니다.

ATO(자동열차운전) 시스템을 만든 거죠. 일단 자동으로 운전하려면 신경망이 안정되어야 하죠. 컨트롤러가 안정되어야 합니다. ATO 시스템을 보면 200m마다 그 신호를 디텍트detect(감지)하는 과정이 필요해요. 운전 신호를 지상자地上子(ATS Transmitter)[8]와 열차의 차상자車上子(ATS Antenna)[9]에 동시에 쏘거든요. 가령 속도 같은 정보를 말이죠.

8 지상자(地上子, ATS Transmitter)는 열차자동정지장치(ATS)에서 지상선로의 제한속도 정보를 열차로 전송하기 위해 선로에 설치하는 정보 송신기를 말한다.

9 차상자(車上子, ATS Antenna)는 열차자동정지장치(ATS) 시스템에서 ATS 지상자에서 전송한 정보를 열차에서 수신하기 위한 차상 안테나를 말한다.

그리고 그 신호가 광통신망을 통해서 전송되는 거예요. 열차운행정보, 속도정보, 앞뒤 열차 운행 상황 등의 정보가 송신되는 거죠. 지령실에서 나온 정보를 지상자에서 차상자에 알려줘요. 그런데 만일 열차가 지시한 속도를 넘어가면 딱 정지시켜버리는 거예요. 또 승강장에 다가오면 정차할 위치에 센서가 있어요. 그래서 그 센서를 지나가면서 정차 위치에 딱 서는 거예요. 그래서 여러 번 시운전을 해서 자동화에 성공을 했던 거죠.

첨단 장치네요.

물론 시장님이 그러더라고요. 차량에 운전하는 직원이 없으면 시민들이 아무래도 불안해 한다고 말이에요.

아, 그러네요. 운전하는 직원이 없으면 사람들이 불안하긴 하죠.

그래서 ATO 시스템으로 하되 "그냥 앉아 있어라."고 했죠.

운전은 자동으로 되긴 하지만 일단 운전자가 앉아 있는 거네요.

물론 지금은 신분당선 같은 데는 완전히 ATO로 운행하고 있죠. 경전철도 완전히 ATO로 가고요. 기술적으로는 2기 지하철도 모두 ATO로 운행할 수는 있어요.

저도 2기 지하철은 모두 가능하다고 들었습니다.

할 수 있는데 득보다는 실이 많다는 거죠. 시민들이 불안해 할 수 있으니까요. 심리적인, 정치적인 문제인 거죠. 그런데 왜 ATO를 도입했는지 생각해 봐야 합니다. 예전에 지하철 파업이 일어났을 때 서울시 직원들이 10일 동안 역무 지원을 나갔어요. 덕분에 고건 시장이 사람에 좌우되지 않는 자동화를 생각했던 거죠. 시스템 쪽 직원들한테 명령을 내린 거죠. "가능한 부분은 모든 걸 오토매틱으로 하라."고 하신 거예요.

시스템 도입에는 그런 배경이 있었군요.

그래서 ATO 방식이 전격 도입된 것이고, 우리 시스템 쪽은 그걸 완전히 뒷받침하고자 노력한 거고요. 그런데 전력이나 전기는 큰 변함이 없었어요. 그 위로 지나가는 전차선도 그때나 지금이나 변함이 없어요. 다만 1호선에서 배운 점은 연락송배전이라고 해서 변전소가 고장이 나면 그 옆의 변전소가 그 부하를 감당하도록 하는 시스템을 도입한 게 있어요. 보통 변전소 1개가 1~2km 구간의 전력 공급을 담당하거든요. 그런데 고장이 나면 그 옆의 변전소가 캐퍼시티capacity를 확장해서 커버하도록 하는 거죠. 그 정도의 커버 능력을 변압기가 지니고 있어야 하죠.

그런 비상 장치가 있었네요.

우리 통신망도 루프loop 방식이라고 해요. 이쪽 기지국이 죽으면 다음 것을 커버할 수 있도록 순환 루프 방식으로 설계되어 있어요. 그래서 통신망은 죽지 않아요. 제가 1호선 건설 때 일본 사람들한테 배운 개념이에요. 통신에 응용한 거죠. 1호선 각 역에 보면 CSC Current Source Converter (전류형 직류 변환 송배전망)을 달아놨어요. 일본 기술자들이 알려줬어요. 송전할 때 교류를 직류로 바꿔주는 장치인데, 이게 죽으면 옆에 있는 장치가 대신해서 그 구역까지 커버하는 컨버터라고 말이에요.

일반 시민들이 모르는 부분이 많군요. 그렇다면 2기 지하철에서는 어떤 점이 달라졌나요?

일단 앞서 말했듯이 '사람 줄이기'입니다. 역무 시스템을 정비하면서 매표소도 줄이고, AFC (역무자동화시스템) 동선도 계단에서 매표소로 가는 방향도 정리했죠. 건축 파트에서도 매표소를 없앴죠.

건축설계 단계에서 매표소도 없앴네요.

그렇죠. 거기에 우리가 시스템을 맞춘 겁니다. 그리고 운영체계를 보통역과 관리역으로 나눴어요. 보통역의 모든 CCTV 정보가 관리역으로 전송되도록 했죠. 당시까지만 해도 CCTV 화상이 전송된다는 것은 상상도 못 할 일이었거든요. 그런데 광통신망이 깔리니까 가능해졌죠. 데이터 용량 중에서는 영상이 제일 크거든요. 그게 자유롭게 실시간으로 올라오게 되었죠.

관리역은 몇 개 정도인가요?

5호선은 관리역이 7개일 겁니다. 전체 51개 역 중에서요. 승강

매표소에서 승차권을 구입하기 위해 줄을 선 시민들

1977년 처음 설치된 승차권 자동판매기

장에 열차가 왔다 갔다 하잖아요. 사령실에 가보면 각 역에 영상이 다 올라와요. 1기 지하철 때의 구리선으로는 그게 가능하겠어요? 광통신이니까 가능한 거죠.

용량이 큰 화상정보도 광통신이니까 실시간 전송으로 모니터링도 가능해졌던 거네요.

사람도 줄이고 ATO 자동운행도 가능해졌죠.

AFC, 그러니까 역무자동화라는 부분은 구체적으로 어떤 시스템인가요?

개찰구에서 교통카드 '탁' 대고 들어가는 거면 그 정보를 각 역 단위 정산기에서 읽으면서 들어가라고 문을 열어주잖아요. 요금 정산과 직결되니까 엄청나게 중요해요. 실은 비하인드 스토리가 있어요. 개찰구 들어가는 방식이 예전의 삼각바를 밀고 들어가는 방식과 개폐식의 2가지가 있잖아요. 지금은 노선에 따라 그게 섞여 있죠. 당시 입찰 과정에 문제가 좀 있었죠. 일본은 개찰구의 개폐식이 안정기로 접어들어 이미 검증된 시스템이었어요.

그런데 삼각바 형식인 영국회사로 낙찰되었어요. 실은 입찰하려고 급조해서 들어온 회사였죠. 계약자는 영국 사람이었는데 한국에 법인을 만들었어요. 급조해서 입찰한 거죠. 그런데 그 제품을 설치했더니 초기에는 안정화가 되지 않아서 문제가 많았어요. 그 바람에 성광일 부장님이 시의회에 증인으로 불려 가고 그랬죠. 그것 때문에 맘고생이 많았죠. 다행히 지금은 안정화되어서 잘 사용하고 있지만요. 처음엔 문제가 좀 있었어요. 영국회사가 될 줄은 몰랐고, 입찰을 위해 급조한 것도 나중에 문제가 생겨서 알게 되었죠.

휴대폰이 잘 터지는 서울지하철

이번에는 무선통신에 대해서 질문을 드릴게요. 1990년대 후반 당시만 해도 휴대폰이 잘 터지지 않았는데요. 2000년대 들면서 달라진 것 같습니다.

무선이동통신, 그러니까 처음엔 '삐삐[beeper]'를 휴대하다가 이동통신 전화가 소형화되면서 대중에게 보급되었죠. 처음엔 그 휴대전화가 지상에서는 잘 터지다가 지하철만 오면 먹통이 됐어요.

지하철 승강장에서 휴대폰을 사용하는 모습(1997년)

맞아요. 지하에 들어오면 먹통이었어요.

서울시에는 지하터널이나 지하도가 많아요. 민방위기본법에 보면 재난 때 FM 재난방송을 듣도록 해놨어요. 서울시 조례에 있죠. 그래서 남산터널 같은 곳도 무선 동축케이블을 깔아서 잡음이 섞이기는 하지만 그 비상방송을 들을 수 있게 해놨어요. 제가 도로과에 있을 때 그걸 알게 되었어요. 그래서 제가 2기 지하철 건설할 때 터널 안에는 민방공 방송설비, 그리고 건축법에 규정된 소방보조설비가 필요하다는 이야기가 나왔던 겁니다. 관련 부서와 협의체를 만들었어요.

그래서 나온 게 '복합무선통신망'이죠. 그게 2기 지하철 신호통신 시스템의 키워드입니다. 그게 구축되면서 지하철에서 FM방송도 들을 수 있게 되었고, 삐삐 같은 초기 무선통신 기기의 사용도 가능해졌어요. 원래 지하철 역사 안으로 들어온 지하철 경찰지구대 역시 C-3라는 자체 무선연락망을 사용하고 있었는데, 이 복합무선통신망 덕분에 지하에서도 무전기로 원활하게 방범 업무를 수행할 수 있게 된 겁니다.

통신망이 좋아지면서 여러 가지가 좋아졌네요.

그런데 제가 복합무선통신망을 구축하느라고 맘고생이 많았어요. 특허랑 계약 문제 때문에요. 이게 60억 정도나 되는 큰 계약이기 때문에 당시 계약법에 따르면 수의계약을 못하게 되어 있었어요. 그런데 특허를 가진 사람이 수의계약이 아니면 계약을 안 하겠다고 해요. 정치인들도 관심을 가지더라고요. 문제가 아주 복잡하게 되더라고요. 현행법에 따르면 수의계약을 할 수 없고, 수의계약을 체결하면 저는 모가지 날아가는 상황이 벌어진 겁니다.

정말 진퇴양난이었네요.

그렇지만 이 복합무선통신망은 2기 지하철의 효용성과 편의성을 위해서는 아주 중요한 시스템이기 때문에 안 할 수 없는 일이었고요. 그래서 자문회의를 여러 번 열었어요. 하지만 수의계약을 할지, 대체 기술을 개발해야 할지, 결론이 나지 않더라고요. 감사원에서는 눈을 뜨고 쳐다보지요. 특허권 가진 사람은 민원을 제기하죠. 압박이 정말 심했어요. 그래서 정말 어렵게 계약을 했어요.

그래도 다행이네요.

이제는 이 통신망의 성능과 효과를 입증하지 않으면 제 목이 달아나는 겁니다. 그래서 2기 지하철 시운전 할 때 빈 열차를 타고 다니면서 일일이 지하의 전파강도를 측정하러 다녔어요. 가령 FM방송은 얼마나 잡히는지, 삐삐는 잘 잡히는지, 시운전하고 가다가 보면 전파

복합통신망 설비 전계강도 측정 모습(1995년, 구술자 제공)

가 잡히지 않는 곳이 나와요. 그러면 밤새 그걸 보정하는 겁니다. 그리고 다음날에도 또 시운전 차량 타고 다른 구간 다니면서 확인하고요. 각 터널마다 전파 불량구간이 없도록 전부 튜닝을 하는 거죠.

그런데 복합무선통신이라는 것이 구체적으로 어떤 개념인가요?

복합무선통신기기가 뭐냐하면 지상에 각종 안테나가 있잖아요. 소방용, 경찰용, 각종 방송용 등이 있어요. 지상에서 잡힌 이 신호들이 복합무선통신기기를 통과하면 이제 지하터널로 연결이 되는 거죠. 지하터널의 케이블을 통해서 소방, 삐삐, 이동통신 신호가 모두 나오게 되는 거죠. 지하철 창문에서 보면 케이블 높이가 딱 사람 눈높이에 맞춰서 깔려 있어요. 여기서 전파가 나와요. 이거를 국산화하면서 LG전선이 떼돈 벌었죠.

첨단 기술이네요. 국산화가 쉽지는 않았을 것 같은데요.

쉽지 않았어요. 연세대 교수하고 LG전선이 개발했거든요. 동축케이블[10]에 구멍을 여러 개 뚫어서 신호들을 보내야 하거든요. 전파는 빛하고 같아요. 여러 대역의 전파를 하나의 케이블을 통해서 전송하는 게 쉽지는 않아요. 그래서 5호선 강서 구간 개통하기 전에 약 1km의 샘플 구간을 지정해서 제작을 했어요. 그 1km의 신호 계측하느라고 거의 1달을 땅 밑에서 살았어요. LG전선하고 그 연세대 교수는 정말 저한테 큰절을 해야 해요. 이게 나중에 인천, 대구, 각 지방 도시철도는 물론이고 해외에도 팔려나갔거든요. 제가 1호선 열차무선의 누설동축케이블(leakage coaxial cable)[11]을 응용한 거예요. 히타치에서 만든 거였죠.

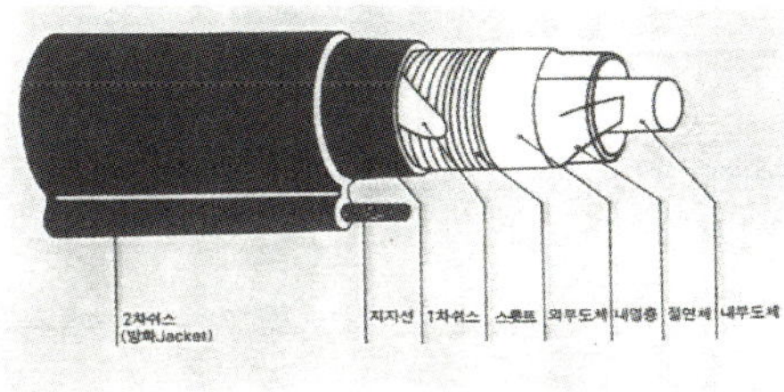

누설동축케이블

---

10 동축(同軸)케이블(Coaxial Cable)은 원형인 외부도체의 중심에 원형인 내부도체를 배치하고 내외 양 도체 간을 적당한 절연체로 절연한 케이블로 고주파 전달에 적합하다. 광대역 전송용으로 사용되는 통신용 케이블로 사용된다. 안정적이고 신호 손실을 최소화하기 때문에 라디오 주파수, 텔레비전 신호, 데이터 통신 등 다양한 응용 분야에서 활용되고 있다.

11 누설동축(漏泄同軸)케이블(Leakage Coaxial Cable)은 동축 케이블(LCX)의 외부도체에 일정한 간격으로 홈을 만들어 전파를 발생시키도록 한 케이블이다. 터널 내에 설치하여 열차이동무선전화에 필요한 안테나로 이용된다. 이외에도 빌딩 지하 등 외부로부터의 전파가 도달이 어려운 장소에서 사용된다.

누설동축케이블은 어떤 역할을 하나요?

지하는 전파가 통과하지 못하죠. 누설동축케이블을 깔아야 그 선을 통해서 지하터널에 전파가 퍼져나가는 거죠. 제가 히타치 것을 응용해서 LCX 누설동축케이블이란 걸 만들게 된 거죠. 이게 국산화된 겁니다.

굉장히 중요한 성과였네요.

일제는 주파수 대역이 하나만 되니까 가늘어요. 그런데 우리는 여러 주파수 대역을 처리하니까 조금 더 두꺼워지죠. 이 케이블 1km를 쌓으면 거짓말 조금 보태서 집채만 해요. 이런 것을 지하터널에 굴려서 깔았던 겁니다. 그리고 광통신망 같은 경우에도 구리줄은 굵어서 200m마다 접속점이 생기지만 이건 4~5km에 접속점이 하나 생기죠. 얇으니까요. 그런데 접속점이 중요해요. 이게 머리카락보다 얇은 광케이블을 잇는 첨단기기거든요. 광코어접속기가 필요해요. 왜냐면 머리카락 굵기의 케이블을 이어야 하니까요. LG전선 안양연구소에 가서 배워온 거예요. 쉽게 얘기하면 지금 인터넷으로 뭐 하면 미국까지 실시간으로 가잖아요. 해저케이블에 이게 다 깔린 거죠.

제가 광통신이 나올 무렵에 일본에 있었습니다. 그런데 일본에서도 한창 광통신이 '히카리[光] 통신'이라고 불리면서 신기술로 각광을 받았죠. 그런데 당시에 대부분은 컴퓨터 통신을 전화선 같은 걸로 '삑삑' 소리나는 모뎀을 더 많이 쓰고 있었어요. 그래서 제가 한국은 지금 집집마다 '히카리통신망'이 들어와 있다고 했

더니 일본 사람들이 깜짝 놀라더라고요. 딱 그 시점에 한일 간의 기술 수준차가 역전되기 시작했다는 걸 느꼈습니다.

그렇죠. 아마 그럴 겁니다.

한강 하저터널과 신호·통신시스템의 발전

5호선 건설 당시에 한강 밑으로 하저터널이 지나간다고 대대적으로 보도를 했습니다. 선진국에서나 할 수 있는 공사라고 하면서요. 그렇다면 하저터널 같은 경우는 신호통신 시스템에 미치는 영향은 없었나요?

그것도 마찬가지예요. 일단 토목구조물이 완성되면 상관없어요. 우리 시스템 쪽은요. 그런데 하저터널이 만들어지면서 한 가지 좋은 일도 있었죠. 당시 건설2부의 최창식 부장이 잘 알죠. 그분이 여의도 하저터널을 맡았거든요. 지하철건설본부 차장도 하고, 부시장까지도 역임하셨죠. 하저터널 만드느라 아주 고생이 많았죠. 그때 여의도와 강동구에 하저터널을 만들 때 다른 기관의 부탁으로 다른 업체들의 통신망을 함께 가설해줬어요. KT같은 이동통신 사업자가 한강 이북과 이남을 잇는 하저통신망을 자체적으로 구축하기가 어렵잖아요. 그래서 원래 한강다리에 광케이블을 많이 깔았어요. 그래서 하저터널을 뚫을 때 광케이블을 넣었지요. 강동 구간 하저터널 공사할 때 KT사람들이 와서 아주 살았어요. "100mm 광케이블 좀 여기에 묻을 수 있

한강 하저터널 조감도

게 제발 해달라"면서 말이죠. 100mm면 수십 개 코어가 들어가요. 향후 20년은 용량에 문제없이 사용할 엄청나게 큰 규모예요. 그걸 우리 서울시가 승인해 줬어요. 한전 공동구도 같이 있어요. 다들 우리가 공사할 때 같이 들어가서 작업한 거죠.

지하철을 이용하는 시민들이 본다면 신호통신의 자동화를 체감적으로 느낄 수 있는 부분은 아마도 안내방송 같은 부분이 아닐까 싶습니다.

일단 차량과 신호통신 사이에는 인터페이스가 필요해요. 차량에는 '차상자車上子(ATS Antenna)'가 있어요. 또 '열차무선' 설비가 있죠. 그리고 '방송장치'가 있어요. 기관사석에 시스템이 들어가요. 기관사석에서 버튼 누르면 안내방송 나오죠. 그리고 사령실에서 지시가 내려오면 각 차량에서는 그걸 받아요. 지상에서 멈춰라, 가라, 속도를 낮춰라 등의 내용을 송신하면 그 신호를 받아들일 수 있는 '차상자'가 필요해요.

그래서 2기 지하철 때 차량 담당이었던 배민호 과장님이 주관해서 협의기구를 만들었어요. 차량에 어떤 문제가 생기면 관련 분야 담당자가 함께 모여서 종합적으로 검토하는 거죠. 그렇게 모여서 인터페이스 관련 회의를 했어요. 차량은 복합적인 요소가 필요해요. 만약에 토목 구조물에 문제가 있으면 그걸 고쳐야 갈 수 있죠. 역사 건축에 문제가 있으면 수정해야 하고요. 전기 공급 안 되면 당연히 못 움직이는 거죠. 또 직류랑 교류의 전환 구간에서 데드섹션(절연구간)의 문제가 있으면 열차 지붕의 팬타그래프에 불이 나잖아요. 큰일이죠. 그러다가 신호가 없으면 움직일 수는 있겠지만 운행할 수는 없는 거고요. 협업하지 않으면 운행 자체가 불가능해요.

지하철 운행에는 여러 분야가 협동해야 하네요.

차량은 지하철의 '꽃'이잖아요. 비싼 돈 들여 그 어려운 땅 밑에 토목구조물을 만드는 것도 결국 차량이 가는 길을 만들기 위해서입니다. 그 길이 지하에 있을 뿐이죠. 건축구조물도 그렇죠. 차량에 승객이 탈 수 있도록 편의시설로서 기능하는 거잖아요.

그러네요. 서비스 관점에서 보면 사람이 타는 그 차량이 메인이네요.

차량이 지하철 시설에서는 주인이죠. 그러니까 그걸 위해서 시스템이 다 받쳐줘야 하죠. 그걸 위해 차량기지도 만들어야 하고요. 배민호 선생이 굉장히 똑똑해요. 그런 똑똑한 사람들이 요소요소에 있었기 때문에 2기 지하철이 완벽에 가깝게 건설된 겁니다.

2기 지하철이 만들어지는 시기에 이동통신도 점차 대중화되어 가잖아요. '삐삐' 같은 경우에는 초등학교 학생들도 갖고 다닐 정도였고요. 혹시 이동통신 쪽에서 하저터널의 경우처럼 지하철 쪽에 요구를 하거나 협의를 하거나 한 일이 있었나요?

그런 내용이 있었죠. 2기 지하철 건설 초창기였어요. 신세기통신, 그러니까 017에서 제일 먼저 접근했어요. 나중에 SK랑 합쳐지죠. 당시에 마포에 회사가 있었어요.[12] 그 친구들이 벌써 당시에 머리가 깨어 있었죠. 지하철에서 통신이 터져야 삐삐가 잘 팔린다는 걸 생각한 거죠. 방법이 없냐고 물어오길래 솔루션이 있다고 했죠. 일단 당신들 주파수 대역이 뭐냐고 물었죠. 그리고 자료를 다 가져와 봐라. 검토해보자. 그랬죠. 그래서 협의대상 업체에 신세기통신부터 넣어줬어요. 그게 나중엔 이동통신주식회사가 되었어요. 그래서 지하철 터널에서 통신망을 운용하도록 하는 대신에 점용료를 많이 받았죠. 당신들이 광케이블도 깔고 기지국도 달 수 있게 해줄 테니 점용료를 내라고 한 거죠. 그래서 이동통신사들이 지하철에 기지국을 늘려가기 시작했죠. 그렇게 지금의 인프라가 구축된 거죠.

서울시에서 깔아놓은 광통신망을 이용하는 게 아니군요?

그건 법적으로 철도통신용으로 설치한 것이니까 내부적으로만

12 신세기통신은 1994년 5월 2일 통합법인 신세기이동통신 주식회사로 출범하였다. 이후 1994년 6월 28일 신세기통신으로 상호를 변경하였다. 2002년 1월 23일 SK텔레콤으로 인수·합병될 때까지 존속했다.

사용해야 해요. 다른 목적으로 민간에 제공할 수가 없어요. 다만 전기 제공이나 기지국 설비 허용 같은 건 할 수 있죠. 그런데 5호선 1단계까지는 삐삐를 여기에 넣어서 같이 썼어요. 공공적인 성격으로 본 거죠. 그걸 잘 활용하면 지하철 운영 면에서도 돈이 되겠다 싶었죠. 그래서 돈을 내라고 한 거죠. 그래서 신문에 많이 나왔어요. 지하철공사에서 자꾸 돈을 내라고 한다고 말이에요. 게다가 지하철이 계속 적자라고 하니까 돈을 메우려고 한다고 보도했죠. 초기에는 악의적 보도도 많았어요. 아마 지금도 찾아보면 기사가 있을 겁니다.

5년 공백으로 인한 2기 지하철 건설의 어려움

신호통신 건설과정에서 5~8호선 중 가장 애를 먹였던 구간이나 노선이 있었나요?

애먹였다기보다는 2기 지하철 건설 자체가 1기 지하철을 마치고 5년 동안의 공백이 있었던 점 자체가 애를 좀 먹였죠. 우리 시스템 쪽 업계는 모두 흩어져버렸죠. 지하철을 다시 건설하려면 기본설계, 그러니까 신호통신 부문의 특수설계하는 업체가 있어야 하거든요. 그런데 엔지니어들이 죄다 다른 곳으로 가버렸어요. 생업을 찾아간 거죠. 설계인력이 부족하다 보니 업체와 계약을 하면서도 사실상 우리 직원들이 써주다시피 해서 도면을 그리게 했죠. 또 우리 서울시 지하철건설본부로 지하철공사 직원이 파견 나왔어요. 원래 2기 지하철도 지하철공사에서 하려고 했던 거잖아요? 결과적으로 서울시에서 건설하게 되었으니까 지하철 공사의 관련 인력을 전부 우리 서울시 지하철건설본부로 파견을 받았어요.

파견을 나왔군요.

월급은 지하철공사에서 받고, 일은 지하철건설본부에서 하는 거죠. 그나마 그분들이 부족한 인력을 메운 겁니다. 그렇게 인력도 부족한 상황에서 기본설계를 빨리 마쳐야 하니까 힘들었죠. 밀어붙이기식으로 진행하니까요. 공구는 많은데 그 짧은 시간에 기본설계를 다 마쳐야 했던 거예요. 토목은 공구 하나에 사람이 몇 명씩 붙었지만 우리는 한 사람이 몇 개의 공구를 담당했거든요. 더 힘들죠. 이쪽 신호통신 계통은 인력이 턱없이 부족했으니까요. 방금 얘기했듯이 5년의 공백으로 업계의 관련 인력이 다 흩어져버려서 사람을 확보하기가 어려웠거든요. 업체들도 엔지니어들이 다른 곳으로 가버려서 인력을 보유하지 못했어요. 그 엔지니어들 모으기가 너무 힘들었어요.

그러네요. 주택건설처럼 쭉 다른 곳에서 작업이 이어지면 문제가 없는데 지하철의 경우는 한동안 건설하고, 그다음에는 운영만 하고, 다시 건설한 뒤에 운영만 하고, 이러면 그런 어려움이 있겠군요. 관련 업체나 인력을 확보하기가 그만큼 어려워질 테니까요. 실제로 토목 쪽도 이야기를 들어보니까 지하철 건설이 끝나고 나서는 일이 없어서 사람들을 다른 구청으로 보내서 그쪽의 건설이나 토목

일을 했다고 하더라고요.

인력 수급이 그래도 괜찮았던 토목 분야도 2기 지하철 초기에는 아주 어려움이 많았을 겁니다. 건설은 설계가 제일 먼저 이루어져야 하거든요. 그런데 설계는 아웃소싱인데 업계에 인력이 없으면 어떻게 되겠어요? 저도 그랬어요. 제가 5개 공구를 맡았어요. 그런데 그 짧은 사이에 업체에 인력도 없는 상태에서 기본설계하고, 감리하고, 그걸 도면화하고, 종합보고서를 작성하고, 다 했어요. 그러니 성과물 수준이 어땠겠어요? 그만큼 부족한 설계로 시공업체가 시공을 하려니까 잘 안 되겠죠. 당연히 발주부서와 설계업체에 대한 컴플레인이 나올 수밖에 없었어요. 당연히 여기저기서 볼멘소리가 날 수밖에 없었죠. 한 사례를 들자면 문엔지니어링입니다. 회사 대표가 구로구청장을 하기도 했죠. 그분이 산증인입니다. 그분도 용산공고를 나와 신호통신 시스템 설계를 했어요. 그때 2기 지하철 발주가 쏟아져나오는데 회사에 인력이 없는 거예요. 그러니 제가 발주하고도 밤새워서 골격을 잡아줄 수밖에 없었죠.

설계 시간도 그렇지만 실제 공사 시간도 있어야 하잖아요. 설계 인력이 부족해서 시간을 잡아먹었다면 그만큼 공사 시간이 부족해졌을 것 같은데요.

맞아요. 지하철은 종합공정입니다. 앞의 공정이 가로막고 있으면 후속공정이 진행이 안 되잖아요. 그러니 뒤에 일할 사람들 대기하면 안 되는 거죠. 빠듯한 시간에 일을 마쳐야죠. 일은 많지, 인력은 부족하지, 엔지니어링 업체도 열악하지, 결국은 과도한 업무가 일상이 되더라고요. 제가 일지를 쓴 게 40권이 있어요. 그 안에 당시의 애로사항이 적혀 있어요.

매일 같이 일지를 쓰셨으니까 그런 내용을 세밀하게 기억하시는군요.

매일 써요. 그리고 또 구간들이 단계별로 개통하니까 시스템을 일괄적으로 맞추기가 어려워요. 시스템은 한 번에 설치하고 개통하면 좋거든요. 하지만 토목과 건축 사정상 구간별로 잘라서 개통했죠. 같은 노선이라도 강서구간, 도심구간, 강동구간, 이런 식으로요. 그렇게 잘라서 개통하면 시스템 인터페이스를 맞추기가 상당히 어려워요. 부분적으로 개통된 구간에서 시스템을 증설하려면 운행이 끝난 다음에 해야 하거든요. 그러니 항상 심야작업이었죠. 또 뭐하나 잘못 건드리면 기존에 잘 운행되던 것이 멈춘다고요. 그러니 검증하고, 또 검증하고, 반복해서 문제가 없다는 걸 확인하고 그랬죠. 시스템 쪽에서 보자면 이 단계별 부분개통을 통한 완전운행 과정이 상당한 힘들었죠.

그러네요. 일괄적으로 하는 게 훨씬 편하고 빠를 텐데 말이죠.

또 신규채용 인력 문제도 있었어요. 조직이 어느 정도 안정되면서 2기 지하철 신호통신직을 채용했어요. 서울시에서 선발해서 배정해 준 거죠. 그런데 보니까 전공과목을 배운 사람들보다는 국어, 물리, 이런 기본적인 것만 시험 보고 합격해서 온 사람들이에요.

대학교라도 이쪽 전공은 배우기가 쉽지 않죠.

맞아요. 어떻게 알겠어요? 도시철도를 말이에요. 그래서 도시철도 교재를 만들어 감독관 교육을 했어요. 대한체육회 빌딩에 방을 빌려서 40일 정도 매일 아침에 교육해서 현장감독관으로 파견했어요. 그래도 직원들이 다들 똑똑해요. 나가서 감독하면서 안전사고나 독직사건 같은 게 없었어요. 잘 처리해줘서 고마워요. 그리고 감사원에서 그렇게 감사를 많이 받아도 꼬투리 하나 잡힌 일이 없었거든요. 시스템을 잘 구축할 수 있었죠. 너무 감사하죠.

신호·통신시스템을 다루는 엔지니어의 어려움

지하철공사에서 파견 나온 분들이랑 선생님 같은 서울시 직원분들이랑 같이 일했을 텐데요. 양쪽 엔지니어 간의 협업은 어떻게 이루어졌나요?

서울지하철공사 안에도 신호통신 시스템 건설 준비를 하던 인력들이 있었죠. 개중에 한 분은 철도청 출신이었죠. 안계용 씨라고 있었어요. 서울시에도 잠시 있었고요. 1기 지하철 운영사업소 통신소에서 잠깐 저하고 계셨거든요. 그러다가 지하철공사 건설 요원으로 있다가 2기 지하철 때 지하철건설본부로 파견을 나온 거죠. 그러니 지하철 쪽에는 모든 사람을 잘 알죠. 그런데 안타깝게도 이 일을 하시다가 암으로 돌아가셨어요. 지금도 눈에 선해요. 기획력도 뛰어나고 꼼꼼하게 모든 기록을 잘 남겼어요. 게다가 인성도 좋아요. 본부랑 공사 직원한테 "우리 시스템은 하나다!"라고 강조를 많이 했지요. '양보'를 참 많이 하셨어요. 이분이 연세도 있고 이쪽에 아는 게 많으니까 가르치는 입장이었어요. 물론 전체적으로 보면 정책 결정과 방침은 공무원들이 주도하는 방향으로 갔어요.

1기와 2기 지하철은 대략적으로 10년 이상의 시간 차이가 존재합니다. 기술 수준의 차이도 존재하고요. 그런데 기술이란 게 새로운 것도 중요하지만 이전 기술과의 호환성이라고 할까요? 연계성도 중요하잖아요. 신호통신 분야의 상황은 어땠나요? 물론 구리선을 광케이블로 바꾸면 좋기는 하겠지만 말이죠.

신호통신은 기본적으로 구조물의 신경계통이니까 중시한 것은 역시 통신망이죠. 그런데 1기 지하철에서는 아직 '네트워크' 개념이 아니라 유선으로 이어지는 '실선' 개념이었죠. 사실상 네트워크 장비가 하나도 없던 시절이니까요. 죄다 유선으로 이어지던 시대죠. 그런데 2기 지하철에는 네트워크 장비가 들어가잖아요. 그 장비가 지금까지 이어지는 거예요.

역시 2기 지하철 신호통신의 키워드는 네트워크라고 할 수 있겠네요.

물론 1기 때부터 변하지 않는 것도 있어요. '열차무선'이죠. 기관사의 귀 역할을 하는 겁니다. 방식은 달라졌지만 사용되는 주파수 대역은 같아요. 크게 바뀌지 않았어요. 주파수는 국가의 자원이기 때문에 철도용으로 배정된 주파수는 맘대로 바꿀 수 없거든요.

법으로 딱 규정되어 있군요.

지금도 이동통신업체가 나라에 돈을 몇조 원을 지불하고 있어요. 주파수 사용료로요. 이것도 철도용 주파수거든요. 제가 2기 지하철하면서 20개의 주파수를 따왔어요. 그런데 전파감시국, 그러니까 지금의 중앙전파관리소에서 안 내주려고 했어요. 그래도 그걸 따온 게 도시철도로서는 큰 자원인 셈이죠. 그 주파수는 못 바꿔요. 주파수를 바꾸면 열차무선기도 다 바꿔야 해요. 각 노선별로 주파수가 조금씩 달라요. 3호선이 다르고, 5호선이 다르고, 이런 식으로 말이에요. 주파수가 같으면 다른 노선이랑 재밍jamming (간섭현상)이 나거든요. 안 되죠. 하여간 이런 동일 주파수 대역의 활용은 기술의 연계성이란 측면으로 볼 수 있죠. 나머지는 IT기술이 발전하니까 건설 단계부터 다르게 시작되었죠. 하지만 지금은 1기나 2기나 모두 노후화 단계로 접어들었어요. 그리고 도시철도공사로 양쪽이 통합되면서 시스템도 통일되었을 겁니다. 현재 상황은 제가 잘 모르겠네요.

국철 구간과 지하철 구간이 전압이 달라지잖아요. 교류에서 직류로 말이죠. 통신 부분도 그런 부분이 있나요?

통신도 그래요. 도시철도 구간 달리다가 국철 철도청 구간으로 들어가면 주파수를 철도청 주파수에 바꿔서 들어가야 통신이 연결되거든요. 신호는 연계되어 있는데 통신은 바꿔줘야 해요. 왜냐하면 철도청 사람들은 죽어도 "우리는 국가공무원이고 우리가 철도의 근간"이라고 생각하거든요. 실제로 이 사람들은 KTX 같은 엄청난 사이즈를 가지고 있잖아요. 우리 서울지하철이 아무리 커져도 그 사람들이 볼 때는 우스운 거죠. 게다가 우리가 1호선 종로선 건설할 때도 중요한 인원들은 철도청에서 넘어왔기도 하고요.

이번에는 통신 부문이랑 건축토목 부분과의 차이점에 대해서 질문을 드릴게요. 통신시스템이란 게 눈에 보이는 게 아니잖아요. 우리가 흔히 SOC라고 하면 산도 옮기고, 강줄기도 돌리고, 거대한 일을 하는 것이 눈에 보이고, 돈도 많이 투자되고요. 그런데 선생님께서 하신 일은 눈에 보이지 않기 때문에 예전에는 의심 많은 사람들은 '혹시 내가 속는 게 아닐까?'라는 생각을 하기도 했을 것 같습니다.

그럴 수도 있겠네요. 어쨌든 건축 쪽하고 갈등이 많죠. 건축은 기본적으로 토목구조물 위에 짓는 거죠. 건축이라면 승객, 시민들을 위한 구조물도 있지만 시스템 등을 원활하게 운용할 수 있도록 기능실 같은 공간을 만들어 줄 책임이 있어요. 전기실, 통신실, 신호기기실, 변전실, 역무실, 이게 다 철도 운영을 위한 기능실이거든요.

꼭 필요한 공간이네요.

일단 기능실이 좀 미흡한 느낌이었어요. 일부러 홀대했다기보다는 건축공정 쪽도 시간에 쫓겨서 눈에 보이는 것부터 시공을 하니까 그런 것 같아요. 그건 이해를 해야 해요. 하지만 그게 애로사항이 되요. 왜냐하면 우리 통신설비는 빛으로 가동되는 거잖아요. 굉장히 예민한 것들이거든요. 단적으로 그 설비에 먼지가 끼면 먹통이 될 수도 있어요. 그런데 어떻겠어요? 건축 마감공사를 하면 먼지가 엄청나게 나거든요. 그리고 역사의 안내표시판 등을 잘못 설치하면 애써 설치한 CCTV를 다 가리거든요. 또 매표소의 자동판매기도 그 공간의 구조물을 마감해야 설치를 할 수 있죠. 그리고 대합실 바닥 마감이 끝나야 그 위에 AFC 역무자동 개찰구 설비도 세팅할 수 있죠. 그러니까 토목 쪽보다는 건축공정과 긴밀한 관계에 있어요.

승강장 앞에 설치된 거울과 모니터

물론 토목이나 건축도 공정에 쫓기기는 매한가지예요. 하지만 그래도 일단 그쪽 사람들은 힘이 있으니까 우리 쪽에 비해서는 그래도 시간을 여유 있게 잡을 수 있어요. 그러면 우리는 멘 마지막 공정이니까 정말 번갯불에 콩 구워 먹듯이 일을 하는 거죠. 건축공정 과정에 가서 아주 사정사정해서 "이것 좀 해줘. 저기 좀 신경 써줘. 이건 좀 다시 확인해줘." 이런 식으로 부탁을 해야 하는 거예요. 그래도 의견 반영이 안 되면 전체 공정회의에서 우리 요구사항을 공식적으로 제기하거나 그래도 안 되면 어쩔 수 없이 본부장 찾아가서 직접 호소할 수밖에 없었어요. 건축하는 사람들 입장에서 이쪽 시스템은 안 보이는 거니까요. 잔챙이라고 할 수 있어요.

잔챙이는 아니죠. 신경망인데요.

이제는 그렇죠. 하지만 예전에는 신호나 통신 같은 건 다 잔챙이였어요. 지하철은 큰 것부터 생각해요. 토목, 건축, 설비, 변전, 이런 것부터요. 그런데 건축 파트는 AFC 개찰구 역무자동 시스템과 밀접하게 연관되어 있기 때문에 갈등이 표면화되는 거죠. 역 안에 들어가면 열차 안내 게시기가 보이죠? 방송장비 스피커 달아야죠. 승차하기 전에 개찰구 역무자동 설비 설치해야죠. 열차자판기 달아야죠. 또 실내에 통신안테나 달아야죠. 그리고 매뉴얼에 따라 CCTV 20개나 달아야 하죠. 그거 달려면 건축구조물 뜯어야죠. 일단 천장을요. 그런데 건축 파트에서는 우리 맘대로 뚫거나 만지지를 못하게 하죠. 시공사 차원에서는 이게 해결이 되질 않아요.

그래서 감독관들의 공정회의를 통해서 이 문제를 풀어야 해요. 물론 공정회의는 주로 토목직들이 주관해요. 그래도 거기서 허심탄회하게 얘기해서 감독관끼리 푸는 경우가 많아요. 그래도 안 풀리면 담당 과장끼리 협의하죠. 배경동 건축부장이라고 있었어요. 그 양반이 2기 지하철의 안내표지판을 다 했어요. 그분은 지하철에 애착이 있었어요. 우리 이야기를 잘 들어주려고 노력했어요. 그래도 어쩔 수 없이 건축 디자인이 아무래도 먼저였어요. 공중전화 같은 건 철거했죠.

정말 2기 지하철부터는 역사 안에 공중전화를 본 기억이 별로 없네요. 그리고 요즘은 1기 쪽도 공중전화를 잘 보지 못한 거 같아요.

그래도 시민들의 요구가 많아지면서 다시 복구된 경우도 많아요. 시민들이 불편하면 당장 민원 들어오거든요. 지금은 모두 휴대폰을 쓰지만, 그때만 하더라도 공중전화가 있어야 하거든요.

차량의 연결 대수, 전체 길이, 높낮이 같은 요소가 신호통신 시스템에 영향을 많이 끼쳤나요?

신호는 영향이 없지만, 통신은 영향이 있죠. 지하철이 맨 처음에는 6량을 달고 다녔잖아요. 그러다가 8량, 10량 이렇게 늘렸고요. 그렇게 되면 직선 승강장은 문제가 없지만 곡선을 된 경우에는 뒤쪽이 안 보일 수 있어요. 그래서 차장이 볼 수 있도록 CCTV를 다 달았어요. 그리고 6량일 때와 8량일 때는 안내계시기의 디스플레이를 잘 보이도록 조정해야 하죠. 10량일 때는 그걸 더 늘려야 하고요. 승객이 내릴 때 쉽게 볼 수 있게 해야 하거든요.

차량 수가 늘어나니까 안내계시기가 잘 보여야 하겠군요.

그렇죠. 6량일 때, 8량일 때, 각기 직관적으로 보이게 해야 합니다. 그리고 곡선 승강장은 CCTV가 차량 전체를 비출 수 있게 해야 해요. 지하철 건설 전체를 놓고 보면 아무것도 아닐 수 있어요. 하지만 이런 세밀한 것도 시민들에게 불편을 초래하고 열차 운행에 영향을 미치거든요. 안전에도 문제가 있고요. 그래서 이동 본부장이 "유럽을 갔더니 기관사 옆에 큰 거울이 있더라."고 말하기도 했습니다. 그래서 저도 파리 지하철에 가서 확인했죠. 그래서 우리도 설치했죠. 2기 지하철이 앞에 딱 서면 거울이 하나씩 있어요. 그럼 기관사가 다 볼 수 있죠. 지하철 승강장 앞에 가보세요. 거울이 다 있어요. 이게 아무것도 아닌 것 같아도 좋은 아이디어예요. 일종의 백업 시스템이죠. 거울은 고장 날 일이 없잖아요.

화면의 액정이 고장나도 거울로 승강장 전체를 볼 수 있도록 했던 거네요.

백업이죠. 모니터하고 거울도 같이 보고 운전하죠. 결국 차량 수에 따라 그런 것들이 조정되기 때문에 통신분야가 영향을 받죠. 신호도 ATS 자동정지 시스템은 차량 위치와 직결되니까 영향을 받을 겁니다. 1호선이 그랬어요. 처음 개통할 때는 6량이었어요. 그러다가 4년 후에는 8량이 되었죠. 그리고 막판에는 10량을 달았죠. 8호선도 보면 처음엔 4량으로 운행했다가 지금은 6량으로 운행하죠. 8호선은 대열차 공간화상장치를 달아서 승강장 안의 현황을 보고 진입해요. 그게 독일 지멘스에서 만든 설비죠. 지금도 그걸 운영하는지 모르지만 제가 있을 때 2기 지하철까지는 그 장치를 사용했어요. 그때 처음 사용해봤는데 편리하다고 하더라고요.

무엇보다도 지하철에서 아주 편하게 스마트폰을 활용한다는 것이 참 좋은 것 같습니다.

그거는 뭐 세계 최고죠. 그 당시로서는 지하 땅 밑에서 전파를 자유롭게 사용할 수 있다는 게 획기적이었어요. 그것도 여러 주파수 대역대를 전송할 수 있는 누설동축케이블이 우리 기술로 만들어졌죠. 지금은 누설동축케이블 방식이 아니고 광섬유케이블 안테나 방식으로 바뀌었죠. 한동안 해외에서 탐을 냈던 우리 기술이었습니다. 지금까지도 누설동축케이블은 5~8호선에서 잘 쓰고 있어요. 그리고 무엇보다도 기간사업통신업자도 못 했던 디지털 초고속 광통신망을 구축했지요. 그게 민간통신업체보다 앞서서 서울 2기 지하철이 거둔 업적이죠. 우리나라 최초로요. 서울시 전용 통신망을 보유하게 된 것도 의미가 크죠. 별도로 망 분리가 되었고, 상암동 관제센터에서 철저히 관리하니까 더욱 안전하죠. 2기 지하철의 광통신망 건설이 서울시 고유의 초고속 광통신망을 보유하게 된 직접적인 계기가 되었죠.

그게 또 바탕이 되어서 디지털정부가 구현된 거죠.

열차 행선지 안내방송 같은 것이 예전에는 테이프에 녹음해서 틀고 그런 시절도 있었죠. 하지만 이제는 열차가 들어오면 어디쯤 오는지, 그 뒤에는 또 어디쯤 오는지, 모두 안내게시판에 나오잖아요. 외국인들이 보면 깜짝 놀라요. 우리가 신호통신 인프라를 운행정보와 잘 결합한 결과죠. 우리는 차량이 움직이면 200m 간격마다 폐쇄루프 정보가 종합사령실로 전송되기 때문에 어디쯤 오는지 승강장에서 디스플레이로 볼 수 있어요. 선로에 절연체를 넣어서 200m마다 스위치가 있다고 생각하면 편하죠.

쉽게 생각하면 차량이 레일 위를 지나가며 스위치를 켜면서 오니까 어디까지 왔는지 알 수 있게 한다고 보면 되겠군요?

그렇죠. 그 정보를 모아서 종합사령실을 거쳐 최종적으로 시민들에게 실시간으로 알려주는 역할을 하는 거죠.

네, 오랜 시간 면담해 주셔서 감사합니다. 인터뷰는 이것으로 마치겠습니다.

배민호

1953년 전라남도 강진 출생
1972년 서울시 동대문구 주택과 근무
1975년 서울시 뚝도정수장 근무
1982년 방송통신대학교 행정학과 졸업
1990년 서울시 지하철건설본부 차량설비부 차량과장
1999년 서울시 지하철건설본부 전기부장
2001년 서울시 지하철건설본부 설비부장
2007년 서울시 영등포정수사업소 소장
2008년 서울시 도시기반시설본부 설비부장

면 담 자　이연식(일본 소피아대 외국인연구원)
면담주제　제2기 지하철 건설과 공무원
면담일시　2023년 11월 23일
면담장소　서울시 서초구 서초동 아르고연구소

"이제 지하철은
자율주행으로 해도
문제가 없습니다"

지하철건설본부 차량과장으로 발령

이번 면담은 '서울의 지하철 건설과 공무원들'이라는 주제로 실시하는 서울역사편찬원의 구술채록입니다. 오늘은 배민호 선생님을 모셨습니다. 선생님께서는 1972년 서울시에서 근무를 시작하셨고, 1985년 종합건설본부을 거쳐 1989년 서울시 지하철건설본부로 오셔서 차량과장과 전기부장, 그리고 설비부장 등을 지내셨습니다. 우선 서울시 지하철 건설 당시에 대해서 말씀 부탁드리겠습니다.

제가 1989년에 사무관이 되면서 지하철건설본부로 발령이 받았습니다. 설계감리실 차량 담당이었어요. 일단 그때는 조직이 기획단과 비슷한 형태였어요. 그래서 설계 초기부터 참여했죠. 지하철건설본부가 대왕빌딩에서 있을 때 발령을 받았죠. 그러다가 본부 사무실이 무교동에 있던 대한체육회 체육회관으로 갔죠. 준비단 설계감리실 차량 담당으로 있다가 1990년에 본부 차량설비부 차량과장이 됐어요.

당시 우명규 시장님이 오시면서 1기 지하철 때 일했던 직원들을 불러 모았다고 합니다. 그런데 문제는 특수 분야였다고 하더라고요. 통신이나 신호 부문은 1기 지하철과 2기 지하철 사이에 기술의 발전 정도가 달라서 그 부분은 밑에 후배들에게 맡겼다고 하더라고요.

맞아요. 그때 우 시장님이 설비 분야 총괄을 맡기려고 픽업하셨던 분이 지하철 설비의 대가였던 이상훈 부장님이에요. 전설적인 분

지하철 선로 위에 전기선이 부설된 모습

입니다. 일본에 가서 1호선 전동차 제작하는 거를 직접 감독하셨던 분이었죠. 당시 부산항을 통해 히타치[日立] 지하철 차량을 들여올 때 그 분이 일본이 갔었죠. 한전에 계셨다가 서울시로 넘어오셨죠. 경성전기 시절부터 계셨어요. 참고로 당시에는 전기직 직렬이 없었을 때였어요. 기계랑 전기를 합쳐서 기진이라고 했죠.

그러네요. 예전에는 그냥 기계직이라고 했다고 하더라고요.

예, 1호선을 만들 때는 그랬죠. 그때 유명한 에피소드가 있어요. 전압이 몇 볼트냐, 직류로 할 것인지, 교류로 할 것인지에 대한 문제였어요.

철도청이 2만 5,000V 교류죠. 지하철은 1,500V 직류고요. 그것 때문에 서울시랑 철도청이랑 의견이 갈렸고요.

아마 많은 분들이 직류 방식이랑 교류 방식을 선택하는 것 때문에 무슨 알력 싸움이 벌어졌다고 생각하기도 해요. 그런데 사실은 역간 거리가 길거나 멀리 가는 데에는 교류 방식이 훨씬 유리한 점이 있다는 걸 생각해야 해요. 대신 짧은 구간이나 터널로 가는 쪽은 직류 방식이 더 유리합니다. 왜냐하면 커티너리 계류catenary mooring[1]라고 하는데 지상철도를 보면 위에 달린 전선이 조금 늘어져 있죠? 그게 차량에 있는 판토그라프pantograph[2]와 붙여서 집전集電을 해서 전기를 공급하는 겁니다. 그러면 이걸 붙인 상태에서 전진하는 거죠.

그런데 집전이 원활하지 못하면, 순간적으로 잠깐만 떨어져도 큰 전류가 흐르기 때문에 전압이 크게 발생해요. 심지어는 폭발을 하는 것처럼 파손될 수도 있거든요. 떨어지면서 전기가 단선되는 것 같은 효과를 내면서 흐르던 전류가 순간에 끊어지면 아크arc가 발생합니다. 아크가 발생하면 위험해지는 거죠. 교류 방식으로 한다면 터널이 그만큼 높아져야 합니다. 터널 공사비가 비싸지는 거죠. 결국 도시철도의 경우, 특히 지하로 건설할 때는 직류 방식이 많아요. 대신 세계적으로는 외부에 레일을 만드는 경우에는 교류 방식을 많이 씁니다.

---

1 철도의 레일 상부에 가설하여 전동차에 전류를 공급하는 전선 장치이다.

2 전동차가 선로에서 전력을 공급받기 위해 차량 지붕에 탑재하는 장치이다.

그런 원리 때문에 도시철도는 직류를 사용했군요. 일반 이용자들은 대부분 모를 것 같네요.

네, 그렇게 된 겁니다. 그리고 커티너리 대신에 알루미늄 도체로 만든 강체 가선 방식을 적용했죠. 1호선부터 적용하게 되었죠. 나중에는 소재가 발달하면서 진보를 했지만 현재까지도 그게 일반적인 거예요. 일부 철도 쪽에서 건설한 경우는 터널을 좀 크게 해서 직류 방식을 지하에 놓은 경우도 있지요. 그러다 보니까 직류 구간에서 교류 구간으로 차가 빠져나갈 때는 데드섹션Dead Section이라고 해서 전기 없이 그냥 지나가는 구간이 있습니다. 우리말 그대로 번역해서 '사구간'이라고 합니다. 서울역이랑 남영 사이가 그렇고요. 과천이랑 남태령 구간이 그렇고요, 청량리역도 그렇고요. 다 있어요. 3호선하고 연장되는 구파발 쪽도 있고요. 초기에 시스템을 보면 주요 운행 장애 사고를 일으킨 구간이 바로 그런 데드섹션 구간이 많았어요. 순간적으로 그 전원을 껐다가 다시 넣어야 되거든요. 그럴 수밖에 없었죠.

생각해 보니까 그런 구간에서는 속도를 줄이더라고요.

맞아요. 그리고 시간으로 보면 대략 30초 정도 되죠. 일단 그 구간은 속도를 많이 줄이죠. 그리고 온오프On-Off 타이밍이 정확해야 해요. 방금 말씀드렸듯이 잘못 부하가 끊어지면 아크가 발생하거든요. 주로 아크 사고가 많습니다. 평상시 구간에서도 차량과 전기 전차선의 가장 문제를 많이 일으키는 부분이 '이선離線' 문제거든요. 선이 떨어지는 거, 그러니까 이선은 곧 아크를 야기하거든요.

이번에는 1호선 건설 당시에 대해서 질문을 드릴게요. 1974년 봄 무렵에 일본에서 전동차가 들어왔습니다. 그때 몇몇 분들은 일본에 가서 운전이나 유지보수 같은 쪽에 연수를 받고 오셨다고 하더라고요.

우리 쪽이랑 맞춰야 하는 부분이 있으니까요. 그리고 전동차 제작 과정에서의 노하우도 있거든요. 직접 가서 봐야 교육 효과가 있죠. 우리가 쓸 물건을 잘 만드는지 보는 것도 있지만 앞으로 운영할 때 사람들을 양성해야 하니까요. 핵심 멤버 몇 명을 데리고 가서 현장을 지켜보면서 교육을 한 겁니다. 문제가 되면 그 사람들이 고치고 운영도 해야 하니까요. 차량 같은 경우에는 나중에 2호선 때 국산화를 하면서 현대정공에서 만들었어요. 우리는 그걸 '껍데기'라고도 해요. 차체 부분은 우리나라에서 만들었고, 핵심 기술이라고 할 수 있는 대차臺車 기술 같은 건 들여온 거죠.

'대차'라는 게 차량의 어떤 부분인가요? 엔진 같은 건가요?

간단하게 말하면 객실을 싣고 다니는 주행 장치가 대차입니다. 엔진이랑은 좀 다른 개념이에요. 서스펜션의 하부 부분이 대차라고 할 수 있고요. 2개의 대차 위에 박스를 얹어 놓은 게 차량이죠. 대차에 붙어 있는 차륜을 구동하는 모터를 제어하는 것이 핵심이에요. 사실 운반하는 기계나 사람이 타는 기계 같이 움직이는 기계의 핵심 기술은 사실은 추진보다는 제동이거든요. 사고가 나서 사람이 죽는 건 추진이 안 돼서 죽는 게 아니라 제동이 안 돼서 죽는 거예요. 추돌사고가 일어나는 것도 신호 오류 때문인 것도 있지만 제동 오류도 있거든요. 제동이 더 중요해요. 제동을 어떻게 하느냐가 제일 중요한 겁니다.

2기 지하철 때 차량설비부의 차량과장으로 오셨을 당시 전기직은 선생님만 있었나요?

제가 맡은 이후로 차량과장직으로 온 사람들이 몇 명 있기는 했지만 다 기계직이었어요. 이상훈 선생님 같은 분들이 볼 때 앞으로 전동차는 기계 쪽도 중요하지만 전기나 제어 쪽이 더 중요하다고 판단한 거죠. 그래서 전기직이었던 제가 맡게 된 거였어요. 사실 저는 차량에 대해선 완전히 '백지'예요. 그래서 물어봤죠. 그랬더니 "완벽하게 혁신하려면 덧칠만 해서는 안 된다, 백지에 새로 그려야 한다. 기왕에 뭘 좀 알고 있던 사람은 혁신할 수가 없다. 할 수가 없다는 게 아니라 어렵다. 자꾸 해오던 방식으로 하니까. 그래서 완벽한 혁신을 해내려면 백지에다 정말 신중하지만 새롭게 그려야 한다."라고 했던 겁니다.

일단 차량과에 기계직만 다섯 명이 있었죠. 적어도 전기직이 3명은 있어야겠더라고요. 그래서 제가 직원들을 픽업해 오겠다고 했습니다. 사실 지하철건설본부에 오면 전기직은 다들 전기부로 가려고 하거든요. 나머지 부서는 변두리라고 생각하고요. 일도 어렵고요. 신호부서 같은 경우에도 신호통신부가 별도로 있었어요. 전기 쪽 사람들은 거기도 내려가기 싫어했거든요.

첩보작전 같았던 지하철 전동차량 구매

생각해보니까 토목이나 건설도 그렇지만 차량 같은 경우에도 대기업들이 제작하잖아요. 현대나 대우 같은 기업들이 말이죠. 그런 차량들을 선택하는 것도 차량부에서 실무를 담당하겠네요.

그렇죠. 차량을 납품하는 회사가 3개였어요. 엄청나게 큰 대기업이었습니다. 대우, 현대, 한진, 이렇게 3곳이었죠. 차량은 사실은 지하철이든, 지상철이든, 사람이나 물건을 수송하기 위한 거잖아요. 차량을 다니게 하는 길을 만드는 거예요. 차량이 먼저 결정이 돼야 터널 사이즈도 결정이 되요. 곡선반경도 결정되죠. 노선이 정해질 때부터 차량이 들어간다고 생각해야 합니다. 초반에 완료되지 않으면 계획을 세울 수가 없어요. 그래서 준비단 시절부터 작업을 했던 거예요. 이상훈 선생님 같은 경우에도 상수도건설본부에 있으면서 준비단으로 겸직 발령을 받았죠.

1989년 지하철건설본부가 만들어졌을 당시 일본에서 차관이 들어왔다고 알고 있습니다.

당시가 노태우 정부 시절이었어요. 대통령이 일본을 방문했지요. 그때 우리랑 일본의 관계가 조금 경색되어 있었거든요. 그래서 그걸 좀 풀려고 했죠. 그 계기 중 하나로 일본에서 선물로 OECF 차관 2,500억 원을 준 거였어요. 그런데 그때 그 돈을 쓸데가 없는 거예요. 우리나라 금융도 성장한 시기였거든요.

1960~1970년대랑은 좀 달랐네요. 예전이라면 서로 쓰려고 했을 텐데요.

맞아요. 그런데 차관을 쓰면 아무리 장기저리라도 간섭이 심하잖아요. 우리나라 수출입은행이 외국에 차관을 줘도 마찬가지거든요. 생각해보니까 은연중에 일본은 전략이 있었던 것 같더라고요. 제2기 지하철 차량을 노린 거예요. 우리 서울시에서는 처음에 기재부가 검토한다고 할 때 반대를 했거든요. 그런데도 결국 우리도 모르는 사이에 기재부에서 OECF 전동차 구입이 결정났어요.

우리한테 과제가 하나 더 떨어진 겁니다. 아까 말했던 현대, 대우, 한진, 이렇게 3개 사의 국산화가 시작 단계에 있었는데 일본의 완성차가 다시 들어온다는 말이 되거든요. 아무리 신기술이라도 우리나라 산업 발전을 위해서는 안 되는 거잖아요. 당시의 국민감정도 그렇고요. 우명규 본부장님도 일본 전동차가 들어오는 거는 절대로 안 된다고 몇 번을 강조하셨어요.

지하철건설준비단에서는 고민이 되었겠네요.

차관 조건 역시 별도의 옵션 없이 국제공개경쟁을 하라는 거였어요. 결국 기술 부문에서 갈리는 거죠.

일본 쪽에서는 자국이 기술력에서 앞선다고 생각했던 거군요. 하지만 결과적으로 일본 전동차가 들어오지 않았던 걸로 알고 있습니다.

그렇죠. 오히려 좀 이따 말하겠지만 스웨덴의 ABB[3] 사가 이익을 봤죠. 일단 저는 낮에는 일하면서 새로운 기술 동향을 파악하기 위해서 전 세계 업자들을 만났죠. 그리고 저녁에는 밤새워서 공부하고 말이죠. 솔직히 차량이라는 '차'자도 모르던 시절이었거든요. 그때 제가 37살이었어요. 한창 일할 나이였어요. 이틀 밤 정도는 물불 안 가리고 새우던 시절이었죠. 일단 차량 쪽 예산만 1조 5,000억 원이었어요.

가장 힘든 건 현대, 대우, 한진, 이 3사의 담합을 깨는 거였지요. 어떤 때에는 '역정보'도 주고 그랬어요. 자기 쪽한테만 정보를 주는 것처럼 하는 거죠. 또 일을 잘 시키려면 제대로 된 정보를 줘야 하기도 하고요. 그렇게 돌아가는 동향은 제가 거의 이틀에 한 번씩 시장님한테까지 직접 보고를 했어요. 그때 올렸던 동향보고기록이 남아 있는지는 모르겠네요. 매일매일 적은 기록이거든요.

보안 때문에 시장한테 직보를 하신 거네요. 괜히 말 새어나가면 문제가 되니까요.

그렇죠. 당시 고건 시장님이랑 우명규 본부장님한테 올렸죠. 왜냐하면 저쪽 업체들을 제어 해야 하니까요.

완전히 첩보작전 같네요. 세 회사를 길들이기 위해서 말이에요.

그 당시 출퇴근 지하철 승차난이 대단하여 신문에 "지옥철"이라

---

3 ABB는 1987년 스웨덴의 ASEA(Allmänna Svenska Elektriska Aktiebolaget)와 스위스의 BBC(Brown, Boveri & Cie)가 합병해 만들어졌다. 당시 이들 업체의 제조업 순위는 세계 115위와 146위로 합병을 통해 46위로 올라설 수 있었다. 유럽에서는 사상 최대의 기업합병이었다고 평가했다. 현재 업체는 발전장비, 송전, 배전시스템, 프로세스 자동화, 로보스틱, 고속기관차 제조 등을 주요 사업으로 하고 있으며, 140여 개국에서 850개 법인체를 중심으로 170억 달러 매출 규모의 사업을 운영하고 있다.

는 말이 등장하고, "푸시맨"이 등장하여 지하철을 탈 수 있도록 도와주는 웃지 못할 일들이 벌어지고 있던 상황이었죠. 그런데도 직전 6월과 8월의 지하철 증차를 위한 차량 입찰에서 3사는 1량당 10억을 주지 않으면 못하겠다고 하면서 19차례나 유찰을 시키고 있던 상황이었거든요. 걱정이 많았었습니다. 그런데 그렇게 하니까 결과가 나오더라고요. 5호선 366량을 OECF 차관으로 하는데도 불구하고 현대정공에서 4억 1,200만 원을 써냈어요. 물론 일본의 완성차 업체도 응찰을 한 건 당연하고요. 현대정공이 낙찰이 됐죠. 우리 예상은 6억이었습니다. 366량이니까 얼마에요? 유례가 없는 일이었습니다.

대성공이네요. 반값도 안 되었네요. 그리고 일본 차관이었지만 우리나라 기업이 만든 차량을 구입한 거고요.

그렇죠. 물론 그래도 그때는 서울시 예산이 빠듯했어요. 5호선 차량을 366량으로 하면서 6량 편성으로 61대를 편성했거든요.

5호선 개통 당시에는 8량이었고 지금은 10량이잖아요.

처음에는 6량이었어요. 좀 이따가 8량이 된 거였어요. 물론 그렇게 된 데에도 여러 가지 이유가 있어요. 일단 우리도 깜짝 놀란 거예요. 6억에 될까 말까 걱정하고 있는 상황인데 얘네들이 4억 1,200만 원을 써내니까 말이에요. OECF 차관으로 366량에 2,400억을 받아왔는데 돈이 남는 거죠. 아까운 거죠. 그래서 242량을 추가로 더 샀던 거예요. 물론 차관을 들여다가 사업 목적을 이미 달성했는데 추가로 더 사겠다고 하는 건 웬만하면 승인을 안 해줘요. 그때 OECF 서울사무소랑 외무부의 통상경제협력관을 찾아다녔어요. 이상훈 선생님이 1기 지하철 할 때부터 친했던 일본 친구분이 서울사무소 소장이었거든요. 그래서 결론적으로 242량을 구입하는데 추가로 써도 좋다고 했죠. 그래서 총 608량을 사게 된 겁니다.

일이 잘 풀렸네요.

맞아요. 그렇게 242량을 입찰을 띄웠죠. 그때는 뭐 너무 쉬웠어요. 현대랑 대우랑 싸움을 시키면 되는 거였죠. 그런데 한 노선에 두 개 회사의 차량이 들어오면 안 되거든요. 그래서 현대정공이 했으면 좋겠는데 대우는 2기가 첫 프로젝트인데 현대정공에게 뺏겼다고 해서 사활을 걸고 덤볐어요. 얼마든지 하겠다고 말이에요. 그래서 242량을 추가로 사게 된 현대정공에서 3억 5,500만 원에 샀어요.

값이 더 내려갔네요. 대우로 넘어갈 것 같으니까 현대에서 낙찰액을 더 내려서 써냈군요. 그런데 생각해 보니까 단가가 너무 낮으면 부실하게 만들지 않을까요?

다들 그렇게 생각했죠. 걱정인 거죠. 이렇게 저가가 되면 품질이 나빠질 수 있으니까요. 그래서 그때 감리제도를 개선했어요. 이전에는 철도청에 '로데코'[4]라는 검정단이 있었어요. 철도청 퇴직 공무원들이

4 로테코(ROTECO, 한국철도차량엔지니어링)는 1963년 설립되었다. 철도차량의 제작검사 및 성능시험을 주요 사업으로 하고 있다.

전동차 제작 모습

나가서 만든 거죠. 차량을 발주하면 거기서 검정을 해주는 거예요. 그리고 돈을 차량업체에서 받는 구조였어요.

제조업체가 감리한테 직업 감리비를 지불한다면 좀 이상한 거 같아요.

맞아요. 이상하죠. 그래서 감리용역 제도를 만들었어요. 공무원도 현장에 파견해서 감독을 시키고요. 그래서 대한민국 처음으로 철도차에 대한 감리용역 제도가 생겼습니다. 우리가 직접 감리비를 지급하고, 우리 지시를 받아서 감리하고 검증을 하도록 말이에요.

혹시 있을 유착을 불가능하게 만들었네요.

그리고 감리용역을 현장에 1~2명 상주시켰어요. 심지어는 대차 규격이 안 맞는 거는 시범적으로 "잘라."라고 했습니다. 지금은 돌아가셨는데 지하철공사에서 파견 나오신 강환식 씨라고 있었어요. 그분이 실제로 잘랐어요. 다시 만들라고 한 겁니다. 이상훈 선배가 위에서 압력을 확실히 막아주고, 우리도 밑에서도 확실히 일하니까 그다음부터는 품질이 달라졌어요. 1억 5,000만 원짜리 대차 하나를 완전히 잘라버리는 걸 보고 나서 말이에요.

업체들의 전동차량 납품 경쟁

이번에는 차량 쪽과 관련된 질문을 드릴게요. 1기 지하철 건설 당시 초기에는 현대보다 대우가 기술력이 좋았다고 합니다. 그런데 나중에 현대가 강판이나 엔진 부문의 기술을 가지면서 대우를 추월했다고 하고요. 그렇게 2개 회사가 번갈아 가면서 수주를 하니까 제3자를 키우라고 하면서 한진이 이익을 봤다고 합니다.

맞아요. 나중에는 그런 양상이 조금씩 바뀌면서 이어지는 거죠. 김재명 사장이 지하철공사로 있었을 때 3·4호선이 만들어지잖아요. 그때 대우중공업이 3·4호선을 맡았죠. 그런데 전장품은 GEC-알스톰Alstom[5]이

5 GEC-Alstom은 영국의 전기·전자 장비 업체인 GEC(General Electric Company)와 프랑

만들었죠. 젝 알스톰이라고도 해요. 떼제베TGV를 만든 회사죠. 영국 맨체스터에 있는 GEC 맨체스터 공장에서 만들었어요. 덕분에 대우 쪽도 결론적으로 전장품 가격이 굉장히 비쌌던 걸로 기억해요. 그래서 나중에는 대우가 일본 전장품을 많이 쓰게 되요. 일본이 싸니까요.

그런데 대우가 5호선 때는 지멘스[6]랑 손잡고 들어왔어요. 그리고 현대는 아까 말했던 스웨덴의 ABB랑 했던 겁니다. 나중에 대우가 7·8호선 전동차는 가져가요. 그것도 상당히 낮은 가격으로 들어옵니다. 3억 5,000만 원에 들어와요. 그때는 GEC-알스톰이랑 같이 왔죠. 어쨌든 그때 당시 일본에서는 자국 완성자를 넣겠다는 생각이었어요. 그런데 전장품 가격을 평상시보다 상당히 높게 불렀어요. 우리나라 업체들한테 말이죠. 그래서 우리도 움직였어요. 중간에 사양서를 작성하면서 유럽 것도 들어오게 만들었죠. 어떤 경우에는 유럽 회사들의 스펙이 더 유리하도록 조건을 달았지요. 제가 그 스펙을 작성했거든요. 물론 영어로 써야 하니까 옆에 영어 전문가 하나를 두고서 썼어요.

차량의 전장품 이야기는 전문적인 부분 같습니다.

그렇죠. 차량은 기본을 알려면 조금 기술적인 설명이 필요해요.

스의 발전 및 철도 설비 업체인 알스톰(Alstom)이 1989년 합병하여 만들어졌다. 전력 발전 및 송전, 전자기계 및 철도 장비 분야를 주요 사업으로 하고 있다. 이외에도 원자력 및 재생에너지 분야에서도 사업에도 진출해 있다.

6 지멘스(Siemens AG)는 독일의 다국적 기업으로 1847년 설립되었다. 자동화 및 제어, 에너지, 전력 발전, 철도, 의료 장비 등을 주유 사업으로 하고 있다. 이 중 철도 및 도시 인프라 분야에서는 철도차량, 철도 시스템, 도시철도 분야를 주요 사업으로 하고 있다.

대우전동차 광고(1984년)

일단 일반인들이 알기 쉽게 설명하면 집중식과 분산식이 있어요. 집중식은 기관차가 객차를 끌고 가는 거예요. 동력이 집중되어 있는 거예요. 분산식은 각각의 차량에 동력이 달린 거예요. 지하철에서 쓰는 전동차가 그런 식이에요. 사실 동력이 있는 차를 원래 전동차라고 그래요. '모터카'라고 하고요. 그냥 끌려가는 차를 '트레일러카'라고 해요. '부수차'라고도 합니다. 따라가는 차인 거죠. 지금 1·2호선에 다니는 차는 '6M4T'죠. 10량이 다닌다면 동력이 있는 전동차가 6량이고 그냥 끌려만 다니는 차가 4량이에요.

10량 모두가 전동이 아니었네요.

엄밀하게 말하면 전차가 맞고 전동차는 동력이 있는 전차인데 노면전차와 구별하기 위해서 전체를 전동차라고 하는 겁니다. 일단 모터가 달린 동력차를 전동차라고 합니다. 그래서 지하철은 여러 기술적인 이유로 처음 개발될 때부터 집중식보다는 분산식을 써 왔어요. 고속전철의 경우는 유럽의 프랑스, 독일, 스페인, 이탈리아등은 모두 집중식이고 분산식을 쓰는 경우도 있어요. 일본 같은 경우에도 신칸센은 분산식을 처음부터 개발을 많이 했고요, 우리가 쓰는 KTX도 동력차를 가진 집중식이에요. 그런데 20량을 달려고 하니까 동력이 부족해요. 그래서 앞뒤로 동력차를 붙이죠. 사실은 집중 방식을 쓴다고 했지만 분산형 기술 방식을 차용해서 쓰는 거예요. 정확하게 말하면 우리나라 KTX는 뒤에서 밀면서 앞에서도 끄는 거예요. 가운데는 전부 트레일러죠.

그렇게 구분이 되는 거네요.

그리고 차량 기술의 발전사 중에서 중요한 것이 모터예요. 전기에너지를 기계에너지로 바꾸는 거잖아요. 가장 쓰기 편리하고 좋은 모터가 '유도전동기誘導電動機'라는 겁니다. 일반 산업현장에서 쓰는 유도전동기는 AC전류를 집어넣어서 그냥 씁니다. 그런데 옛날의 차량제어기술로는 유도전동기를 바로 차량에 적용을 못 했어요. 차량의 일정 승차감을 유지해 가면서 차량의 동력을 기계에너지로 바꿔 주는 방법으로 쓴 게 직류전동기거든요. 그런데 2기 지하철이 시작되던 1990년 무렵에는 AC전류를 바로 쓰는 게 당시 기술로는 반도체가 일반화되기 전이라서 상당히 어려웠어요. 철도 선진국이라고 하는 독일과 일본만 유도전동기를 쓰는 차량을 개발하기 시작했던 시기였습니다. 일본이 먼저 시험 운전을 시작했고 독일이 바로 뒤따라가는 형국이었죠. 하지만 이점이 엄청 많아요. 그래서 저희도 과감하게 유도전동기를 채용하자고 결정을 했죠.

2시 지하철 건설 초반이니까 1989년에서 1990년 정도였겠네요.

1990년도 초반입니다. 제가 차량과장을 맡고 3개월 동안 밤새워가면서 공부하던 때였죠. 책에도 안 나와요. 문헌 자료도 없습니다. 만드는 업체들을 불러야만 현재 어느 정도 기술이 나왔는지 알 수 있었죠. 그런데 다행스러운 게 "대한민국이 160km를 건설하면서 1,650량을 앞으로 10년 동안에 걸쳐 구입한다."라는 소식이 해외시장에서 '빅뉴스'가 되었죠. 전화만 하면 바로 달려옵니다. "영업사원 필요 없어"라고 하면 기술자가 달려옵니다. 설명할 사람을 데리고 오라고 하면 바로 데리고 옵니다. 그때는 정말 재미있었죠. 그때 제가 영어를 잘하지도 못했는데, 덕분에 토익·토플까지 공부해서 미국으로 해외 훈련도 갔다 왔죠.

미국 연수 가신 게 몇 년이죠?

2002년부터 2004년까지였어요. 메릴랜드주의 MTA(대중교통청)로요. 볼티모어였어요. 경전철을 배우러 갔지요. 그때 볼티모어에서 경전철이 건설 중이었거든요.

미국은 철도나 지하철 기술이 좋았나요?

사실은 제가 가서 미국 사람들한테 가르쳐 준 게 더 많았습니다. ATO(자동열차운행장치)고 뭐고 아무것도 모르더라고요. 미국은 철도차량 공장이 없습니다. 완성차 공장이 없어요. 그 큰 미국에서 말이에요. 희한했죠. 이해가 안 됐어요. 다 수입해요. 노동 집약 산업이라고 생각하는 것 같더라고요. 대신에 신호 장비 관련해서는 유명한 업체가 두 개나 있어요. 유니온 스위치Union Switch[7]하고 나중에 알스톰이랑 합쳐지는 GRS General Railway Signal Company[8]였어요. 5호선이랑 7호선은 유니온이 들어왔거든요. 6호선은 GRS가 들어왔어요. 원래는 니혼신호[日本信號][9] 쪽에서 자기들이 하려고 애를 썼는데 국제입찰로 미국의 신호 회사들이 들어오게 됐죠. 그때 신호·통신 쪽은 OECF 차관이 아니었지만 차량 입찰의 영향을 받았죠.

신호시스템이랑 차량이랑 연동시키는 게 효율적이라고 봤던 거네요.

그렇죠. 그리고 1호선 같은 경우에 제어 방식을 보면 저항 제어였어요. '옴의 법칙' 아시죠? 전류와 저항을 곱하면 전압이 된다는 거잖아요. 간단하게 말하자면 전기를 쓰다가 브레이크를 잡을 때는 저항기로 보내서 열로 발산시키는 방식이라는 겁니다. 그러니까 열이 발생해요. 옛날이라서 지금은 다들 잊었겠지만 처음 1호선이 개통했을 때

---

7 유니온 스위치(Union Switch & Signal)는 미국의 철도 신호 시스템 및 철도 기차 교통 관련 장비를 생산하는 회사이다. 1881년 펜실베이니아주 피츠버그에서 설립되었다. 철도 부문에서는 신호기, 스위치, 제어 장비 등을 주요 사업으로 하고 있다.

8 GRS(General Railway Signal Company)는 미국 뉴욕 로체스터에 위치한 회사로 1904년 설립되었다. 철도 신호 장비, 시스템 및 서비스를 주요 사업으로 하고 있다. 1998년에 알스톰(Alstom)에 인수되었다.

9 니혼신호[日本信號]는 교통 관련 신호 및 제어 관련 장치 제조를 주요 사업으로 하고 있다. 1928년 설립되었다. 도쿄에 본사를 두고 있다.

차량 안에 들어가면 정말 뜨거웠어요.

그렇겠네요. 제동하면 전기가 다 열이 되니까 뜨겁겠네요.

찌는 듯하게 더웠어요. 터널 안은 축열 때문에 열이 쌓였죠. 모든 장치에 마이너스 효과를 내는 거죠. 열이 나서 좋을 건 하나도 없으니까요. 그래서 2호선 때는 '초퍼Chopper'라는 걸 개발해서 써요. 영어로 '초핑chopping'이라고 하면 잘게 자른다는 뜻이죠. 전류를 잘게 잘라서 제어하는 방식이었어요. 일부 열은 나지만 당시로서는 최고의 기술이었어요. 반도체가 초핑을 하는 겁니다. 원시적인 전력용 반도체를 쓰던 시절이었거든요. 3·4호선까지도 마찬가지 초퍼제어였습니다.

그러다가 2기 지하철 때는 'VVVF 인버터 제어'라는 걸 적용합니다. 세계적으로는 일반화되어 있지 않았지요. 개발 단계였어요. 인버터라는 게 DC를 AC로 바꾸는 걸 말하고요, 그걸 다시 AC를 DC로 바꾸는 걸 컨버터라고 해요. 'VVVF'는 'Variable Voltage Variable Frequency'라는 뜻입니다. 우리말로 하면 '가변 전압 가변 주파수 제어'입니다. 이때부터 주파수 제어 개념이 들어가기 시작했던 겁니다. 이때 썼던 반도체들이 게이트 턴 오프Gate Turn Off라고 해서 'GTO 반도체'라는 걸 썼어요. 2기 지하철부터 5~8호선은 전부 VVVF 인버터를 썼지요. 5·7·8호선은 GTO 인버터를 썼고, 6호선은 IGBT라고 해서 좀 더 진보된 인버터를 썼어요. 6호선이 제일 늦게 개통한 노선이거든요. 현재도 쓰고 있어요. 그러니까 그때는 상당히

VVVF 인버터 제어장치

앞서간 거였죠.

승차감도 올라갔겠네요.

그렇습니다. 열도 통제할 수 있는 거고요. 승차감에 있어 중요한 개념이 저크Jerk 콘트롤이라는 개념이에요. 단위가 m/s^3이에요. 속도의 변화율을 가속도라고 하잖아요. 그런 가속도의 변화율을 저크라고 합니다. 바로 탈것들의 승차감을 결정하는 요인이 저크입니다. 그러니까 가속도가 갑자기 변하면 울컥울컥하면서 불편해지는 거거든요. 그걸 잘 콘트롤할 수 있게 해주는 거죠. 그래서 지금은 사람이 운전하는 것보다 자동으로 운전하는 5호선 전동차를 타면 훨씬 더 완만해요. 정차하고 출발도 잘하고요. 신문을 봐도 지장이 없도록 부드럽게 출발합니다. 물론 지금은 평준화되었어요. 처음에 1기와 2기는 차이가 많았거든요. 나중에 차량을 교체하면서 전부 이 기술을 갖다가 사용하니까 대한민국이 전국적으로 지방 도시까지 평준화됐습니다.

우리나라 전동차 기술의 국산화 현황

전동차 같은 경우에는 우리나라의 현대나 대우가 많았던 것 같고요. 외국 업체 같은 경우에는 히타치랑 미쓰비시가 보였던 걸로 기억하고 있습니다.

1호선은 히타치가 들어왔고요. 미쓰비시 같은 경우에는 미쓰비시 중공업하고 전기가 있어요. 전기에서 전장품을 만들었어요. 미쓰비시중공업은 차량을 납품한 적이 없어요. 그런데 현대정공에서 차량을 만들면서 아마 미쓰비시전기 전장품을 썼을 겁니다. 그래서 미쓰비시 표시가 보였을 거예요. 그렇게 해서 2호선부터는 현대정공에서 만들고, 3·4호선은 대우중공업에서 만들었죠. 한진중공업에서 3호선 증차 때 2량을 납품했고요. 한진 같은 경우에는 그렇게 해서 실적을 확보했던 겁니다. 덕분에 한진은 2기 때 7·8호선을 따내죠.

핵심 기술이나 부품은 얼마큼 국산화가 되었나요?

1호선은 일본에서 다 들여온 거였고요. 2호선 같은 경우에도 어려운 부품은 미쓰비시 전장품을 실었어요. 소위 어려운 부분은 미쓰비시 장비에 우리가 철갑을 두르는 정도였죠.

국산화 이전 단계라고 볼 수 있겠네요. 그러다가 3·4호선부터는 핵심 전장품의 국산화가 많이 이뤄졌나요?

아니었어요. 3·4호선 같은 경우에도 대우가 맡으면서 핵심 전장

1호선 전동차 모습

품은 전부 다 수입했죠. 만일 현대가 3·4호선을 했다면 상당 부분 국산화됐을 겁니다. 그런데 아까 말했듯이 대우가 유럽 회사랑 하면서 GEC-알스톰을 썼거든요. 완전히 외국 전장품 그대로 갖다가 썼죠. 일본의 전장품을 가져다 쓸 때보다도 국산화가 안 되어 있었죠. 그리고 신호시스템은 미국의 유니온을 깔았고요.

1기는 그렇게 전장품이나 신호통신이 결정되었다면 2기 때는 어떻게 되나요?

아까 노태우 대통령 때 일본이 OCEF 차관을 줬다고 했잖아요. 3·4호선 때 자기네 나라 회사들이 차량 제어나 신호 설비 쪽에 못 들어온 걸 설욕하겠다고 했던 겁니다. 자금을 주면서 자기들이 차량 쪽도 제공하겠다고 했던 거죠. 물론 그 시절 정도가 되면 우리나라 경제 수준이 공공 차관을 들여올 정도는 아니었거든요. 사실은 언론에서 대대적으로 노 대통령이 일본에서 선물을 받았다고 포장했던 거죠. 물론 추정이에요. 저 같은 말단 공무원이 정치 같은 걸 뭘 알겠습니까?

88서울올림픽이 끝나고 나서 당시 우리나라 철도와 지하철 부문에서 2개의 큰 사업이 있었다고 이야기합니다. 하나는 서울시 2기 지하철이고, 또 하나는 고속철도가 깔리게 된다는 거였다고요. 그래서 업체나 언론에서는 유럽식 아니면 일본의 신칸센, 이 2개 중 하나로 결정이 날 거라고 소문이 돌았다고 알고 있습니다.

그때가 기초 타당성 조사를 시작했을 때였어요. 신칸센에서 엄청나게 로비를 할 때예요.

결국 OECF 차관을 제공한다는 얘기도 3·4호선에서 TGV한테 빼앗긴 전장 설비 쪽을 일본이 다시 차지하겠다는 거였군요. 그리고 차량까지도 말이죠.

그럴 가능성이 없지 않습니다. 서울 지하철을 사용 용도로 콕 찍어서 제공했거든요. 쓸 데가 차량밖에 없었던 겁니다.

그런데 서울시에는 OECF한테 받은 차관으로 366량을 발주하려고 책정가를 6억 원으로 해놨는데 현대와 대우의 역학 관계를 잘 이용해서 현대가 4억 1,200만 원에 납품을 한 거고요.

사실 우리는 대우가 아니라 일본을 견제하려는 거였어요. 유럽은 완성차를 들여오려면 물류비용이 안 돼요. 큰 차량을 언제 싣고 옵니까? 대신 전장품은 비행기로 싣고 와도 되잖아요. 그러니까 유럽 업체가 들어오면 국내 업체하고 협력을 안 할 수가 없는 거죠. 그리고 국내 업체는 OECF 차관을 받는 거고요.

날로 새로워지는 차량 기술들

그러면 현대정공에서 도입했던 방식은 어떤 거였나요?

아까 말했던 VVVF 인버터 방식이었어요. 스웨덴의 ABB사 기술을 가져왔어요. 거기가 엄청난 다국적 기업이에요.

신호시스템은 미국의 유니온 스위치로 결정했다고 했는데요. 차량의 전장품을 스웨덴의 ABB사로 결정한다면 혹시 호환성 문제가 생기지 않았나요? 2개 업체가 만드니까 말이에요.

원래 현대정공도 당연히 차상자는 유니온 스위치 제품을 써야 해요. 왜냐하면 지상의 신호통신 쪽이 유니온 스위치로 결정이 되었잖아요. 그럼 차상자도 유니온 스위치를 쓸 수밖에 없죠. 그런데 현대 쪽에서 입찰하기 전에 타진을 해왔어요. 차상자를 ABB사의 제어 시스템을 쓰면 어떠냐고 말이에요. 그러면 훨씬 더 가격 경쟁력이 있다고 해요. 물론 차상자와 지상자와의 인터페이스도 중요하지만 자동화 기술, 그러니까 ATO는 유럽이 미국의 유니온 스위치보다 앞서 있었어요. 실제 실적도 ABB가 훨씬 더 많았고요. 그래서 나중에 인터페이스 쪽은 ABB하고 협약을 맺기로 하자고 했던 겁니다.

다른 분들의 얘기를 들어보니까 보통 ATS에서 ATO로 발전한다고 말씀하시더라고요.

신호 시스템의 발전 단계를 큰 틀에서 보면 ATS, ATC, ATP, 이렇게 세 개가 있어요. ATS Automatic Train Stop (자동열차정지)가 1·2호선이었고, 3·4호선이 ATC Automatic Train Control 였어요. 이거는 ATS보다는 진보했지만 자동운전은 아니에요. 그리고 이거보다 진보된 개념이 ATP예요. 이건 프로텍션 Protection 이라고 해서 어떠한 경우에도 열차를 우선 프로텍션한다는 보호 개념이거든요. 어떠한 경우에도 열차를 탈선이나 추돌시키지 않고 세우는 거죠. 그리고 오퍼레이션 Operation 개념이라는 것도 있어요. 사람 없이 운전한다는 거죠. 그래서 5호선 때부터는 ATP와 ATO가 필요한 거예요. 그런데 유니온 스위치는 ATC까지는 갖고 있는데 ATP랑 ATO가 미천한 상황이었어요.

1·2호선의 ATS 장비인 지상자와 차상자 설비

그래서 ABB사가 선택되었군요.

물론 관점에 따라서는 차상자와 지상자 사이의 인터페이스가 더 중요하다고도 합니다. 사실 맞습니다. 그게 더 중요해요. 어떻게 하든 추돌이 없어야 하니까요. ATO는 문제가 생겨도 막말로 그냥 열차가 멈춰서는 것 뿐이거든요. 그럼에도 불구하고 전략상 내부에서 의사결정을 했어요. 물론 공식적으로 발표한 건 아니고 현대가 입찰하기 전에 물어보러 온 거에 대해 '오케이'를 해준 거죠. 그것도 현대가 4억 1,200억으로 입찰가를 깎아서 낸 요인 중에 하나라고 봐요. 경쟁 입찰이니까 이렇게 미리 이야기를 한다면 당연히 가격이 떨어지니까요. 미국의 유니온 스위치는 이미 지상 설비를 확보해 놨으니까 자기들이 부르는 게 값이라고 생각했을 겁니다. 방심했다고 봐요.

하지만 실제 지하철 공사나 제작을 하면서 양쪽 업체들을 조율하는 것도 생각해야 할 거 같은데요.

우리도 걱정이 되죠. 그래서 우명규 본부장님께 보고를 하고, 지금도 서울지하철 역사에 보면 남아 있는 '합동 계약'이라는 새로운 개념을 만들어 냅니다. '인터페이스를 위한 합동 계약'이었어요. 그게 지금의 '시스템 엔지니어링'이라는 개념이죠. 지금은 조그만 경전철을 발주한다고 해도 몇십억 원을 시스템 엔지니어링으로 계약 용역을 줍니다. 그러나 그때는 그런 개념이 없었어요. 신호 계약자 따로 있고, 차량 계약자 따로 있고, 전기 계약자 따로 있고, 통신 계약자 따로 있었죠. 서로 자기 거는 이상이 없는데 다 만들어서 붙여 놓고 보면 성능이 안 나오는 거죠. 난감한 겁니다.

그런데 우리가 그네들 회사 기술을 완전하게 알 수가 없잖아요.

차량신호 제어장치(ATC/ATO)

지금은 시스템 엔지니어링 용역으로 해서 전문 컨설턴트한테 용역을 주지요. 물론 그때는 돈이 없었죠. 그래서 '합동 계약'이라는 걸 만들어서 입찰조건에 넣었던 겁니다. "상호 조정한다, 우린 모르겠다, 둘이 동의한다. 그러니까 차상자와 지상자의 인터페이스에 대해서는 둘이 동의한다, 차량도 동의하고, 신호도 동의해라."고 입찰 계약서에 미리 써놓는 겁니다. 대신 그 비용은 입찰 비용에 포함시키는 거죠. 별도로 돈은 안 주고 "네가 체결한 계약 중에 인터페이스에 대한 거는 상대 계약자와 합동으로 책임을 진다."라고 하는 거예요. 그래서 합동 계약이에요. 조인트 어그리먼트Joint Agreement 입니다.

결국 현대랑 미국의 유니온 스위치, 그리고 스웨덴의 ABB, 이렇게 3개가 등장했는데 '이 궁합이 어떨지 우리는 모르겠다. 아무튼 현대가 유니온 스위치랑 하든지, ABB랑 하든, 차량이 안 움직이거나 제어가 안 된다면 돈 못 준다. 너희들이 해결해라. 돈을 줄 테니까 똑바로 움직이고 똑바로 서야 한다. 이걸 보증해야 한다.'라는 거였군요.

그렇습니다. 매달 합동 계약 미팅을 했습니다. 코쟁이들하고요. 일단 세부적으로 가니까 프로토콜 싸움이 벌어져요. 자기들이 돈 조금 쓰고 자기들한테 유리한 프로토콜 쪽으로 끌고 가려고 하는 겁니다.

서로 싸워요. 제가 스웨덴에 갔다가 미국 피츠버그 사람이랑 같이 회의한 적도 있어요.

비행기도 많이 타셨겠네요.

그랬죠. 일단 ABB시그널은 스웨덴의 스톡홀름에 있고요, ABB일렉트릭, 그러니까 아까 말한 콘트롤 시스템을 만드는 곳은 베스테로스Västerås에 있어요. 거기도 스웨덴이죠. 그다음에 미국의 유니온 스위치는 저쪽 펜실베니아 피츠버그에 있고요. 둘 사이의 거리가 우리나라에서 가는 것보다 가까워요. 한 번은 날아오라고 그래요. 저쪽에서 우리한테 말이에요. 한 번은 스웨덴 애들이 피츠버그로 오라고 하고요. 미국으로요. 그래서 저도 거기 가서 회의했죠. 그리고 나중에는 다 서울로 불러들이죠. 그리고 어렵게 현장에 모일 수 있는 거잖아요. 그래서 합동 계약을 맺을 때 넣을 수 있는 항목을 다 넣었어요. 신호나 차량만이 아니라 통신도 하고, 전기도 하고 다 했어요.

지하철과 관련된 모든 부분을 다 넣었군요.

궤도는 넣지 못했어요. 그 점은 아쉽더라고요.

1기 지하철 같은 경우에는 선로에 자갈을 깔았는데 2기 때는 콘크리트로 바뀌었다고 알고 있습니다.

자갈은 소음을 흡수해요, 궤도는 바로 소리를 반사하죠. 제가 2기 지하철 구간 개통해 놓고 국회 환경위원회까지 불려 갔어요. 소음 때문에요. 그런데다가 2기 지하철은 1기 지하철하고 다르게 지하철 수요가 많은 곳을 구불구불 돌아다니거든요. 방화동에서 화곡동으로 갔다가, 목동으로 갔다가, 영등포로 갔다가, 반대쪽도 마장동으로 갔다가 답십리로 갔다가, 천호동까지 돌아가죠. 급곡선이 많아요. 그런데 곡선반경이 작을수록 소음이 훨씬 커지거든요. 물론 차량도 100% 방음이 안 돼요. 어쨌든 자갈 도상에서 콘크리트 도상으로 갔으면 뭔가는 대책을 세웠어야 하는 거죠. 그런데 그냥 물청소한다는 생각만 했거든요. 반질반질한 콘크리트를 그냥 뒀으니 그 소음 때문에 다들 난리가 났었어요.

안전면에서 본다면 레일을 자갈보다는 콘크리트로 꽉 고정시키는 것이 좋다고 하더라고요. 대신 방금 말씀하신 것처럼 소음이 많아지고요. 방음 패드 같은 걸로 해결되지 않은가 보네요.

그렇죠. 저도 국정감사를 받았으니까요. 연구를 많이 했죠. 소음에 관해서 엄청나게 공부를 많이 했어요. 그런데도 엄청나게 시달렸죠.

차량 같은 경우에도 1기와 2기 사이에 차이가 있었겠죠?

일단 경량화를 말씀드릴게요. 에너지 절약과도 연관이 되거든요. 에너지 절약을 위해서는 차량이 경량화가 돼야 합니다. 1호선 같은 경우에는 2기를 시작할 즈음에는 벌써 부식이 진행되더라고요. 그래서 경량화랑 내부식성을 강조했지요. 그래서 눈에 들어온 게 스테인리스, 알루미늄, 그리고 FRP Fiberglass Reinforced Plastic (유리섬유강화플라스틱) 였어요. FRP는 7호선 전동차에 쓰였어요. 플라스틱으로 찍어냅니

5호선 지하철 전동차

나. 한국화이버라는 곳에서 시내버스 차체를 찍어내거든요. 그게 FRP로 찍어낸 겁니다. 우리 아파트에 욕조 만드는 재질보다 조금 더 가볍죠. 그러면서 제작비가 조금 덜 들어요. 차체를 만들 때 용접 수요가 많기든요. 그런데 이건 용접 수요가 많이 없어지거든요.

3개 중에 어떤 걸 선택했나요?

고민을 했던 건 스테인리스하고 알루미늄이었어요. FRP 같은 경우에는 잠깐 검토를 했지요. 그런데 일시적인 양산 체계를 만들기가 어렵다고 판단했습니다. 스테인리스랑 알루미늄을 검토했죠. 결론은 스테인리스로 하기로 했죠. 제가 그때 여러 번 찾아다니고 결정적으로 뵀던 분이 있어요. 카이스트 교수였고 박정희 대통령이 해외 석학 유치의 일환으로 데려왔던 김영길 박사라고 계세요, 그분이 스테인리스의 대가였어요. 스테인리스가 사실은 철분에다 니켈을 좀 많이 넣은 겁니다. 포스코 강판에서 생산을 해요. 서스SUS304라고 있어요. 많이 들어보셨죠?

보온병 같은 거 만드는 재료로 알고 있습니다.

맞습니다. 그런데 김 박사님이 선정해 주신 게 301-L이었어요. 원래 규격에는 없는 겁니다. 요즘은 서스SUS를 에스티에스STS라고 하거든요. 301-L은 규격에도 없으니까 일단 포스코에 가서 생산이 가능한지 타진을 했죠. 그게 기존 강판보다는 약 1/3로 얇아지는데 기존 것과 똑같은 강도를 내요. 그러면 중량이 훨씬 가벼워지는 거죠. 그래서 301에서도 L이 붙는 거죠. 대신 김영길 박사가 우려했던 게 있어요. 나중에 환경 문제가 발생한다고 말이죠. 알루미늄은 나중에 리사이클이 되는데 스테인리스는 리사이클이 안 된다고 말이죠. 대폐차를 할 때 어려움이 있을 거라고 했어요. 사실 지금은 어려움을 겪고 있어요. 스테인리스가 용광로에 다시 들어갈 수는 없거든요.

니켈이 섞이면 안 되나 보네요.

물론 요즘은 기술이 좋아져서 가능하다고도 해요. 나중에라도 대폐차하는 걸 보고 싶네요. 아무튼 그래서 기존의 강판 전동차보다 중량을 30% 이상 줄였죠. 그러면 전체적으로 변전소의 용량까지도 영향을 미치거든요. 전기 소요량이 줄어요.

가벼우니까 전기도 덜 쓰네요.

그리고 전기 자체 기술 향상도 있지만 제동의 회생율도 높아졌어요. 아까 전기를 받아서 기계에너지로 바꿔서 운동을 하다가 그걸 열에너지로 바꾸는 게 저항 제어라고 했잖아요. 그런데 그거를 다시 전기 에너지로 회수하는 방식입니다. 쉽게 말하면 모터를 거꾸로 돌리면 발전기가 되는 거죠. VVVF 인버터에서 모터로 가는 힘이 거꾸로 발전기로 가서 전기를 발생시켜요. 그래서 차 안에서 전기를 쓰고 전차선으로 다시 보내주는 겁니다.

모터가 전기로 운동 에너지를 만드는데, 그걸 거꾸로 돌리면 전기를 만드는 발전기 역할을 하는 거네요.

전기차도 그렇게 해서 배터리를 오래 쓰게 만들죠. 똑같아요. 움직이는 것들은 말이에요.

또 하나의 발전한 기술이군요. 전기와 관련해서요.

그렇습니다.

지하철에 도입된 자동화 시스템

이번에는 자동화에 관한 질문을 드릴게요. 2기 지하철을 보면 확실히 인력을 적게 쓰는 것 같습니다. 운전도 예전에는 2명이 했는데, 언제부턴가 1명으로 줄었고요. 이제는 무인으로 가는 것도 있고요.

맞아요. 자율주행으로 해도 문제가 없습니다. 물론 돌발 상황을 대처해야겠지요. 다만 열차가 종착역을 돌아서 반대편 철도로 가는 회차가 제일 어려워요. 운전사가 앞에 타잖아요. 그러면 앞에 장치를 끄고 사람이 반대편에 가서 맨 끝 차량을 켜고 몰고 나와야 하는 거예요. 꼬리가 머리가 돼야 하니까요. 그런 과정들을 전부 자동으로 하는 거죠. 열차 한 편성을 줄이는 효과가 있어요. 하나가 요즘은 1량에 12억씩 하거든요. 차량이 8량이니까 따져보면 96억이잖아요. 양쪽에 회차하는 게 있으니까 양쪽을 회차시키면 두 편성을 아낄 수 있거든요. 이 점인 거죠. 다만 사회적인 것 때문에 노조를 무조건 배척할 수는 없습니다. 한꺼번에 자른다는 것 자체도 어려움이 있고요. 어쨌든 그래서 도시철도공사는 1인 승무를 했던 거예요.

그때 명분은 제가 듣기로는 승객의 심리적인 안정감 때문에 무인으로 해도 되는데 운전사를 두었다고 하더라고요.

그렇습니다. 기술적으로는 이미 다 움직일 수 있었죠. 실제로 사람이 운전하는 것보다 훨씬 더 정위치 정차를 해요. 정확해요. 지하철을 타보면 가끔 승강장을 살짝 지나쳐서 다시 뒤로 다시 오기도 하잖아요. 그건 다 사람이 운전해서 그런 거예요. 그래서 기관사들도 자동으로 세팅해 놓고 다닌다고 하더라고요.

현재 1기 지하철은 10량입니다. 그런데 오히려 2기 지하철은 8량으로 편성하고 있고요. 그중 8호선은 6량이고요. 어떤 이유 때문인가요?

자동화하고 나서 5호선부터 8호선까지는 8량이고 8호선은 6량 고정 편성이고요. 1~4호선은 모두 처음에는 6량으로 다니다가 나중에

10량으로 증량했거든요. 일본이 10량이에요. 유럽도 거의 비슷한 개념이고요. 당시 5호선을 계획하면서 완전 자동화를 추진하면서 우선 6량으로 다니는 걸 자동화로 만들어 놓았죠. 그러다가 이제 10량으로 늘리려고 한 겁니다. 그런데 문제가 생기더라고요. 지상 설비를 열차 운행 중에 지장이 없게 하려면 야간에 점검해야 하거든요. 공사도 해야 하고요. 모두 합쳐서 3시간 반밖에 시간이 안 나와요. 시민들 출근하기 전에는 불가능하겠더라고요.

변전 시스템부터 모든 시스템의 가변성도 너무 커요. 구조물도 10량짜리 차량이 다니면 6량으로 나닐 때보나 비효율성이 커요. 좋은 방안이 아니더라고요. 그래서 8량으로 하기로 했어요. 대신 운행시간 간격을 3분에서 2분 30초로 줄이고요. 당시까지 신호 기술로는 3분이 한계였거든요. 2분 30초가 가능한 신호 시스템을 가져오기로 한 거죠. 그걸 확인시켜준 게 ABB시그널이고요. 물론 제가 입찰사양서를 만들기 전에 확인을 했죠. 이상훈 선생님도 제 생각에 약간 회의적이셨는데 나중에 제가 설득해서 그렇게 하기로 했죠. 토목에서야 너무 좋죠. 공사비가 줄어들잖아요.

생각을 하면 10량이 8량보다 사람이 많이 타니까 좋긴 하겠지만 10량으로 편성하면 3분마다 배차가 되고, 8량으로 편성하면 8량은 한꺼번에 많이 태우지는 못하지만 2분 30초마다 배차가 된다는 거네요. 뭐가 더 효율적이냐를 비교했을 때 8량 편성이 비용도 적게 들고 시스템 세팅하기에도 좋다는 거네요. 특히 러시아워 때는 말이죠. 예외적으로 8호선만 6량으로 다니고요.

그렇죠.

지하철에 불어닥친 IMF의 영향

이번에는 다른 질문을 드릴게요. 2기 지하철이 한창 만들어지던 1997~1998년 사이에 IMF가 시작됩니다. 토목 쪽에서는 시공사 부도 문제 때문에 골머리를 싸맸다고 합니다. 특정 공구 하나가 나자빠져 버리니까요. 특히 6호선 같은 경우는 직격탄을 맞게 되었다고 하고요.

그렇죠. 특히 남산 구간의 터널 구간의 경우에는 난공사이기도 했어요. 제가 전기부장을 하고 있을 때였죠. 토목이 지연될 대로 지연돼서 개통을 못 하고 있을 때였죠. 심지어는 제 개인 보증으로 우리가 작업반장들한테까지 직불을 해줬습니다. 그런 시스템까지 만들어서 돌파를 했어요. 버티고개역은 여러모로 유명합니다. 시공했던 팀들이 지금도 저한테 고맙다고 합니다. 솔직히 법률적으로는 문제가 되지만 잘 해결됐어요. 밀어붙였죠.

다행이네요.

차량 부분도 어려웠어요. 차량에는 여러 부품이 있잖아요. IMF를 맞고 나니까 업체들 공정이 계속 지연되요. 대체품이 있는 것들은 대체품으로 해결을 했어요. 그런데 안 그런 건 문제가 심각해요. 바로 기아특수강이 부도가 난 거였어요. 기아특수강이라는 회사가 어떤 회사냐면 대한민국에 있는 철도청 바퀴를 100% 만드는 회사거든요. 그러니까 바퀴가 안 나오는 거예요. 현대나 대우도 못 만들었어요. 결국 최종적으로는 중국의 마안산馬鞍山[10]으로 하기로 했죠. 그런데 중국산에 대한 불신이 있잖아요. 그래서 바쁜 중에도 담당직원을 출장을 보냈죠. 공장이 정말 바퀴만 만들어요. 공장 내부를 돌아보는데 승용차로 몇십 분을 이동해야 하는 엄청난 규모라는 보고를 받았어요.

당시 중국 부품이면 불신이 상당했을 것 같은데요?

나중에라도 말썽이 될 수 있을 것 같아서 재질 검사를 했어요. 그런데 기아특수강보다 더 좋게 나왔어요. 실제 사용한 결과도 마찬가지고요. 굴러가는 부분은 860mm가 표준이에요. 물론 닿는 부분은 일정하지 않으니까 812mm까지도 허용이 됩니다. 그리고 안 맞으면 바꿔줘요. 철도 레일하고 마찰이 일어나잖아요. 어느 순간 마모 정도가 심해지면 승강장과의 높이가 낮아져요. 그 이상을 넘어서면 바꿔주는 거죠. 그런 공장이 중국에 3곳이 있다고 했어요. 중국이 철도가 엄청나게 커요. 덕분에 인식이 달라졌죠. 철강재는 중국이 엄청 좋더라고요.

중국이 조선업을 금방 따라올 수 있었던 게 철도 덕이라고도 하는데 정말인가 보네요.

그런 거 같아요. 지금은 중국산을 많이들 쓰고 있는 걸로 알고 있어요. 우리가 그 길을 뚫어 놓은 거죠. 써보니 좋으니까 가져오는 거고요.

---

10 마안산강철(馬鞍山鐵鋼)은 1953년에 설립된 마안산철광공장을 전신으로 하는 철강제조업체이다. 안후이성(安徽省)에 위치해 있다. 2019년 자국의 바오우(宝武)강철그룹에 합병되면서 자회사가 되었다.

기술이라는 면에서 본다면 2기 지하철을 만들면서 해외로 수출할 정도가 되잖아요. 1기 지하철과 비교하더라도 분명 해외에서 기술을 도입했는데 말이죠. 어떻게 그게 가능했다고 보시나요?

우선 차량만 놓고 보면 제어기술이 일본에만 편중되어 있었죠. 그것을 유럽 기술과 접목시키면서 장단점을 비교했던 거죠. 그러면서 거기서 좋은 점만을 뽑아내고 적용해 국내 개발을 시도했던 겁니다. 6호선 같은 경우에는 정말로 과감하게 현대정공에서 자체 개발한 제어장치를 100% 수용해 줬어요. 6호선은 순도 100% 국산입니다. 그리고 7호선 같은 경우에는 한진이 차량을 만들었는데 제어 장치 같은 것들을 도시바[東芝]에서 들여왔어요. 한진은 전자 계통의 회사도 없었거든요. 보니까 도시바한테 100% 예속될 가능성이 높더라고요. 그런데 마침 우진산전[11]이라는 회사에서 도시바와 기술제휴로 전장품을 국산화하겠다고 했어요. 덕분에 우진에서 국산화된 제품을 한진에서 만든 차량에 싣게 했지요.

국내 기술 축적 과정이었군요. 해외 기술을 도입하는 과정에서 국내 기업도 적절히 실험해 볼 기회를 한 번 허락해 주고 말이죠.

누군가 써주지 않으면 안 되는 거거든요.

11 우진산전은 1974년에 설립된 철도차량 전장품, 검수 설비 및 경량 전철 제작 기업이다. 전동차 및 전기기관차의 핵심 전장품을 국산화하였으며, 한국 표준형 경량전철 차량 기술개발 사업을 담당하였다. 이외에 부산도시철도 4호선 사업에도 참여하였다.

기술 육성의 의미도 있군요.

그렇습니다.

물론 문제가 발생하면 그 회사가 보수해야 하는 거고요.

그렇죠. 그렇게 기술의 뿌리가 되는 거죠.

차량을 만드는 업체들이 현대정공, 대우중공업, 한진중공업, 이렇게 3개 업체만 말씀하셨는데요. 이 업체들 이외에 코로스KOROS[12]도 있습니다. 현대 같은 경우에는 현대정공 이외에 현대로템이라는 업체도 있고요. 어떤 관계인가요?

IMF 중간에 코로스가 설립되었죠. 풀네임은 한국철도차량주식회사에요. 김대중 정부 시절에 M&A[기업합병] 1호거든요. 대우, 현대, 한진, 이렇게 3개 회사가 4:4:2로 해서 만들었지요. 나중에는 현대정공이 대우 지분을 인수하죠. 그때는 현대정공도 현대차 그룹이었고요. 그러다가 한진도 현대한테 넘겨서 현대로템[13]이 된 겁니다.

네, 오랜 시간 면담해 주셔서 감사합니다. 인터뷰는 이것으로 마치겠습니다.

---

12 코로스(Korea Rolling Stock, KOROS)는 현대정공, 한진중공업, 대우중공업의 각 회사별 철도차량부문을 통합해 만든 업체이다. 김대중 정부 시기 기업합병을 통해 1999년 7월 1일 출범하였다. 설립 당시 보유 지분은 현대정공 39.18%, 대우중공업 39.18%, 한진중공업 21.64%로 대략 4:4:2의 비율이었다.

13 현대로템은 철도차량 및 플랜트, 방산 제품 제작 업체이다. 전신은 한국철도차량주식회사이다. 2001년 현대가 대우 측 지분을 인수하면서 로템으로 사명을 변경하였다. 이후 2006년 현대가 한진 지분까지 인수하면서 현대로템이 되었다. 오늘날 현대자동차 계열사이다.

김효수

1957년 경기도 평택 출생
1979년 한양대학교 건축공학과 졸업, 기술고시 합격
1980년 부산시청 근무
1984년 서울시 목동지구개발사업소 계장
1989년 서울시 지하철건설본부 건설계장
1993년 성동구청 도시정비국장
2002년 서울시 도시계획국 도시관리과장
2007년 서울시 주택국장
2012년 서울시 주택본부장

면 담 자 이연식(일본 소피아대 외국인연구원)
면담주제 제2기 지하철 건설과 공무원
면담일시 2023년 11월 27일
면담장소 서울시 서초구 서초동 아르고연구소

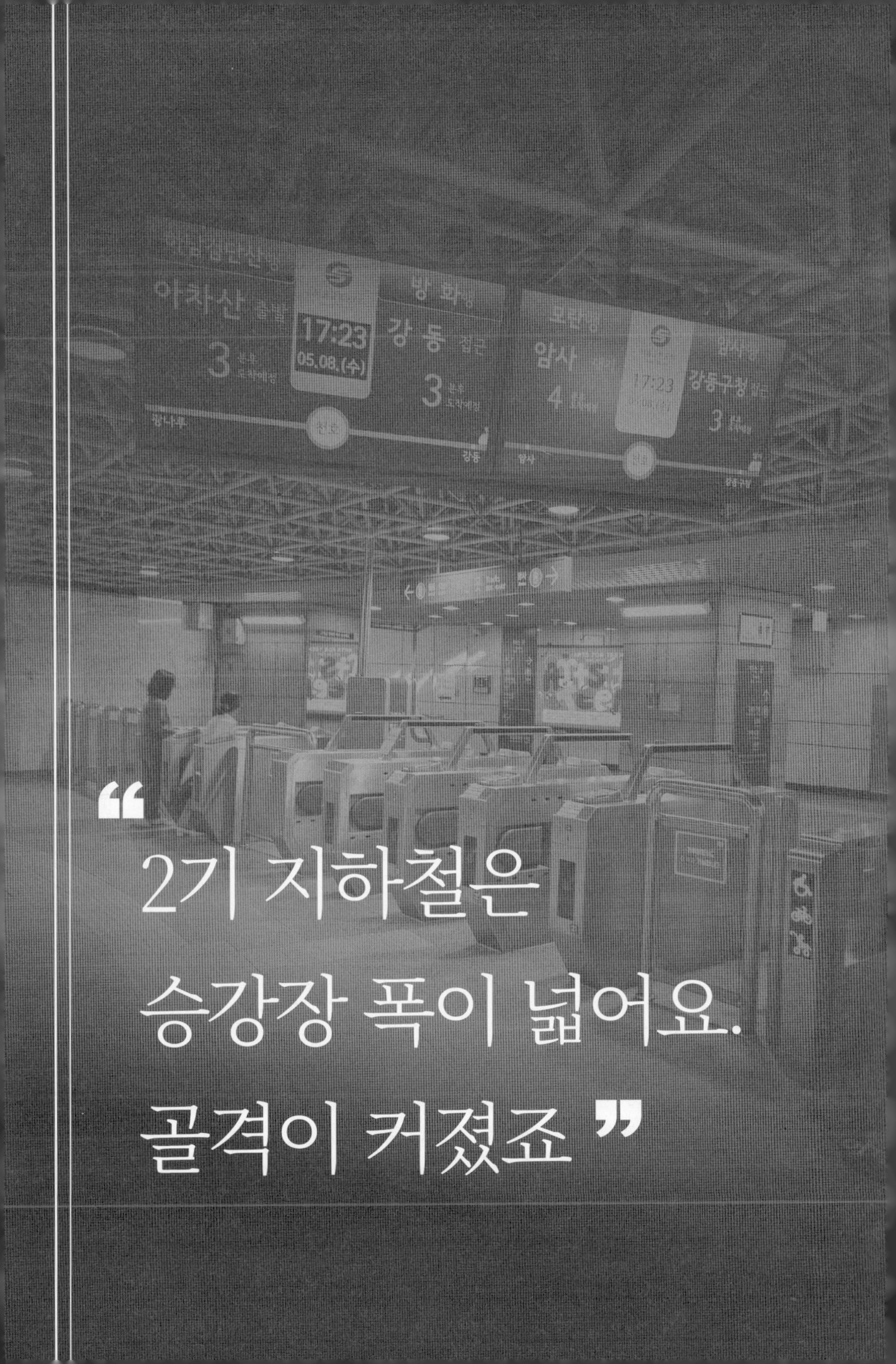

"2기 지하철은
승강장 폭이 넓어요.
골격이 커졌죠"

제2기 지하철 건설에 참여하다

이번 면담은 '서울의 지하철 건설과 공무원들'이라는 주제로 실시하는 서울역사편찬원의 구술채록입니다. 오늘은 김효수 선생님을 모셨습니다. 선생님께서는 1979년 부산시에서 근무를 시작하셨고, 1984년 서울시 목동지구개발사업소를 비롯해 1984년 지하철본부 건설계장, 1989년 2기 지하철 건설에 참여하셨습니다. 그리고 1993년 성동구청 도시정비국장, 2002년 서울시 도시관리과장, 2012년 서울시 주택본부장 등을 지내셨습니다. 우선 서울시 지하철 건설 당시에 대해서 말씀 부탁드리겠습니다.

1989년에 2기 지하철 건설이 시작되지요. 우명규 본부장님이 오라고 했죠. 저는 당시 목동 건설을 끝내고 본청으로 들어가기로 되어 있었거든요. 덕분에 지하철과 인연을 맺게 된 겁니다. 건축 파트를 맡게 되었지요.

지하철건설본부가 만들어졌던 1989년 10월만 하더라도 완전한 조직이 아니었던 걸로 알고 있습니다.

그때부터 시작했었다고 보시면 됩니다. 토목 이외에 뭐 신호 쪽이나 다른 부서들은 차차 만들어졌어요. 토목 말고는 대부분 건축 쪽에 속해 있었죠. 일단 개발시대에는 도시에 인프라를 깔 때니까 어느 나라던지 시빌엔지니어civil engineer (토목기술자)들이 주도권을 잡아요. 공학적이면서 하드웨어적인 시각을 갖고 성장하는 거죠. 대표적인 나라가 일본이에요. 현재도 일본은 시빌엔지니어들이 주도를 하죠. 그런데 서구 쪽은 반대에요. 그네들은 소프트웨어적인 관점에서 도시를 만들죠. 인문, 사회, 철학 쪽에서 도시를 보고 있는 겁니다. 우리나라는 공무원 조직도 그렇게 시스템 다수가 일본식을 많이 가져왔어요. 지하철도 그렇죠.

그러다가 "우리나라도 이제 바뀔 때가 됐다"라는 인식을 2기 지하철의 역사에 반영하게 된 거죠. 이때가 해외여행이 자유화가 되던 시대였잖아요. 사람들이 해외를 갔다가 오면서 눈높이가 확 높아진 것도 생각한 거죠. 가령 그전에는 서유럽만 봤는데, 이제는 동유럽이나 러시아 쪽 지하철도 볼 수 있게 된 겁니다.

북한 지하철 같은 경우에는 엄청나게 깊다고 하죠.

그렇죠. 핵미사일에도 흔들리지 않는 방공호 용도라고도 하고요. 그리고 동유럽이나 러시아 쪽은 가보면 예술 작품이에요. 어떻게 보면 없는 사람들이 보여주기 위한 것이기도 해요. 좀 더 화려하고 대단하죠. 물론 저는 서유럽의 파리 지하철이나 런던 지하철 쪽이 더 좋다고 봤어요. 편리를 중요시하거든요. 시민들이 편리하게 쓸 수 있는 시스템을 구축했죠. 저도 그게 최우선이라고 생각했죠. 장식적 요소는 그다음이죠. 그전까지는 SOC가 주로 공급자 관점에서 봤다면 이제는 이용객의 관점에서, 시민의 입장에서 봐야 한다는 거죠. 그래서 2기 지하철 역사는 시민들에게 편리하고, 눈에도 보기 편하고, 여러모로 친근하게 다가오게 만들려고 했죠.

1기 지하철과 2기 지하철의 차이라고 할 수 있겠네요. 관점의 변화라고 할 수 있겠군요.

그렇죠.

새로워진 지하철 건축

이번에는 구체적으로 질문을 드리겠습니다. 이야기를 들어보니 2기 지하철의 특징으로 자동화시스템을 뽑더라고요. 그리고 '삐삐' 같은 통신기기들이 안에서 작동하는 것도 그렇고요. 토목 쪽에서는 터널 같은 구조물의 높이를 낮춰서 경비를 혁신적으로 절약할 수 있었다고 하고요. 그렇다면 건축 분야에서도 혁신이었을 것으로 생각됩니다. 선생님이 보시기에는 어떤 부분을 뽑을 수 있을까요?

우선 1기와 2기 지하철의 첫 번째 차이점은 골격이에요. 정거장의 골격이 확 바뀌었죠. 기존에는 폭이 17~18m, 아무리 넓어도 20m였죠. 그런데 2기부터는 폭이 32m로 확장되었거든요. 어마어마한 거예요. 사람이 이용하는 공간이 커졌다는 거죠.

생각해보니까 1~4호선과 5~8호선은 승강장 폭이 다르네요.

1기 지하철은 박스형이니까 좁아요. 그런데 2기 때는 폭이 32m로 확장되니까 정거장 공간이 커지는 거예요. 이게 어떻게 보면 결정적인 거죠. 이것 때문에 갈등도 심했어요. 공사비도 많이 들고요. 추가 공

5호선 광화문역 승강장

사비가 많이 들게 되었습니다. 토목 파트에서 주도했지만 예산 확보가 쉽지는 않았어요. 그리고 이전의 가장 큰 문제점은 박스형으로 하다 보니까 플랫폼 속에 계단이 승강장이랑 1.5m도 안 됐다는 겁니다. 아슬아슬하죠. 통행하는데 굉장히 불편해요. 보행 동선상 가장 큰 문제였죠.

그러네요. 1~4호선은 비교적 계단이랑 승강장 폭이 좁네요. 출퇴근 시간대는 사람들이 빼곡하죠.

2기 지하철에서 중점을 둔 것은 승강장 폭 전체가 그냥 쭉 흘러가야 해야 한다는 거였어요. 사람들이 잘 다닐 수 있게 말이죠. 계단 폭을 넓혀서 승강장 간격이 최소한 3m 정도는 되도록 유지했죠. 그렇게 하려고 보니까 폭이 넓어지는 거죠. 32m로 말이죠.

본질적인 차이로 승강장 폭을 말씀하시는 이유가 이해됩니다.

맞아요. 이용자 측면에서 보면 '군집 동선'이 1.5m 폭이에요. 거기서 막 사람이 움직인다? 굉장히 불편한 거죠. 막 부딪히는 거죠. 잘되어 있는 유럽 같은 지하철을 보면 폭이 6m에요. 스트레이트로 말이에요. 그다음에 계단이 따로 있어요. 승강장까지 나온 데가 없어요. 우리는 거기까지 못 따라가더라도 최소한 1기 지하철보다는 상당 부분 이것을 개선하지 않으면 두고두고 후회한다고 생각했던 겁니다.

선생님 말씀을 듣고 생각해보니까 런던이나 파리의 지하철역 중에서 오래된 것들은 우리보다 나을 바는 없지만, 동선은 다니기 편한 것 같네요.

시설 같은 건 좋지 않아도 아스팔트 포장을 해 놓았지요. 사실 런던이나 파리 쪽을 가보면 시설에는 돈을 별로 안 들였어요. 하지만 사람이 움직이는 공간에 장애물이 튀어나오지는 않았어요. 이게 굉장히 중요한 거예요. 건축적으로 보면 사람이 붐비는 동선에 장애물이 튀어나온 것은 문제가 생긴다는 것이거든요.

그러네요. 지금도 러시아워 때 지하철을 타면 어깨가 부딪히는 경우가 많죠. 예전에는 더 많이 부딪혔고요. 저는 지금까지 시민의식이 부족해서라고 생각했거든요. 그런데 지금 말씀을 들어보니까 처음부터 동선을 설계할 때 그걸 반영해야 한다는 거네요.

맞아요. 그런 겁니다. 그리고 두 번째는 이거예요. 정거장과 정거장이 만나면 환승이 되잖아요. 그런데 1기는 환승 동선이 길어요.

프랑스 지하철 승강장

우리 1~4호선은 잘 보면 길어요. 그게 건설하기 편하니까 그랬죠. 경제적인 면도 있겠죠. 환승 루트가 다르다는 거죠. 환승 방법이나 시스템이 달라요. 1기 지하철은 플랫폼에서 올라간 다음에 다시 또 내려가게 되어 있어요. 만들 때 돈이 적게 드니까요. 그런데 2기 지하철에서는 바로바로 승강장에서 승강장으로 갈 수 있는 환승 방식을 가지고 있거든요. 바로 올라가고, 바로 내려갈 수 있어요.

그런 게 있었네요. 얘기를 듣기 전까지는 몰랐습니다.

그럴 겁니다. 왜냐하면 1~4호선일 때는 거의 개착식으로 공사를 했어요. 그러다 보니까 지면에서 낮아요. 그런데 5~8호선은 터널공법으로 공사를 하니까 깊어요. 그러니까 만약에 5~8호선을 1~4호선의 환승방식이랑 이어지게 하려면 위까지 올라갔다가 내려가야 하거

천호역 환승구

든요. 동선이 길게 나오는 거죠.

일본 같은 경우에도 영단철도, 공영철도, 사설철도가 섞여 있습니다. 그쪽 같은 경우에는 환승하기가 아주 힘들거든요. 관광객들이 한 번 가보면 많이 헷갈린다고 하더라고요. 말씀하신 것처럼 환승 체계의 혁신은 해외에서 우리나라로 온 관광객들한테 굉장히 높은 점수를 받는 부분이기도 합니다.

그렇죠. 일본 같은 경우에도 건설을 토목 파트가 주도했거든요. 그러니까 환승 구간이 길어요. 유럽도 길어요. 그래서 우리는 가급적 정거장만 개착을 하기로 했어요. 그래야 환승 구역도 짧고 같이 쓸 수 있거든요. 대표적인 게 천호역입니다. 한 번 가보세요. 아래랑 위에 딱 레일을 붙여놓았죠. 그리고 네 귀퉁이에서 환승이 딱 되게 만들어 놨어요. 대단한 거죠. 이런 지하철은 세계적으로도 없을 거예요. 서로가 붙어 있는 거죠.

공사하기가 어려웠겠네요.

그러니까 토목 하는 사람들은 자꾸(환승구간을) 떼려고 해요. 물론 저 같은 건축 파트사람들은 붙이려고 했고요. 그때 토목을 했던 게 백영현 씨였어요. 저는 백영현 씨를 굉장히 존경하거든요. 개인적으로는 서로 친하고요. 그래도 토목은 하드웨어적인 시각이니까 갈등이 좀 있었죠. 물론 그럴 수밖에 없기는 했어요. 서라도 그럴 거예요. 성서장 위치가 하필 공사하기 까다로운 로터리였거든요. 그다음에 또 폭을 넓히자고 했고요. 받아들이기가 쉽지 않았죠. 제가 토목이었어도 진짜 쉽지 않았을 거예요. 그래도 저는 백년대계를 위해서 해야 한다고 했어요. 결과적으로는 100% 제가 레이아웃을 잡았기 때문에 다들 수용한 거고요. 나중에는 다들 잘 만들었다고 했어요. 백영현 씨도 완성되고 나니까 인정했죠. 왜냐하면 다들 모르지는 않거든요. 대신 너무나도 힘드니까요. 물론 2기 지하철을 하면서 토목직들도 시각이 확 바뀌었어요. 다들 느끼는 거죠.

세 번째는 역에 출구를 만들 때 역세권을 고려했다는 겁니다. 그 전까지는 출구 위치를 잡을 때 토목 입장에서만 잡았거든요. 그래서 제가 이거는 아니라고 했죠. 그 지역의 동선이 어디로 흐르는가를 보고 그 위치에 놔야 시민이 편하거든요. 그 주변 역세권의 동선을 고려해 출구 위치를 세팅시켰던 거죠.

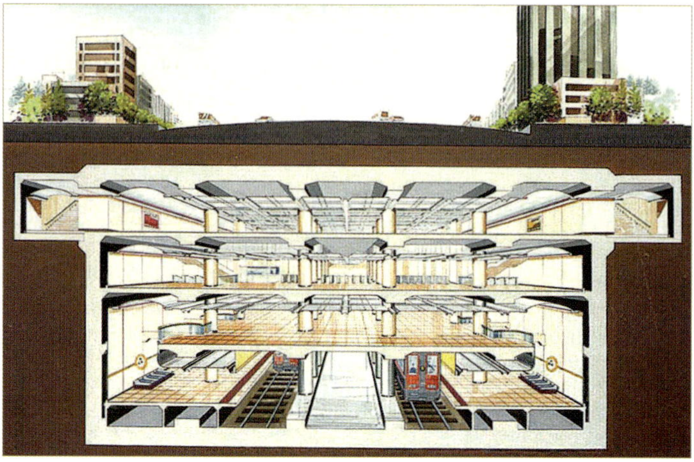

제2기 지하철 조감도(1991년)

토목 쪽으로만 생각한다면 산술적으로 균분해서 정거장을 만드는 게 편하겠지만, 버스가 서는 정류장도 고려하고 시민들한테 익숙한 길도 고려하는 게 더 맞다는 거네요.

모든 길이 모이는 곳으로, 노들점nodle point, 그러니까 결절점結節點에 가급적 둬야 한다는 거죠.

이용객의 관점에서 보는지, 아니면 엔지니어의 관점에서 보는지에 따라서 다를 수 있다는 거네요.

백영현 씨가 정말 훌륭한 사람이에요. 토목인데도 제 생각을 받았거든요. 그게 참 쉽지 않은 겁니다. 말은 쉽게 하지만 어려운 거예요. 원래는 폭이 좀 넓고, 비용도 좀 적고, 빌딩도 좀 작은 빌딩이 있는 쪽으로 가려고 했죠. 만들기 편하거든요. 저라도 그럴 겁니다. 그런데 바꾸자는 저의 의견을 상당 부분을 받아줬으니까요.

이야기를 들으니까 지하철건설본부 조직에서 1기의 경우에는 토목 파트가 주도를 했는데, 2기부터는 설계감리실 힘이 가장 셌다고 하더라고요.

거기에서 계획을 다 짰으니까요. 물론 토목 쪽이 강하긴 했어요. 일단 토목은 부장급만 7~8명이에요. 건축은 3명 정도죠. 그다음에 통신부가 있고요. 이렇게 되니까 토목 쪽이 강할 수밖에 없겠죠. 그래서 레이아웃을 잡는데 처음에는 토목에서 다 잡아요. 노선 위치도 다 결정해요. 저는 아니라고 했죠. 본부에서 보니까 건축은 건축대로, 토목은 토목대로 가는 거예요. 그럼 어떻게 해야 하나? 심사숙고가 있었겠죠. 그때 본부장이었던 우명규 시장님이 제 손을 들어준 거죠. 너무 그게 고마운 거예요. 시위관으로서 제 손을 들어줬던 게 말이죠. 참모들이 다 토목인데도 제 손을 들어주기가 쉬운 게 아니거든요.

지하철건설본부가 감사원의 표적이 되다

우 시장님이 손을 딱 들어주신 게 2기 지하철뿐만 아니라 지금 공공 SOC의 건설 관행을 바꾸는 획기적인 결정이라고도 볼 수 있겠네요.

그랬어요. 물론 덕분에 감찰을 많이 받았어요. 나중에 노태우 정부가 끝나고 김영삼 정부가 시작되잖아요. 그러면서 '지하철 비리를 손봐야 한다.'라고 해서 감사를 나와요. 언론에도 보도되었죠. 20여 명 정도가 감사원에서 서울시로 왔어요. 표적이 누구였냐면 바로 저였어요.

왜 선생님이 집중적으로 조사를 받았나요?

이미 공사는 한참 전에 발주를 했는데 설계 변경을 시켰으니까요. 수천억을 업자들한테 더 늘려줬다는 거지요. 업자들하고 결탁을 했다는 거였어요. 대대적인 감찰을 했어요. 예산도 그렇게 투입했잖아요. 아마도 제보가 들어왔겠죠. 그러니까 감사원에서도 들이닥쳐서 한 달 동안 감사를 받았어요.

답변하느라 힘드셨겠네요.

제가 그때 108페이지짜리 답변서를 썼어요. 당시 본부장이 나중에 부시장이 되시는 이동 본부장님이었거든요. 지하철본부장으로 와서 얼마 안 됐을 때죠. 그런데도 저더러 "너, 다른 일 하지 마. (감사원에서) 너 죽이러 온 거니까 다른 일 하지 말고 내 방 옆에 서고에 가 있어. 살려면 열심히 답변서나 써"라고 하셨어요. 배려를 해주신 거죠. 그 골방에서 답변서를 쓴 거예요. 그러면 그 바쁜 본부장이 검토해 줘요. "이거는 쓰면 안 돼. 대신 이거는 넣어."라고 말이죠. 그렇게 검토받아서 108페이지짜리 보고서를 채웠어요. 두툼했죠.

그다음에 "야, 김효수! 여기서 제일 거지 같은 도장이 뭐냐?"라고 물으세요. 그래서 막대 도장이 제일 허름하다고 했죠. 그랬더니 "이

거 말이야, 이 말 같지도 않은 거!"라고 하면서 답변서에 도장을 거꾸로 찍어줘요. 본부장 도장을 받아야만 답변서를 감사원으로 보낼 수 있거든요. 제가 이걸 들고 감사원에 직접 가서 제출을 했어요. 감사원에서 보니까 기가 막혔죠. 답변서가 책 한 권 분량이죠. 거기에다 본부장 도장은 또 막대 도장이에요. 그것도 인장을 거꾸로 찍었어요. 그쪽에서도 "이걸 답변서라고 가져와?"라고 하면서 집어던지더라고요.

지금이야 듣기만 하니까 흥미진진한 무용담이라고 할 수 있겠지만 그때는 정말 아찔했겠네요. 감사원 사람들도 심사가 단단히 뒤틀렸을 것 같고요.

맞아요. 하지만 이미 감사원 쪽에서는 언론에 보도를 냈잖아요. 어떻게든지 엮어야 하는 겁니다.

그래서 어떻게 하셨나요?

제가 잘못한 건 없잖아요. 거기에 엮일 일도 없었고요. 그냥 와 버렸어요. 그런데 보통 집어던지면 주워 가지고 다시 오거든요. 감사원이 센 곳이니까요. 난리가 났죠. "나는 답변서 냈다. 처벌은 너희들이 하든지 말든지 해라. 알아서 해라"고 했죠. 감사원에서는 전화가 불티났죠. 답변서를 도로 가져가라고 말이에요. 물론 제가 그랬죠. "난 못 가져간다. 낙장불입이다."라고요. 물론 이동 본부장님이 뒤에서 받쳐주니까 그랬죠. 안 그랬다면 제가 그렇게 못했겠죠. 이동 본부장님이 그때 "너 살려면 (다시 감사원에) 가지 마."라고 하셨거든요.

예전에는 대규모 SOC 사업의 경우에는 비리 같은 게 꽤 있었죠. 말씀을 들어보니까 감사원에서도 실적을 내야 한다는 것도 있었을 것 같네요.

그렇죠. 감사원에서도 생각한 거죠. 이전까지는 지하철역 구조가 단순한 박스 구조였는데 설계 변경이 하면서 수천억을 업자들이랑 결탁했다고 본 거죠. 사실은 전혀 아닌데 말이죠. 물론 그렇게 얘기할 수는 있죠. 워낙 비용이 올라갔으니까요.

공공 건설에 대한 인식의 전환

당시 지하철건설본부 안의 건축 파트 직원은 모두 몇 명이었나요?

저를 포함해서 6명쯤 됐지요.

그러면 선생님이 위에 있었고, 밑에 6급이랑 7급 직원 5명이 있었네요. 이 인력으로 5~8호선 설계를 다 했다는 거네요.

정거장만 102개였지요.

산술적으로만 배분해도 엄청난 숫자네요.

제 머릿속에는 당시에 각 정거장별로 레이아웃이 머릿속에 훤히 다 있었어요. 지금은 많이 잊어버렸지만 말이에요. 하도 들여다보니까 외우다시피 했죠. 달달 외워서 치수까지 읊었어요. 미쳐있었죠.

컴퓨터 CAD를 이용한 지하철 설계 모습

그때는 고민이 많았어요. 그냥 포기할까도 싶었죠. 대충해도 열차는 움직일 수 있거든요. 그런데 제가 이걸 포기하면 시민들이 최소 100년 동안은 고통을 감내해야 할 것 같더라고요. '의협심'이라고 할까요? 제가 진급에 연연하는 것도 아니었거든요. 그래서 저의 뒷이야기지만 그 당시에 나름대로 사표 딱 써놓고 건축 쪽 필요성을 밀어 붙였던 거죠.

눈에 보이는데 차마 지나칠 수 없었던 거네요.

제 성격인 거 같아요. 아까 말했지만 그때 제 의견을 받아준 우명규 시장님이 정말 은인이에요. 오죽하면 10년이 지난 뒤에 그분이 은퇴하셨을 때 제가 편지를 4장이나 써서 드렸어요. 상사한테 편지를 써본 게 그게 평생 처음이었거든요. 그때 실은 공무원 생활이 끝났다고 생각하고 있었어요. 그런데 그분 덕분에 기사회생한 거였죠.

지하철 6호선 개통식에 참석한 고건 시장(2000년)

이번에는 다른 질문을 드릴게요. 6호선에 관한 신문보도를 보면 IMF 외환위기 터지면서 시공업체가 많이 부도났다고 하더라고요. 공사 지연, 개통 지연, 이런 일들이 만성적으로 벌어졌던 게 6호선이었다고 합니다. 그리고 일부에서는 6호선이 순환선으로 만들어지지 않아서 아쉽다고도 하더라고요.

저도 6호선이 순환선으로 만들었어야 했다고 생각해요. 왜냐하면 강남으로 이어지는 강북 도심에서 강남으로 이어지는 2호선이 있잖아요. 그러면 강북을 잇는 6호선도 순환선으로 하나 만드는 게 필요합니다. 저는 지금도 그것을 해야 한다고 생각해요. 불광동이랑 저쪽 성북동이랑 바로 연결될 수가 있거든요. 터널만 있으면 돼요. 뚫어놓으면 그게 소통이 되면서 수요가 창출됩니다. 동북부 지역이랑 서북부 지역이 발전하는 거예요.

지하철공사 파견 직원들과의 협업

이번에는 지하철건설본부 직원과 지하철공사 직원과의 관계에 대해서 질문을 드릴게요. 2기 지하철을 만들 당시에 지하철공사에서도 파견 나온 직원들이 꽤 있더라고요. 토목 파트도 있고, 각 분야별로 있었습니다. 건축 파트는 어땠습니까? 지하철공사에서 온 사람들이 많았나요.

어느 정도 있었어요. 그래도 메인은 서울시 직원들이죠.

그렇다면 지하철건설본부와 지하철공사, 양쪽 직원들이 같이 있게 되는 건데요. 어쨌든 조직체계가 달랐잖아요. 같이 일하실 때 힘들거나 어려운 점은 없었나요?

일단 그 사람들도 제가 방향을 틀자고 하니까 불만이 엄청 많았죠. 그럴 수밖에 없죠.

일이 많아지니까 그런 거네요. 나중에 행여나 감사받을 위험도 있고요. 괜히 어디 불려가면 힘들기도 하고요.

그렇죠. 그러니까 그 사람들을 같이 끌고 가기가 굉장히 힘들었죠. 그래도 나중에는 다 이해는 했죠. 그래도 처음에는 뭐 말싸움도 많이 했지요. 1~4호선 만든 경험이 있잖아요. 어쨌든 제가 기존 경험이랑 다르게 하려고 했으니까 그런 거죠. 2기 건설을 시작하던 1989~1990년에는 엄청 싸웠어요. 힘들었죠.

그렇게 하다가 1993년에 이동 부시장님이 기관장으로 오셨던 거고요. 마무리 된 다음에 서기관으로 승진을 하셔서 옮겨간 거네요.

그렇죠.

지하철건설본부 부서들과의 의견 조율

이번에는 반대의 질문을 드려보겠습니다. 2기 지하철 때 건축 파트인 선생님의 의견을 토목 파트에서 의견을 수용한 거잖아요. 그렇다면 건축 쪽에서 다른 부서들과의 협업 단계에서 그쪽의 의견을 들었던 경우는 없었나요? 예를 들면 신호통신이나 전기, 차량 파트의 의견을 건축에서 받아들인 경우 같은 것들 말이죠.

우선 생각나는 건 환기 시스템이 있네요. 그런 시스템들은 거의 개착할 때 정거장 속에 넣어야 되거든요. 그럴 때는 가급적 분산보다는 통합하는 방식이 나중에 유지나 관리 같은 측면에서 간편하게 갈 수 있다고 그러더라고요. 그리고 1기 때는 그냥 정거장 별로 자기 나름대로 설계를 해서 제각각의 타일을 발랐어요. 그러니까 통로 벽을 보면 여기가 어디인지 알 수 있는 형식이죠. 그런데 2기 지하철 할 때는 처음부터 색에 대한 시인성 같은 걸 생각했어요. 주조색, 보조색, 이런 것들도 생각했지요. 어느 정거장은 푸른 빛, 어디는 붉은빛, 이런 컨셉트를 잡아서 만들었죠.

지하철 환기시스템

그러네요. 1기 지하철역들을 보면 기본적인 통로 모양은 같은 데 타일 같은 게 좀 다르네요. 1기랑 2기랑 그런 게 다르군요.

그리고 환승역은 많은 사람들이 이용하잖아요. 그러니까 설계 때 다른 역들보다 크게 하는 거죠. 디자인도 다른 역보다 돈을 좀 더 들이고요. 예술 작품 같은 경우에도 주요 역에는 많이 설치했죠. 광화문역 같은 데 가보면 잘 알 수 있을 겁니다. 또 1기 지하철은 필요한 시설들을 만든 다음에 남는 공간은 다 흙으로 메꿨어요. 그런데 2기 때는 박스만 놓으면 공간을 쓸 수 있다고 본 거예요. 문화공간이나 상업공간으로요.

2기 지하철부터는 자동화나 무인화가 많이 진행되었습니다. 그런 발전이 건축

김포공항역 통로

파트에도 영향을 많이 미쳤을 것 같습니다.

일단 과거에는 역무원 열 몇 명씩 근무하고 표도 다 끊어주고 그랬죠. 그런데 자동화가 되니까 이제는 관리만 하면 되죠. 덕분에 사무실을 한쪽으로 모을 수 있고 집중시킬 수 있게 된 거죠. 그러니까 굉장히 달라졌죠.

각 노선마다의 색깔이라고 할까요? 배색의 느낌이 각각의 노선마다 다르잖아요. 그런 것들도 건축에서 신경을 썼을 것 같습니다.

방금 말했듯이 1기 때는 타일 설계만 한 거예요. 그런데 2기 지하철에서는 구조물에 대한 레이아웃에서부터 신경을 썼죠. 정거장이 52개였는데 9개 회사가 참여했어요. 그럼 자기 구간의 것은 자기가 설계를 하는 거죠. 물론 그렇게 해서 하나하나씩 만들면 자기네 나름대로 똑똑하게는 잘해요. 그런데 시민들 입장에서 보면 하나하나가 다 혼란스러운 거예요.

일관성이 없다는 거네요. 노선별로 다른 게 아니라 아예 각 역마다 다 다르겠네요. 디자인으로는 괜찮을 수 있지만, 지하철이 교통수단이라는 점에서는 마이너스일 수 있겠네요.

그렇죠. '이건 아니다.'라고 생각했어요. 그래서 색조를 어떻게 결정할 것인지를 다시 고려했죠. 미술이나 시각디자인 쪽 사람들을 끌어들였어요. 그랬더니 건축가들이 반발했죠. 왜 시각디자인 쪽에서 정해주는 색조 안에서 만들어야 하느냐는 거였죠. 결국은 제가 밀어붙였죠. 시각디자인 분야 사람을 써서 색조 계획을 짜게 했어요. 오방색을 차용해서 5호선 같은 경우는 반복되게 했죠. 통일성과 시인성, 뭐 이런 것들을 다 생각해서 그렇게 한 거죠.

각 역의 아이덴티티identity**라고 할까요? 정체성을 부여하면서 동시에 통일성을 유지해야 할 부분은 꽉 잡고 간다는 거였네요. 특히 안내사인 같은 경우는 통일성이 중요하니까요.**

그렇죠. 그리고 각각의 특징도 살리려고 했어요. 김포공항역 같은 경우도 이 구조 자체를 미로처럼 했죠. 목동오거리역이나 천호역 같은 데도 보면 다들 달라요.

엔지니어에게 손맛을 느끼게 해준 거라고 할까요? 자율권을 부여해 주었다는 느낌이 드네요.

맞아요. 그런 거죠. 그게 차이가 커요. 1~4호선 때는 건축 파트가 설계팀에 포함도 안 됐어요. 토목에서 구조물을 만들면 거기에 미장만 했죠.

이용자 동선이나 공간 구성 같은 걸 하려면 현장 조사 같은 걸 했을 것 같습니다. 혹은 사용자 통계 같은 것도 필요했을 것 같고요.

우선 역들의 출구 위치를 정할 때 우리가 발로 누볐어요. 아까 얘기했지만 접근하는 동선이 좋아야 하잖아요. 바로 그 위치에 출입구가 있어야 하거든요. 어떤 곳은 출입구의 접근성이 좋은데 보니까 장애물이 많기도 하거든요. 현장을 가보지 않고는 몰라요.

엘리베이터나 무빙워크 같은 것은 토목이나 기계·전기 파트랑 협의를 해야 할 것 같습니다.

건축 부서에서 동선계획을 짜면 설비 쪽에서는 기술적인 부분을 하는 거죠. 예를 들어서 무빙워크를 2인용짜리를 2대를 놓을지, 1대를 놓을지, 이거는 설비 파트에서는 모르거든요. 왜냐하면 건축 동선을 따져봐야 하거든요. 방금 말했듯이 이용하는 사람의 예측 데이터를 가지고 봐야 해요. 이용할 사람이 이쪽은 4만 명, 이쪽은 10만

명, 그거를 이동시키려면 동선이 얼마만큼이고 무빙워크 크기가 얼마짜리가 들어가야 하는지, 이런 것들을 건축에서 판단해서 1.2m짜리, 1.5m짜리, 계단 폭, 이런 걸 다 계산하는 거죠. 그다음에 이걸 설비 쪽에 주면 거기서 기계를 놓는 거예요.

네, 오랜 시간 면담해 주셔서 감사합니다. 인터뷰는 이것으로 마치겠습니다.

도판목록

※ 표기하지 않은 도판은 공공저작물 또는 서울역사편찬원 소장 이미지입니다.

서울역사구술자료집 18

지하철 우리 자본과 기술로

서울시 지하철 건설과 공무원

발 행 인	서울역사편찬원장 이상배
발 행 처	서울역사편찬원(history.seoul.go.kr)
	서울시 송파구 올림픽로 424 올림픽공원(02-413-9622)
기획·편집	박명호(시사편찬과장), 류상진, 김동선
발 행 일	2024년 7월 31일
판 매 가	10,000원
편집·인쇄	인터북스 (02-356-9903)
사진촬영	단아문화예술협동조합

발간등록번호	51-6113542-000104-01
ISBN	979-11-6071-187-5
	978-89-94033-11-2 (세트)